世界简史

A SHORT HISTORY
OF THE WORLD

〔英〕赫伯特・乔治・威尔斯◎著 慕青◎译

中国商业出版社

图书在版编目（CIP）数据

世界简史 /（英）赫伯特·乔治·威尔斯著；慕青译．
—北京：中国商业出版社，2017.5

ISBN 978-7-5044-9882-3

Ⅰ.①世… Ⅱ.①赫… ②慕… Ⅲ.①世界史 Ⅳ.① K1

中国版本图书馆 CIP 数据核字（2017）第 114867 号

责任编辑：武文胜

中国商业出版社出版发行

010−63180647　www.c-cbook.com

(100053　北京广安门内报国寺 1 号）

新华书店经销

三河市华润印刷有限公司印刷

★　★　★　★　★

710×1000 毫米　1/16　19 印张　275 千字

2017 年 7 月第 1 版　2020 年 6 月第 5 次印刷

定价：48.00 元

★　★　★　★

（如有印刷质量问题可更换）

目录

Contents

第一章
通过空间看世界

对这个世界，我们了解得并不全面。200 年之前，我们只了解 3000 年以内的历史，而之前的事情，则只能是靠我们的臆想与推断，其中还有一部分是传说。200 年之前，世界上大部分人都是这样理解并相信这一理论的：世界是公元前 4004 年才突然被创造出来的。但是，世界被创造出来时，到底是春天还是秋天，便众说纷纭了。这种准确到有些荒谬的世界创造论，来自于希伯来《旧约》的解读，这是一种神学式的肆意推断。现在，这种说法已经被传教士们抛弃。人们基本相信，这个让我们赖以生存的世界已经存在了很长甚至是无限长的时间。当然，这种说法也不能完全被视为正确，这就如同在一个房间里，装在相对的两面墙上的镜子，它们让房间看上去无限远是一个道理。不过，关于世界迄今存在只有六七千年的说法，已经被完全推翻了。

现在，我们都明白，我们生活的这个地球，是一个直径约 8000 英里，两头略有点扁的椭圆状球体。其实，早在 2500 年前，已经有个别学者发现了这个事实。但在这之前，人们是将地球看成一个平面的。那时，已经有很多关于地球、行星、恒星与天空之间关系的理论。按今天的看法，这些理论非常荒谬。现在，我们都明白，地球每过 24 小时，就会以地轴为中心自转一周（而这地轴只比赤道的平均直径短 24 英里），地球绕一周就形成了白天与黑夜的交替。另外，地球是沿着椭圆形轨道慢慢绕太阳公转的，一年转一圈，于是，四季的更迭便形成了。其中，地球在公转过程中，离太阳最远约为 9450 万英里，最近则为 9150 英里。

月球是比地球小的星体，它在距离地球 23.9 万英里的地方，围绕地球转动。当然，围绕太阳运行的星体并不只有地球与月球，水星、金星也是如此，它们分别距离地球 36 亿英里和 67 亿英里。同时，在地球运行轨道的外围，还有很多小星体、小行星，可忽略不计。此外还有火星、木星、土星、天王星、海王星等星体，它们距离太阳的距离分别是 14100 万英里、48300 万英里、88600 万英里、178200 万英里以及 179300 万英里。要理解这些数字有些困难，但如果将这些行星与太阳的比例同时进行缩小，再理解起来就方便多了。

比如，我们将地球假定为直径 1 英寸[1]的球体，太阳则假定为 9 英尺[2]，与地球相距约为 323 码[3]，也就是相当于 1/5 英里，如果用步行的话，4 ~ 5 分钟即可走一圈。月球则是距离地球 2.5 英尺，犹如豌豆大小的球体。另外，在地球与太阳之间，还有水星与金星两颗行星，它们距离太阳分别为 125 码和 250 码。这些星体四周都是空旷的，直到距离地球 175 码的地方，才会看到火星；而距离地球大约 1 英里处，可以看到木星，其直径约为 1 英尺；距离地球 2 英里处，则是比较小一些的土星；在距离地球 4 英里的地方，为天王星；而距离地球 6 英里的地方，就是海王星了。距离地球数千里的地方，除了稀薄的气体以及微小的尘埃，就没有其他东西了。只不过，哪怕是将宇宙缩小成这个样子，离地球最近的恒星仍与它相距 4 万英里。

正是这些数字的庞大，让人们产生了生存空间无边无际的感受。

在这样硕大的空间里，人们所能了解的，不过是地球表面深入 3 英里的生物，而事实上，由地表到地心，距离约为 4000 英里。也就是说，5 英里以下的

[1] 1 英寸 = 0.0254 米。——译者注

[2] 1 英尺 = 0.3048 米，9 英尺 = 2.7432 米。——译者注

[3] 1 码 = 0.9144 米，323 码 = 295.3512 米。——译者注

深度空间，一直是一个不曾触及的死寂空间。

因为世界上最深的海洋不超过 5 英里，而飞机飞行的高度也不会超过 4 英里。曾经有人乘坐热气球，上升到 7 英里的高空，为此，他忍受了极大的痛苦。迄今为止，没有任何一种鸟可以飞越 5 英里的高度。有人也试图将鸟类与昆虫通过飞机带到高空，但结果就是，还未到达 5 英里的高度，它们就已经没有了知觉。

第二章
通过时间看世界

在近 50 年的时间里，科学家对地球起源以及它的年龄进行了很多有趣又严格的推断。这其中涉及非常多的专业数学知识以及物理知识，笔者很难对此进行细致的介绍。而且，就目前的推断结果来看，虽然物理学与天文学已经发展得很快速，可依旧没办法达到所解释的这些研究成果。总体来说，地球的存在时间被科学家估算得越来越长。以今天的观点，科学家认为地球就是独立存在的行星，它一直围绕太阳运行，迄今已经运行了 20 多亿年。而且，地球的年龄有可能比这个时间还要长，甚至长到让人不敢想象。

地球的独立存在是经过了漫长的时间变化的，在这之前，太阳与地球以及其他行星，很有可能就是空间一些非常细的旋涡状的物质。通过望远镜，人们发现了涡状星云，它们就是空中会发光的、旋涡状的物质云，它们运行的样子，犹如绕着一个中心进行旋转。有天文学家认为：太阳及其周围的行星就是这样的旋涡状星云形成的。这些星云中的物质应该是经历了非常漫长的时间才凝聚在一起，最终形成现在这种难以分辨的独立球体。只不过，在地球、月球形成之初，旋转的速度会比现在快一些，而且离太阳的距离也要远一些，围绕太阳运行的速度也更快一点。这些星云的表面并不是固态的、坚硬的，而应该是白炽熔化的状态。

假如我们可以回到遥远的过去，看一看地球形成之初的样子，相信那种情形会让人诧异。因为当时的地球表面看上去就如同被熔化的液态金属，又或者如同被冷却的岩浆。但没有水，所有的水已经化成了水蒸气，与那些硫磺蒸气以及金属蒸气混合了。而蒸气下面，则是不断奔腾、翻滚的熔岩液体和密布火云的天空。太阳与月亮闪着光飞快而过，如同火焰上方升腾的滚滚热浪。

“黑暗星云”这张图是1920年用世界上最大的望远镜拍摄而成的，是威尔逊望远镜拍摄的首批照片中的一张。

星云可分为发火星云和黑暗星云两种。不过，亨利·诺里斯·罗素认为，这种理论是不正确的，黑暗星云本身要比发光星云出现的时间早很多。

如今，已经几百万年过去了，这个硕大的火球也开始慢慢冷却。那些漂浮的水蒸气慢慢在变少，因为有些已经在凝结之后形成了雨，直接落到了地面上。而那些翻滚的熔岩也渐渐变成了固态的巨大熔渣，于熔岩海平面上不断漂浮，然后被其他漂浮物遮盖。太阳与月球之间的距离慢慢变远，这让人感觉它们在慢慢变小，其运行速度也渐渐变慢。月球本身体积要小一些，冷却得自然会更快一点。它的表面完全变成了固体，有时会遮住阳光，于是便形成了月食；有时它又会反射阳光，于是变成满月状态。

又过去了漫长的一段时间，地球慢慢地变成了现在我们看到的样子。在地球变化的最后时期，水蒸气因遭遇空气变冷而形成雨云，然后凝结为雨点，滴落在最初形成的岩石上。在后来的时间长河中，地球的大部分水仍然会蒸发，并到达大气层。只是，这时已经有滚烫的水在岩石上流淌，不断冲刷岩石上的小石块以及沉积物。水由高向低汇聚，慢慢变成了沼泽、湖泊。

最终，地球变成了人类可以栖居、生息的家园。假如我们是生于地球形成之初的时代，我们将会处于每天遭受狂风暴雨、没有花草树木、没有泥土的环境之中。狂风带着热浪，比现在的龙卷风还要可怕。每天瓢泼似的大雨，让我们完全没办法想象。而那些雨水，挟带着小石块、岩屑，汇成急流，将岩石冲成深谷、巨壑，最后流进海洋。透过云朵的间隙，人们可以看到大火球一般的太阳由天空滑过。随着月球、太阳的变化，地球则不间断地产生地震、地壳隆起。现在，我们看到的只是月球的一面，但若在那时，月亮的转动是非常明显的，它的另一面我们也可以全部看到。

地球的年龄越来越大，一天的时间也慢慢延长了，太阳与地球之间的距离越来越远。此时，阳光不再炙热难耐，月球运动也趋于平缓，地球上的环境相对渐渐变好。那些最初的海面被不断扩大，形成了如今的大洋，成为装点地球的蓝色服饰。

只不过，直到这时，地球上依旧没有生命的痕迹，海洋里也同样死寂，岩石上更是荒芜。

第三章
生命之源

关于人类最早的生命起源，我们似乎只能通过那些生物化石以及点滴痕迹去了解。生物化石就是指遗留在岩石中的生命体，而痕迹则是那些在页岩、板岩、石灰岩和砂岩中发现的骨骼、贝壳、纤维、果核儿、足迹、爪印，以及潮汐冲刷出的印迹、岩石表面雨滴打出的凹痕。正是这些岩石产生的精心“记录”，才有了破解地球上的生命之谜的可能。如今，在岩石中寻找生命起源已经成为一种科学常识，也正是这些岩石中的“秘密”，为我们破解了地球古老的生命之谜。其实，沉积岩本身并不平整，它们有如被反复揉搓过的纸页，扭曲、歪斜、挤压地交错在一起。幸亏有考古学家不懈的努力，我们才从这些沉积岩中“读”出了生命的存在。为了可以让岩石的“秘密”得以呈现，有些考古学家不惜花费毕生精力。最终，我们才从这些岩石身上了解了 16 亿年前的生命形态。

那些包含有生命迹象的最初岩石，被地质学家称为原生岩。在北美洲，就有一片非常大面积的原生岩裸露于地表。根据它们的厚度，地质学家推测，这些原生岩的年龄至少为地球的一半，也就是 8 亿年。在此，我们必须要说明一个事实，海洋与陆地第一次分离到现在，一半的时间都没有在地球上留下任何生命迹象。不过，在岩石层中，我们看到了潮汐和降雨留下的痕迹。

随着地质学家对这些岩石“秘密”的进一步勘测，终于有生命迹象显现出来了，而且越来越多。地质学家们将在历史中发现生命迹象最早的时期，命名为古生代早期。在这一时期发现的生命迹象，多是一些低等的生物遗迹，比如贝壳、植物状动物的花状头、海藻、沙蚕等生物足迹及骨骼化石。最早的生物与蚜虫体征相似，它们可将身体卷成球状，这些生物被我们称为三叶虫。大约几百万年之后，才出现了更为灵活、有力的生物——海蝎。

早期生物的个头普遍不大，除了可长达 9 英尺的海蝎。而同一时期的陆地上，却依旧没有任何生命迹象。当然，海洋中也没有鱼类及脊椎动物出现。这些最早的生物，都是生活在海洋浅水区以及潮水涨落处的。直到现在，我们如果想要看到与早期生物相似的动植物，最好的办法依然是到岩熔池及长有浮藻的水池中提取样本。不过，假使忽略动植物的体积，在这样的水中，我们可以发现珊瑚、贝类、海藻等体征，与曾经统治地球的庞大、笨重的动植物体征惊人地相似。

当然，我们不能忘记一点，那就是古生代早期的岩石也许并没有为我们提供地球最早生命的存在。比如，如果生物没有骨骼，也不会在岩表留下任何痕迹，那它就不能用岩石的“秘密”来呈现自己存在过的事实了。现在，这样的软体动物还有很多，它们注定不会为地质学家提供帮助。所以，在地球的早期，也不可否认有这种曾经存在，却并不会留下痕迹的生命。因此，在生命迹象的早期时代，可能也曾存在很多低等、无骨骼、硬壳类的胶质生物，它们就存活于浅湖、浅海的温暖地带。同时，还有很多种类的浮藻，也会生长在有阳光照射、相对温暖的海滩或者浅海区域。

这种现象，就好比银行的账本不能完全记录出入人员数目是一个道理。岩石里的“秘密”生命迹象，也不能完全记载当时所有存在的生命体。只有那些有骨骼、针骨、硬壳、石灰质茎干等物质的生物，才能被岩石记录下来。另外，在一些比沉积岩还要早的石层里，也曾发现石墨的痕迹，这是一种分离形态的碳。权威专家认为，碳的痕迹也许就是那些没有留下生命迹象的生物，经过了生命活动之后，由碳的化合物中分离出来的。

第四章
鱼类时期

在“地球的年龄只有几千岁”这一观念统治人类思维的时候，人们意识中的植物、动物种类是固定的，也就是说，人们普遍认为：生物现在的样子就是最初形成时的样子。后来，“岩石记录”被人们发现，并进行了研究，这一观念才开始改变。人类开始思索：在漫长的时间长河中，生物们是不是也经过了不断的发展与变化呢？正是这种思索，最后变成了有关生物进化的观念，即地球上这些不管是动物还是植物的生命，全部是地球原生代时期存在的简单生命形式，这些几乎没有组织的生命形式，在经历了漫长时间的演变以及持续不断的进化之后，才得以出现。

就生物进化这一问题，如同地球年龄的问题一样，是一直存在争议的。曾经有一段时间，人们将生物进化观点看成非常荒谬的事，认为是有违宗教思想的邪说。不过，好在这个时期过去了。现在，大多数信仰宗教的教徒都认可生物进化论的观点，他们认为：地球上的一切生物是有共同起源的，这些生物不可能突然间就出现在地球上。而这些生物是一直处于变化中的，过去如此，现在也一样。在漫长的时间长河中，所有的生物都由最早生存于泥沙中的细微蠕动生命，经过一代又一代的进化，变成今天拥有意识、活动自由且健壮的生物。

生物的个体组成是有限的，它们与一团或者一块儿无生命的物质并不相同，与那些无界限、无运动的晶体物质也不一样。在生物身上，可看到两个不同于非生命的特征：第一便是同化其他物质，然后使其他物质变成自身的一部分；第二则是可以对自身进行再造。这些生物需要进食，也会繁衍后代。而它们与后代之间有很大一部分相同的地方，但又有细微不同的变化。这就是说，生命体的进化就是与后代之间存在种族上的某些相似之处，但个体之间却略有差别。所有的生物都是如此，不论哪个阶段，永远都不会改变这种特质。

至于母体与后代相似是什么原因，母体与后代又有什么差别的问题，科学家一直没有找到让人满意的答案。由母体与后代之间同与不同的特征上，可以看到生物会因为生存条件的改变，其自身与种族也会随之发生变化的结果。与其说这是一种科学界定，倒不如说这是一种生物演变的常识。所有生物种族的后代都会拥有很多个体，其中只有一大部分是因为变化而加强了对环境的适应能力，而一小部分则因为难以适应变化，最终难以生存。通常情况下，适应能力强的要比难以适应的生物生存时间长，而且它们后代的繁殖也更有保证，数量会越来越多。这被人们称为“自然选择”。严格地说，这种自然选择不算是科学界定，它应该是一种个体变异与繁殖关系所推论出来的必然结果。当然，一个生物种族的演变、生存、灭绝，或许会经历很多外在力量的作用，但是，现在科学家还没办法给出最明确的答案。可如果有人因为没有明确答案而否定自然选择对于生物出现所起的作用的话，只能说他要么是对生命这个事实的无视，要么就是最基本的思维能力不足。

很多科学家对生物起源进行过研究，他们得出的结论也大多非常有趣。只不过，生物的起源究竟从何时开始，直到现在，依旧没有准确的信息，也没有让人相信的结论。但是，几乎所有的权威科学家都认为：生命最早得到孕育的地方，应该是在有温暖的阳光、少许的盐分的浅海泥沙中。这些生命随着潮汐的起落和扩展，逐渐散布到大海深处和海岸边上。

在海洋形成的最初，其潮汛活动是非常强烈的，也特别频繁。那些生命个体不是被潮水送到岸上晒干，就是被推到大海深处，因得不到阳光照射和充足的空气而死去。这样的生存环境让有些生物朝着生根固定的方向演化，也有些生命则为了能不被阳光快速晒死而形成外壳。在很早之前，生物便是依靠自身敏锐的味觉来寻找食物来源的，同时，它们又因为对光的敏感而远离深海、洞穴，以及环境危险而且阳光强烈的浅滩。

最初，生命体的甲壳或许根本就不是为了用来预防敌人的入侵，而是用来遮阳，以防止自己被强烈的阳光晒干。但是，生物的牙齿和爪子是很早之前就出现在地球上的。

在生命之源中，我们说到过海蝎的大小。在很长的一段时间之内，海蝎都是生物界的帝王，它们统治着地球所有的生物。直到大约5亿年前，地质学家才在古生代岩石中的志留纪层，发现了生有眼睛、牙齿，可以游泳，而且生存能力极强的新生物。这就是现在人们所知道的，地球上最早的脊椎动物——最初的鱼类。

对岩层下一层的泥盆纪岩层进行研究，会发现鱼类的数量明显变得更多。因为这一时期，鱼类是最多见的生命体，所以，地质学家将这一时期称为“鱼类时期”。不过，现在这些鱼类已经灭绝了，它们的样子和如今的鲟鱼、鲨鱼有相似之处。这些鱼类最喜欢在水中游弋，也会在水面蹿跳，在海藻中寻找食物，同时，它们喜欢追逐、捕食同类，为沉寂的海洋带来生机。用我们今天的眼光来看待它们，这些生物应该不是大型的鱼种，很少有长到2 ~ 3英尺的。不过，凡事有例外，其中有个别鱼类能长到20英尺长。

根据地质学的研究，我们还没办法获取有关这些鱼类最初形成的有效知识，它们与更早之前出现的鱼类也没有什么联系。动物学家通过这些鱼类的近缘鱼类卵进行研究，以及来自于其他资料的推断，对此鱼类的祖先得出了一些有趣的理解。那就是脊椎动物的祖先应该是软体动物，而且，极有可能是人们最早发现的那种嘴里或者嘴四周长有牙状硬物的，非常细小的水游生物。比如，角鲨、鳐鱼的牙齿就于嘴边开始生长，将上、下腭遮挡，其全身鳞片如齿状。这种鱼类在长出齿状的鳞片之后，便开始从黑暗的角落向有光线的地方迁徙，这也就是最早的脊椎动物的演化了。

第五章
石炭纪沼泽期

鱼类时期，陆地上是没有生命的，到处呈现一片死寂。那些起伏的丘陵、贫瘠的山岩，只与烈日、雨水相伴。这一时期，陆地上还没有真正意义上的泥土，因为还没有帮助土壤形成的蚯蚓，也没有让岩石形成土壤的植物，包括苔藓、地衣都没有。所有的生命，都只生活在海洋中。

这一时期，陆地是岩石的世界，气候环境也非常恶劣。当然，引起气候环境变化的原因非常多，到现在也没有某种推论可以来解释这一现象。但由于地球运行轨道发生的改变、地球自转令两极产生的变化、陆地形态的改变以及太阳的温度变化，种种原因综合在一起，使得地球表面气候长期严寒和冰冻。又过了很多年，地球上的气候开始变暖，这种温暖宜人的环境一直保持了几百万年之久。在地球进行演变的时候，内部构造也发生了多次剧烈的变化。上冲力在经历了几百万年的积聚之后，形成火山，并骤然爆发，这让地球表面的山川、陆地都发生了严重的变化：海洋变得更深了，山变得更高了，气候环境也开始变得极端。然后，一段漫长而平静的时间过去了。在这段时间里，雨水、冰冻以及河流不断冲刷山川，让它慢慢变低。同时，河流裹挟着泥沙，汇集于海洋，让海底变高、海水变浅，曾经与海水相连的陆地也变成了浅海区。这就是有关地球历史中，人们常说的“高而深”、“低而平”两个时期。有人认为，当地球外壳变硬之后，它表面的温度便已经冷却了。这是不对的，绝对不能持这一看法。因为事实是，地球是在经历了很长时间的严寒期之后，其内部温度才不再影响地表温度。哪怕是无生物时期，地质中也可看到“冰河时期”的痕迹，它确实存在过长期的严寒期。

当鱼类时代快要结束时，也就是生物可以在浅海或者海湾生活，并根据自己的适应力而向陆地演化的时候。这时，经过了千百万年，用自己独特的方式进化的大量物种开始出现。它们在这一时期，终于迎来了真正属于自己的生长时期。

植物肯定是在动物之前迁徙于陆地的，只不过，两者登陆的时间应该不会相差太远。因为植物想要在陆地繁殖、生存，就必须面对两个关键问题：第一，支撑物，也就是当潮水退去后，植物必须要有保证叶子接受阳光照射的支撑物；第二则是植物离开了海洋，但同样需要水分。这两个关键问题，全部需要木质纤维的发展而得到解决。它既能支撑植物自身，又可以帮助叶子传输水分。事实证明，从这一时期的岩石记录中，可以看到大型木质植物增加，比如木质苔藓、木质蕨类、巨型木贼等。当又一段漫长的时间过去，动物们也终于从水中来到了陆地上，比如蜈蚣、马陆、最早的原生昆虫，还有与鲎、海蝎为近亲的蜘蛛、陆地蝎。很快，脊椎动物便抢滩于陆地了。

有些原始昆虫，其体型是特别大的，比如一种蜻蜓，单是翅膀，在展开之后就可达到 29 英寸。

各种不同的新奇动物迁到陆地之后，开始用自己的方法，努力适应呼吸空气的生活方式。在这之前，所有的生命都是靠着溶解于水的空气生存的。登陆之后，呼吸空气就成了动物必须要完成的进化。另外，它们也需要完善自我储备水分的功能。哪怕是在今天，人类的肺部若失去水分，人就会失去生命。只有肺叶表面保持湿润的情况下，空气才能通过它，进入人的血液当中。

动物之所以要具备呼吸游离态空气的能力，可能是为了某个器官的进化，这可以让其将之前的鳃进行遮挡，从而防止水分蒸发。也有另外一种可能，那就是要完成器官和其他新的呼吸器官的进化。作为脊椎动物的祖先，鱼类的腮完全不能适应陆地呼吸，只好进化出新器官，即肺部，也就是我们常说的鱼鳔。而像蛙、蝾螈等两栖动物，它们虽然在水中出生，最早也是通过腮来呼吸的，但后来也同样进化出了呼吸器官：在咽喉的附近，长出像囊一样的肺，进而接替腮的呼吸工作。这样，它们完全可以适应陆地生活。只不过，它们的腮因为不经常使用，慢慢出现退化，致使鳃裂消失。后来，它们便只能在空气中生存了。只是，在它们要产卵的时候，仍旧需要回到水中。

进行沼泽植物时期，凡是呼吸空气的脊椎动物，都应归属于两栖动物。它们就像现在的蝾螈，只是体型变得更大了。虽然它们真的生活在陆地上，但对陆地环境要求非常苛刻，那就是必须要选择沼泽、湿润的地方。应该说，这一时期的很多高大树木，就其生长的习惯来说，也应该是两栖植物。因为这些植物想要繁衍，必须要将种子撒落于水中才行。如果仅是靠自然的雨水滋润，这些种子是不能发芽的。

生物由水中迁徙于陆地的过程，显示了非常复杂、非常让人惊异的适应能力。对这种适应能力进行研究，要远比解剖学更有趣，更能吸引人。所有的生物，包括植物与动物，最早都是生活在水里的。比如，脊椎动物，乃至于人类，不论是其卵的发育，还是胎儿形成，都会有一个鳃裂慢慢消失的过程。水浸润着鱼的眼睛，让眼睑与泪腺保持湿润，这是非常高级的保护形式。而声音在空气中的震动比较弱，耳膜就成了非常必要的听觉器官。其实，动物身上的所有器官，在适应呼吸空气这种生存环境的过程中，都有自身的调整与变化以及自我保护。

在两栖类时期，生物以沼泽、海湾、低洼等地为主要生活环境，即使它们分布的区域已经在明显扩大，但高地与丘陵地区仍然保持着无生物存活的纪录。应该说，这一时期的生物虽然已经学会了呼吸空气，但是，它们并没有完全适应离开水的生活，所以，在繁衍后代时，还必须要回到水中去。

第六章
爬行动物时期

经历了生物繁衍丰富的两栖类时期，地球进入到漫长而干燥的阶段。这一阶段，岩石记录显示很厚的砂层岩，但化石却很少见。地球上的气候仍旧不稳定，温度变化极大，多次出现冰河时代。那些曾经茂盛的沼泽植物，现在已经全部消失了。它们被埋在堆积层下，进入压缩与矿物化的过程。正是因为有了这一过程，我们现在才会拥有生活必需的煤炭资源。

不过，也因为这一过程的变化，地球上的生物产生了新的改变，并随着环境的改变而得到更有利的进化。当地球恢复到潮湿、温暖的环境中时，新的生物便出现了。通过对岩石的解读，我们可以看到卵生脊椎动物，这些卵在未孵化完成时，便已经接近发育成熟。这些生物的后代从降生的第一天开始，便是在空气中生存的，完全不用像蛙的后代那样，必须要经历最初的水中生活。

这些可直接生活于空气中的动物，就是爬行动物。而且，这时还出现了生长种子的植物，它们完全不用依靠沼泽、湖泊，就能让种子进行传播、生长。另外，棕榈、苏铁类等植物，以及热带针叶植物也出现了，只是还没有可以开花的植物和草类的身影。同时，羊齿类植物种类变得繁多，昆虫种类也更加多样。此时已经出现了甲虫，只是还没有蜜蜂与蝴蝶。但不管怎样，全新的，真正的陆地生物在冰期时代中形成。当环境适合，温度适宜，它们便马上繁荣起来了。

当地球经历了漫长的变化之后，终于进入到相对平静的平和期。因为地球多原因、复杂变化的演变，最终造成了一个漫长而且范围广阔的温度适宜环境。有科学家推断，地球这一平和期大约持续了 2 亿年以上的时间。而这一时期，则被称为“中生代”，从而与之前的“古生代”、“无生代”相区别。同时，也区别新生代的末期和现代。另外，这一时期也被叫作爬行类时期，因为这一时期的爬行动物特别多。“中生代”一直持续到距今约 8000 万年以前。

现在，地球上生存的爬行动物种类很少，而且分布区域也有限。但现在被保留下来的这些爬行动物，在过去，它们的祖先曾于沼泽期称霸于地球。那时爬行动物的种类比现在要多得多，一些至今仍旧存在，比如蛇、鳖、海龟、美洲鳄、鳄鱼、蜥蜴。这些动物都需要一年四季温暖如春的环境，完全不能接受寒冷的气候。当然，也许“中生代”的那些爬行动物都对环境有着这样的要求，它们就如同生活在温室里的植物，绝对受不了寒冷的侵袭。只不过，这时的地球上已经有了真正可以适应干燥陆地环境的生物，它们与那些需要湿地、沼泽的生物完全不同。

除了大海龟、鳖、巨鳄、蜥蜴、蛇之外，当时的爬行动物种类比现在多很多，甚至还有如今早已经灭绝的，体型庞大到让人惊诧的动物。比如其中一种被称为恐龙的动物，它就种类繁多。而遍布于低平地面的植物也很多，比如芦苇、羊齿类等。以进食这些植物嫩叶为生的动物们，其体型在当时是最庞大的。以梁龙为例，在当时是体型非常巨大的，远远超过了那之前所有陆生动物的体型，犹如海中生存的鲸鱼一般。从梁龙的鼻尖到尾尖，可长达 84 英尺。当然，除了它之外，还有巨龙。巨龙的长为 100 英尺，比梁龙还要大。而要进食这些巨型动物的生物，则是与它们相差不多的食肉类恐龙，譬如霸王龙。在很多资料中，都将霸王龙写成最凶猛、可怕，又前无古人、后无来者的爬行动物。

就在这些体型庞大的动物在“中生代”丛林的蕨叶和常绿植物中寻觅食物或者你追我赶时，另外一种爬行动物（现在已经灭绝）正在用进化成蝙蝠翅膀一样的前肢捕食昆虫。一开始，它们只能跳跃，后来在风力的作用下，它们终于可以在森林的树枝之间进行滑翔了，它们就是翼龙。翼龙是最早的有脊椎的飞行动物，由此，脊椎动物能力发展史翻开了新的一页。

此外，有一些爬行动物又重新回到了海里生活。沧龙、蛇颈龙和鱼龙这三种会游泳的大型爬行动物又回到了它们的祖先生活过的地方——海洋。说到它们的体型，有点儿类似现在的鲸鱼。看起来，鱼龙只在需要排卵的时候才会回到海里，而如今已经没有和蛇颈龙同类的动物了。蛇颈龙的体型庞大，而且非常有力气，还有可以用来划水的器官，在沼泽和浅水中，不管是游泳还是爬行都游刃有余。它有一颗小小的脑袋，脖子如同巨蛇。像天鹅一样，蛇颈龙可以在游水的时候觅食，不过，它还能潜到水下，捕捉一些鱼类和其他动物为食。

以上介绍的这些，就是“中生代”时期陆生动物中的霸主。从人类的角度来看，它们与以前的生物相比已经有了很大的进步。从体型、分布范围、力量、活动能力等各方面来说，它们的生命力都远超以前的生物。海洋生物的进步虽然没有这么明显，但是也在不断涌现新的品种。浅海区出现了一些带有硬壳、外形和鱿鱼差不多的动物，也就是所谓的菊石类动物。它们的祖先曾经生活在“古生代”的海洋中，到了“中生代”才进入了鼎盛时期。现在，这个物种已经灭绝了。和它们差别最小的近亲，就是能够产珍珠的、生活在热带海洋中的鹦鹉螺。还有一种新型的鱼类，十分高产，和以前的鱼类的片形和齿形鳞片相比，它们的鳞片更为优质。这时，这种鱼类成了湖泊海洋中的主要物种，并在此后的很长一段时间中占据优势。

第七章
最早的鸟类和哺乳动物

前面，我们对中生代最为茂盛以及兴旺的动物进行了简单介绍。在这一时期，恐龙就是热带雨林以及地球潮湿平原上的王者，翼手龙边滑翔边鸣叫，那些在林间、灌木丛中飞行的昆虫便是它的美餐。但是，除了这样以绝对性强势生存于陆地的动物，还会有很多数量、个头都不大的动物，它们为了生存，只能不断进行生存能力的提升，同时还要学会忍耐。当太阳与地球被改变，不再像往日一如既往地仁慈与温暖，这些生存能力及忍耐的本领就变得至关重要。

一些体形较小的恐龙类动物，以及跳跃本领很强的爬行类动物，因为经常受到大型动物的侵袭，其生存受到很大的威胁。有的最终灭亡了，有的则强迫自己提升适应能力，最终向高山及寒冷的海边迁移。它们为了生存，身体上渐渐进化出一种鳞片，在后来的时间里，鳞片长成长长的管状，最后分开，变成了天然羽毛的雏形。这些雏形的天然羽毛将动物包裹起来，让动物们的皮肤具有良好保暖效果。正是因为这些管状鳞片的保温作用，动物们才在相对寒冷的地方生存下来，之前，无毛动物是不能在这样的环境中生存的。另外，这些动物很关心自己辛苦产下的卵。在之前，爬行动物生活在温暖的地方，它们对自己的卵完全不用费心孵化，阳光便足以让其自然发育。如今，这些新生的动物品种在新的环境中养成了保护自己的卵，并刻意通过体温去使其孵化的习惯。

对于寒冷的适应让这些动物的身体内部开始慢慢变化，渐渐地，它们体内可保持恒温状态，进而达到独立保持体温的功能。鸟类的祖先，大约就是专门捕食鱼类的海鸟，它们的前肢还算不上真正的翅膀，因为其样子更像企鹅的蹼足。比如生活在新西兰的鹬鸵就是一种很特别的原始鸟类，它的羽毛非常简陋，完全不能飞翔，而且也不像是进化之后的结果。对于鸟类来说，其羽毛在进化过程中是早于翅膀的，当其身体上的羽毛长出之后，就能够缓缓展开，并自然进化为翅膀。我们都知道，有一种鸟化石是这样的：腭上长有爬行动物才有的牙齿，而尾部也保持着爬行动物的长尾巴，但同时，它又生有一对鸟的翅膀。可以这样说，这种鸟在中生代时期一定与翼手龙为伍。只是，中生代的鸟类品种并不多，数量也很少。假如让我们回到中生代一探究竟，很可能连续几天也看不到一只鸟，甚至听不到一声鸟的鸣叫，只会看到翼手龙与昆虫们像捉迷藏一般于芦苇、羊齿丛中追逐。

另外，我们应该也看不到哺乳动物的影子。虽然哺乳动物已经早在鸟类出现的几百万年前就已经存在了，但因为数量太少，体型又太小，基本不会让我们发现它的踪迹。

最早期的哺乳动物和那些最早期的鸟一样，因为体型太小，生存空间太小，所以被迫退居到寒冷的环境中去，并从此学会了适应寒冷的气候。哺乳动物皮肤表面的鳞片慢慢进化为羽毛状，如同一个皮肤保护层，这与鸟类的进化基本相似。它们也可以独立保持体温，并达到体内恒温的状态。只是，这些动物的鳞片没有进化为羽毛，而是变成了毛发。同时，哺乳动物完全不需要自己的体温去孵化下一代，它们只要将卵安放于体内，等到下一代的发育接近成熟，然后再产出体外就可以了。大部分的哺乳动物都是胎生，它们的下一代一降生，便是活蹦乱跳的样子。不过，幼体出生之后，母体仍然要继续保护幼体，并为其哺乳。现在的哺乳动物大多数都进化出了乳房，用其为自己的后代哺乳。当然，有个别哺乳动物是不同的，其中食蚁兽与鸭嘴兽便是如此。它们没有乳房，想要繁衍下一代，必须通过产卵才行。食蚁兽产下卵之后，会将其安放于自己腹下的袋囊中，那里温暖又安全，一直到后代被孵化出来，再用皮肤分泌的营养物质来喂食幼体。

想要回到中生代寻找鸟类的身影固然不容易，但想要在那一时期寻觅哺乳动物也同样不易，除非人们可以提前知道那些哺乳动物生存的准确地方。这都是因为在中生代时期，鸟类与哺乳类动物都不是地球的主导生物，而且身份并不重要。

按现在的推算，爬行动物的整个时间段大约持续了 8000 万年。用我们有限的知识来理解这一段时期，它可能会给我们这样的感觉：这一温暖、物种繁多的时期，一定可以亘古不变地延续下去，包括那些爬行的恐龙以及会飞的飞龙，都是如此。但是，宇宙自身不断积累的力量，以及它神秘不可知的变化规律，都注定要将这种看似可以亘古不变的环境打破，那些繁盛的生物马上将迎来灭绝。时代被分成一个又一个，100 万年过后，又是一个 100 万年，因为世界几乎停滞的状态让环境变得躁动多变：平原地貌改变了，海洋、山川的位置改变了。在那一时期的岩石中，我们能够明确地看到：繁荣的中生代之后，便是一个漫长的衰落期。在这一时期，地球环境不断变化，各种生物种类也不断改变，更有新的物种接连出现。旧有的生物在经历了变化与灭绝的考验之后，也正努力适应着新的环境，比如菊石类就在这一时期蜕变出多个奇怪的种类。通常来说，环境越是安定，新物种的出现便越会受到压制。因为在适应的环境中，那些旧有的种族才是主导者。但在全新的环境下，旧有物种却受到新的考验，而新的物种则乘机找到了生存下去的机会。

至此，岩石的有效记录中断了几百万年。中生代之后的衰落期如同一块厚重的幕布，将这个时代的生命进化全部遮住了。当我们再次于岩石中发现生命时，爬行类动物已经退出历史舞台，而那些有关恐龙、蛇颈龙、鱼龙、翼手龙、菊石类等生物全都销声匿迹了。虽然这些物种有着不计其数的变种，可一样都没留下，它们及它们的后代全部灭绝了。在寒冷中，这些生物失去了生存的机会。由此来看，这些曾经的生物本身以及变种都存在缺陷，对于当时的环境变化完全不能适应，因此不能得到保留。我们生存的世界，曾经经受过一段它们难以忍受的恶劣气候，中生代时期的生物就这样慢慢退出了历史舞台。后来，我们看到了一个与过去完全不一样的时代：很多新的、更能抵抗寒冷的动植物，成了这个世界的主导。

当曾经的生物历史面临着全新的一页，地球上仍旧如同死寂一般荒凉。随后，那些可以抵挡寒冷气候的乔木、灌木、可以开花的植物，被之前的苏铁类以及热带松柏类植物取而代之。而之前爬行动物得到繁殖的地域，不同的哺乳动物及鸟类正以全新的姿态展现生命的活力。

第八章
哺乳动物时期

地球慢慢进入了一个如奇迹般的时代——新生代。这时的地壳仍然在不断运动，火山频频喷发，地面被不断堆起。世界上那些著名的山脉：阿尔卑斯山、喜马拉雅山、落基山、安第斯山等都在这一时期形成。现在我们所看到的海洋、陆地轮廓，都是新生代的产物。当时的世界版图与现在的世界地图大致相似。按今天的推测，新生代距今约为 4000 万 ~ 8000 万年。

在新生代的最初，地球温度非常低，慢慢地，气候变暖，各种物种也逐渐繁荣起来。后来，气候再次变坏，地球又一次进入冰河时期。我们现在生存的世界，大概就是以这一时期为起点而慢慢形成的。

只是，到现在我们也找不到气候如此复杂多变的原因，更不能预测将来气候会变成什么样。未来，也许地球的日照时间会延长，也许地球会再一次进入冰河时代，也许火山与地面隆起会变得更频繁，又或者是被逐渐削弱。对此，我们没有准确的科学论断，在地球变化的问题上，我们还缺少太多的科学知识。

新生代开始了，地球上终于有了草的身影，并第一次出现了草原。那些曾经不占主导地位的哺乳动物开始得到全面的繁衍。除了很多有意思的食草动物，更有很多专吃食草动物的肉食动物。

开始，这些哺乳动物与中生代一度繁荣的哺乳动物非常相似，包括食草动物和食肉动物，它们之间，只有少数的习惯略有不同。为此，很多人会觉得，这就是第二个气候温暖、物种丰富的时代，只是这时的哺乳动物们将原来那些鸟类、恐龙等取代了而已。其实，这种认知很肤浅。我们应该明白，宇宙的变化从来都是层出不穷的，而且它永远向前，又持续不断，从来不会重演其中的某一段历史，那些看似相同的时期都有着其本质的不同。就中生代与新生代的生物而言，将它们之间的相似处对比一下，就可以看出中生代有着绝对的深远意义。

新生代与中生代的根本不同在于，它们的精神生活发生了改变。其内在本质，就是母体与幼体之间相接触的不同。对此，哺乳动物、鸟类、爬行动物之间本质都不相同：哺乳动物显然与自己的下一代关系更为亲密，其次为鸟类，而爬行动物则最差，它们几乎不与下一代相接触。除去个别的爬行动物，它们一般都在产卵之后离开，卵能否孵化出下一代，全凭自然条件。而且，它们的下一代出生后，根本不知道自己的父母是谁。所以，对于爬行动物来说，它们身上没有任何母体传播的生存知识，它们所会的，完全来自于自身在日后的经验累积。这些动物能够与同类共存，但并不会建立什么关系。没有相互的学习，也不会相互模仿，更不可能一起行动。可以这样说，爬行动物的生活是孤独而寂寞的。而鸟类与哺乳动物则不同，它们会对下一代养育、哺乳，会教下一代生存的知识，并且经常相互模仿。这些动物会通过不同声音的鸣叫以及其他群体动作来达成彼此之间的联系，进而在彼此之间形成有效的教育及控制可能。于是，一种可以哺养、教育自己后代的生物在这个地球上出现了。

新生代最初的哺乳动物，其大脑体积与曾经的食肉恐龙相比，显得更大一些。不过，这并不奇怪，因为从岩石的记录来看，所有不同种类的哺乳动物，大脑的体积都因为进化而有所增加。比如新生代最初阶段的巨犀（它还有另外一个名字，叫雷兽），它的生活习惯与需求和现在的犀牛非常相似，但是，它的脑体积却不及犀牛的 1/10。

在新生代的最开始，哺乳动物与下一代的关系似乎只保持到哺乳期结束。不过，它们之间如果能获取相互理解的能力，双方的关系则会大大加强。现在，我们可以看到，很多哺乳动物已经完全过上了社会化生活。它们成群结队，相互照顾，相互模仿，通过它们自己理解的声音来传达消息。这种能力是之前的脊椎动物所没有的。当然，在沼泽时期，有一些爬行动物以及鱼类也是成群生活的，但它们之所以会在一起，则是因为它们在同一时期被大量孵化，并且对生存条件保持着相似性需求。但哺乳动物的群居习性，则并不只是单纯的外在生存压力，更有其内心的需求驱使。它们不单因为彼此之间相似而群居生活，也会因为个体之间的相互爱慕而自愿地走到一起。

人类与爬行动物的思维是存在很大差异的，这让人类无法去喜欢它们。因为人类永远不能明白爬行动物体内那种简单而快速的本能动机，比如饥饿、恐惧、厌恶等。这是因为，人类的动机更加复杂，它是均衡的产物，与简单的冲动关系不大，人类更注重结果。在哺乳动物与鸟类身上，就有顾及同类以及自我控制的能力，这与人在某些方面很相似。所以，鸟类、哺乳类动物与人类之间有一定的联系，当它们遭遇苦痛、挣扎的时候，发出的声音便会让人产生怜悯之情。因为它们能寄托人类的某种情感，所以人们习惯将其作为宠物来饲养，甚至还会将它们进行驯化，变成人类忠诚、听话的玩物。

“新生代”时期，动物大脑的体积迅速增加，这是此时代最为突出的事实。这让生物之间产生了相互依赖、相互友好的全新关系。这对人类社会的诞生意义重大，后面我们将会说到。

新生代不断向前发展，这一时期的动植物已变得与现在的动植物越来越相像。那些行动迟缓、体型硕大的巨犀，还有那些在现在难以匹配到相似形体的大型动物都已经退出了历史舞台。而那些祖先原本笨拙、奇怪，但经过了逐步进化变成了长颈鹿、骆驼、马、象、鹿、狗、狮子、老虎等动物，并慢慢在地球上出现。在岩石的记录中，我们可以看到马的进化非常具体，它从新生代时期如同小貘的形态，后来就慢慢变成了现在的马，几乎各种类的马都有非常完整的进化资料保留下来。另外，驼马与骆驼也是如此，关于它们的进化过程，现代科学已经掌握得非常清楚。

第九章
猿、类人猿和原始人

哺乳动物被生物学家分成不同的几个目，而灵长目则是排在第一位的，灵长目包含狐猿、猿、类人猿以及人。特别要进行说明的是，之所以要将这些划为灵长目，都是以解剖学的相似性为依据的，与精神方面没任何关系。

对灵长目曾经的发展，地质学的记录中几乎没有相关知识。这个目大部分是生活在森林中的，比如狐猿、长尾猿。也有一部分则生活在没有植物生命的岩石上，比如狒狒。这样，就注定它们很难被淹死，最后被沉积物掩埋于地层。而且，它们的数量并不多，所以，想要找到这些动物的化石非常不容易。显然，它们的祖先与马、骆驼等动物的祖先是不一样的。但是，我们很清楚，在大约4000万年之前，也就是新生代开始的最初，世界上便已经有早期的猿类、狐猿类出现了。虽然那时它们的大脑还无法与它们的后代相提并论，但大脑各部分的分工已经非常明确。

“新生代”中期结束了，这一时代的最旺盛时期也成了过去，灵长目迎来了生物史上最鼎盛的时期，这是继沼泽期以及爬行类动物之后的又一个全新时代。不过，地球气候则因新生代中期的结束而进入又一个冰河时期。之后，地球上也曾有过一段时间的温暖，但时间并不长，很快就又被推入到寒冷之中。而在不长的温暖期，亚热带地域成了河马的天堂，那些凶猛的剑齿虎则在今天热闹的伦敦舰队街[1]潜伏，时刻准备着捕食食物。每当地球开始一次寒冷期，总会有一些物种被大自然淘汰。但总有生物幸免于难，比如非常耐寒的长毛犀，大象的堂兄弟、身上披有长毛的猛犸，一直生活在北极完全不怕寒冷的麝牛以及驯鹿。时间过得飞快，几百年又过去了，北极的冰圈因为严寒得到向南方扩沿的机会，它们一直朝英国的泰晤士河以及美国的俄亥俄州扩展。在这段冰河时期中，地球也曾经有很长一段时间得到回暖，只不过，它很快又被推回严寒之中。

地质学家将地球上曾有过的严寒期分成了第一、第二、第三、第四冰河时期，而那些间隔于冰河时期中间的温暖时期则被命名为“间冰期”。现在，我们在地球上仍旧可以找到冰河时期所遭受到的极度严寒印迹。根据推测，第一冰河时期距离现在已经有60万年的时间，而最近的第四冰河时期距离现在也有5万年之久。而类人猿的出现，便是在第四冰河时期。

进入新生代中期，猿的数量及种类在地球上变多，它们有着与人相似的腿骨、腭。但我们却只能在接近冰河时期的那一段时间里，才可以发现一点儿与人非常相近的猿类踪迹。这些踪迹并不是它们的骨骼化石，而是它们曾经使用过的生存器具。在欧洲，人们就发现了只用手才能制作出来的燧石片、打磨过的石片，这些工具被制作得非常锋利，显然是专门用于砍削、敲打、战斗所用的，而它们距离现在已经有50万～100万年的时间。因此，科学家将这些石头工具称为“原始石器”。不过，在欧洲发现的除了这些石器，再也没有其他有关像人一样的动物骨骼，以及其他器物。当然，这些石器完全有可能出于那些猿猴的杰作，而根本不可能是人类。只是，在爪哇的特利尼地区，科学家发现同一时期的地质中，真的有猿人头骨，包括其他骨头、牙齿。这些猿人的头盖骨大于我们今天所有类人猿的头盖骨，而且它们似乎完全可以站起来直立行走。现在，我们将这种猿人叫作“直立猿人”，即可以站直身体，用两脚走路的猿人。直立猿人所留下的少量骨骼化石，成为我们今天仅有的，可以用来揭秘那些“原始石器”的唯一有用的历史资料。

---

[1] 伦敦舰队街：是英国伦敦市的一条有名街道，英国新闻街多聚集于此。

在距离今天25万年前的砂石层中，科学家终于又找到了原始人留下的踪迹。岩石层中，有很多它们使用过的石器，但石器的制作水平比原始石器要进步得多。它们不但比原始石器精致，而且样式也得到进一步改进，变得好看起来。只是，石器要比今天人类使用的工具大很多。后来，科学家又在海德堡的一个砂坑中发现了与人类极为相似的腭骨，只不过，这种腭骨完全没有下巴，那样子看上去很是奇怪，比现在的人类腭骨重并且窄。由此，我们可以得出这样的推断：该动物应该还不能发出清晰的声音来，因为它们的舌头完全不能灵活转动。科学家则根据腭骨进行另外的推测：该种动物会有健壮的四肢与身体，非常沉重，而且全身布满毛发，样子与人有些相近。于是，这种动物便被科学家命名为“海德堡人”。

根据笔者自己的看法，这块被发现的腭骨将让充满好奇心的人类大伤脑筋。当我们以现在的眼光去观察腭骨时，就如同在使用一个已经坏了的望远镜看向远方一样。我们几乎可以看到，在广茂的土地上，似乎有躲于森林中的长毛犀，也有爬上树的剑齿虎。可真的想要进一步对它们仔细观察，却发现它们一下子就消失不见了。我们只在岩石中发现它们亲手制作出来的，数量可观的石器。

不过，这并不比在沙塞克的皮尔丹发现的骨骼更让人费解。因为在皮尔丹的堆积层中，也发现了某种动物的骨骼，它们距离今天已有10万～15万年。权威的地质学家认为，这些骨骼比海德堡人的骨骼出现得还要早。而这些动物的头盖骨，要比现在人们所知道的所有类人猿的头盖骨都大得多，它与人类的头盖骨很像。除此之外，还有一块骨头，是与猩猩的腭骨相似的。这几乎让人想不出它是来自动物身体的哪一部分，或者是不是该动物身上的骨骼。而在另外的一块棒状骨上，有一个明显的人工钻研而成的小洞；其中还有一块鹿的腿骨，上面划刻着一种痕迹，如同符木的样子。这些遗骨，都是在皮尔丹地区发现[1]的。

到底是什么样的动物，可以在地面，在骨头上进行人工钻孔，并刻画痕

[1] 皮尔丹遗骨：这是在1912年的美国皮尔丹地区发现的类人猿头骨，对此，科学家们曾非常热烈地进行研究。但1953年，科学家们得出结论，这些都是一个无名者伪造出来的。

迹呢？

科学家将这些骨骼化石称为“原始人”，认为它们与其他类猿动物并不相同，而且与海德堡人也不一样，甚至与现在的类人猿也有明显区别。这些骨骼化石除了在皮尔丹发现之外，其他再也没有原始人的痕迹了。但是，在经历了10万年时间的沙砾层及沉积层中，有越来越多的燧石及石器被科学家发现。这时的石器，比起原始石器明显不一样，在它们身上，考古学家已经能看到它们不同的样式，包括刮刀、石钻、尖刀、投枪、掷石、石斧等。

我们对灵长目的了解，越来越与人相接近。下一章内容里，我们就可以看到尼安德特这种人类的先驱者。虽然它们还不是真正意义上的“人”，但却已经与人类非常相近了。

在此，我必须要特别告诉大家：迄今为止，还没有一个科学家认为那些动物就是人类的直系祖先。这包括原始人以及海德堡人，它们都不过是与人相近的一个物种而已。

第十章
尼安德特人和罗得西亚人

第四冰河期最严寒的时间还没有到来之前，也就是距今 5 万 ~ 6 万年的时候，地球上有一种动物是与人非常相像的，以至于到了几年之前，还有人将此动物的骨骼看成人类骨骼。我们在考察中不但发现了该动物的骨骼、头盖骨，更有它们制作的极大的器具。在那个时候，它们就已经学会了用火，并且为了避免受到凶猛动物的侵袭而从外面搬入山洞栖居。同时，它们懂得将兽皮制成御寒的“衣服”，并且与现在的人一样，习惯用右手进行操作。

不过，就算如此，它们仍然不是真正的人类，人类学家对此已经做出准确的推测，认为它们不过是同属于人这一目的另外一个种类。这种动物的下腭是突出的，但前额很低，眉骨突出于面部；它们的脖子很短，而且很粗，完全不能向上、向后扭动；它们的拇指也与人类不同，完全不可以朝向其他手指弯曲。大概它们在走路时，总是屈着身体的，因此，它们的头部明显向前倾。没有下巴的腭骨，与海德堡人的非常相似，但与人完全不同。另外，它们的牙齿与人类的牙齿有着很大的区别：首先，它们的臼齿结构很复杂，根本没有人类长长的牙根。其次，这些动物也没有犬齿。这一动物的头骨容积虽然与人类相近，但脑后部却比人类更大，而前部则非常低。从智力结构来看，它们与人是完全不一样的。不管是生理结构，还是精神层面，这种动物都不可能是人类谱系的祖先。

这种动物的骨骼是在尼安德特地区发现的，于是，科学家将这种特别的原始人命名为“尼安德特人”。据推测，这种动物在欧洲生存，而且持续了几百甚至几千年之久。

那时的地球气候以及地貌特征，与现在是很不一样的。譬如，当时的欧洲完全被冰雪覆盖，并且朝着泰晤士河、德国、俄国中部延伸。那时，英国与法国完全连接在一起，并没有现在的海峡分隔[1]；那时也没有红海、地中海，全都是大的山谷，或者是一些湖泊；当时，曾有非常巨大的内陆海，就从现在的黑海开始，它穿过俄国南部，然后到达中亚地区；当时的西班牙虽然没有冰雪，但气候条件似乎比拉布拉多半岛还要差一些。只有地球的南非地区才出现了温暖的环境。植物、长毛象、长毛犀、大野牛就是尼安德特人赖以生存的食物，为了捕食，它们不得不向欧洲的南部移动。不过，那时它们过着漂泊的生活，一般春天向北移动，到了冬天再返回南方。

我们几乎可以想象，当时的尼安德特人过着这样的生活：它们采集植物的果实、根茎充饥，进食捕捉到的小动物。从它们被磨得平整的牙齿就可以推测，这些动物是以素食为主的。不过，在它们居住的山洞中，人们也曾发现凶猛大型动物的骨骼，而这些骨骼都被敲碎了，里面的骨髓被吸走。显然，当时它们的武器还不足以与这样的大型动物进行斗争，但我们可以设想：它们完全可以在野兽渡河时，用自制的长矛进行偷袭，又或者它们也可以挖陷阱来捕捉野兽，甚至它们还能跟在兽群后面，伺机捕杀那些受伤的野兽，以及被剑齿虎杀死的野兽。虽然我们说这些动物以素食为主，但根据当时恶劣的生存环境，它们也不得不通过与野兽厮杀来获取保证自身生存的食物。

我们似乎很难对尼安德特人的外貌进行描述，因为它们全身有毛，那样子与人完全不一样。我们也完全不能确定，它们是不是直立行走。也许，为了保持身体平衡，它们完全可以手脚并用。是的，它们有可能是独居动物，但也有可能保持一个小群体共同生活。但从它们的腭骨结构来看，我们可以得出准确的结

[1] 当时还不存在英吉利海峡。——译者注

论：它们还不能像我们人类这样运用语言。

在当时的那个时代，尼安德特人应该是欧洲地区最为高级也最早出现的动物了。直到时间进入到距今为止的 3 万 ~ 3.5 万年时，地球又开始变暖。于是，一种比尼安德特人更聪明，更懂得合作，甚至能够相互之间进行交流的动物，由南方来到了尼安德特人居住的区域。这些动物将尼安德特人赶走，将它们的洞穴据为己有，与它们争抢供以生存的食物。大概正是它们的出现，尼安德特人才最终灭绝了。

随着尼安德特人的消失，这些不知是从哪里到来的动物，成了欧洲土地上新的主导者。它们和人一样，有相同的血统，有真正的皮肤，算是最早的真正意义上的人。根据解剖学分析，这个物种的头盖骨、拇指、脖子、牙齿的结构和我们人类几乎一模一样。科学家在克罗马农和格里马第的山洞中就发现了这一物种的遗骨，认为这是到目前为止，人们发现的最早的真正的人类遗骸。

也就是从这时起，人类第一次出现在那些岩石的记录中，而有关人类的故事，也就此拉开了序幕。

那时的地球气候依旧不好，但和今天的气候相比，已经有很大的相似性了。欧洲的冰河时期正在慢慢消退，而西班牙、法国地面上的草类越来越多，那些一度主导该地区的驯鹿被马群取而代之。在欧洲南部，猛犸变得越来越少，它们最终全都移去了北方。

此时，我们还不能明确断言，真正的人类发源地是哪个地区。1921 年的夏天，在非洲南部的布罗肯希尔，人们发现了非常奇怪的头骨以及其他骨骼。根据那些骨骼的特征分析，它们应该是介于尼安德特人与人类之间的一种动物。这一动物的头骨与人有几分相近，呈笔直状长于脊椎上，脑部前面大，后面比较小。另外，它们的其他骨骼和牙齿也与人相近，但脸型则与类人猿更像。因为它们的眉骨很高，头盖骨的中间部分也突出于表面。其实，这一动物已经可以称之为真正的人了，只是它们还保留着尼安德特人的面部特征。所以，我们可以确定，这种被称为罗得西亚人的动物，比尼安德特人更接近真正意义上的人类。

罗得西亚人的头盖骨，是人们发现尼安德特人头盖骨之后的又一亚人类头盖骨。可以这样说，这些亚人类动物是真正的人类还没有出现之前，便从冰河初期一直生活在地球上的物种。单单是从头盖骨来辨析，罗得西亚人似乎并不算时间最长久的物种，因为它们生存的具体年代，至我们书本完成，还没有被确定。不过，直到近代，这种动物还在非洲南部生存。

第十一章 最早期的人

在欧洲，确切地说在西班牙、法国地区，人类最初的痕迹和遗物不止一次被发现。科学家证明，这些被发现的最早期的人类痕迹和遗物，就是与人类有着亲缘关系的人类所留下的。人们在西班牙和法国都发现过距离现在 3 万年甚至更早的人类痕迹，比如骨骼、武器、岩石上的痕迹、被雕刻过的骨片、洞穴中的绘画等。确切地说，西班牙是被最早期真正人类祖先留下痕迹最多的地区。

当然，这些发现只不过是一个开始，在将来，还会有更多、更全面的资料被考察出来。那时，考古学家可以在没有去过的国家发现更多新的资料。这样，我们对人类早期的资料就掌握得更加丰富了。到目前为止，亚洲与非洲的大多数地区，都是还没有被考古者探索过的地区。对此，我们应该要非常慎重地对待，以避免因为最早期人类来自于西欧，就给出他们最早生活在这个地区的说法。

亚洲、非洲以及其他一些现在已经被海水覆盖的地区，可能正沉积着比我们现在发现的更加全面、更加古老的真正人类之遗迹。笔者之所以在这里略过美洲不提，是有原因的，因为在美洲地区，除了曾经发现过一颗牙齿之外，其他所有类似于灵长目动物的遗迹都没有出现过，这包括类人猿、亚人类、尼安德特人以及早期真正的人。美洲为新大陆，但生物的起源，好像只在旧大陆进行。直到旧石器时代快要结束，人们才通过现今已经被白令海峡阻断的陆路，来到了美洲的大陆。

在欧洲发现的最早人类，至少可以被分成两个种类，而其中一个种类是非常高级的。这一人种头长得很大，身材也比较高。科学家发现了一块此人种的女性头盖骨，其大脑的容量要比现在男性的脑容量平均值还要大。而这一人种的男性骨架则高约 6 英尺，形体与现在的印第安人比较相近。最早，这一人种的骨骼于克罗马农地区的山洞中发现，因此被命名为克罗马农人。应该说，这一人种是野蛮人，只不过，在野蛮人中算是高级的。而另外一个人种的骨骼则于格里马第地区的一处山洞中发现，其体型特征与今天的黑人相似。和这一人种之间具有近亲关系的，应该是现在的布士曼人和霍屯督人，也就是非洲南部人种。这个事实告诉我们，最早的人类出现时，便被分成了两类，这确实非常有意思。人们普遍认为，克罗马农人不是黑色人种，应该为褐色人种的近亲，主要起源于北方或者东方。而格里马第人种则为黑色人种，与褐色人种没有多少关联，他们的起源应该是赤道以南的热带地区。当然，这些推测都只能是猜想，并没有真正的科学定论。

克罗马农人虽然被归于野蛮人，而且距今已经有 4 万多年，但已经有了人的某些特征。这些野蛮人会将贝壳做成项链佩戴；会在骨头或者是石头上雕刻图案；会在自己身体上涂抹其他颜色；更会在自己居住的洞穴以及醒目的岩石上描摹某些有趣的动物图案。这一时期的人所制作出来的石器工具，要比尼安德特人使用的更精致、小巧，而且种类也很多样。现在，在很多国家博物馆中，就有他们所留下来的石器工具、雕刻、涂抹壁画以及其他物件。

这一人种最初是以狩猎为生的。他们主要猎杀一种小型的野马，这种野马长有胡须，数量非常多。这些人便追随着野马的踪影，到处迁居。除此之外，他们也猎杀野牛，而且他们肯定看到过猛犸，因为在他们涂抹在山壁上的图画中就有与猛犸非常相似的图案。同时，根据那些已经不怎么清晰的壁画，我们可以看出，这些人曾经通过陷阱来捕捉猛犸。

这一时期的人种所用的捕猎工具就是掷石和矛，显然当时还没有发明弓箭，而他们也还不懂得驯养动物为自己所用，完全没有看到狗的影子。不过，在图画中，人们曾经发现了马头的图案，还有为数不多的被套上了缰绳的马，而这些缰绳便是用野兽的筋以及皮做成的。在那个时候，马是一种个头比较小的动物，还不能用来骑行。因此，就算这些人开始驯养马匹，但也只局限于给它们套上缰绳来驮东西而已。至于他们会不会喝马奶，这倒是很不能想象的事，因为可能性不大。

虽然这些人已经懂得用兽皮来做帐篷，但他们还完全不懂得房屋建造。虽然他们学会了用黏土做塑像，可也依旧不会做陶器。而且，因为当时并没有炊具，他们想要将食物做熟，根本不会通过煮制的方法。耕种、编织、织布，这些他们更是一窍不通，因为在他们的身上，除了被涂上颜色，或者披上兽皮之外，其他部位依旧保持着赤裸。

这种被认知的地球最早的人类，就生活在欧洲这片土地上，以猎捕动物为生，并且存在了1000年之久。直到气候发生变化，他们才迁去了别处。当时间一个世纪又一个世纪地划过，欧洲这片土地又重新变得湿润起来。那些驯鹿、野马、野牛又逐渐从北方朝着东方迁徙，慢慢散布于整个平原，而赤鹿则取代了野牛与野马的位置。这时，最早的人类使用工具也在悄悄发生着变化，用途和性质已经不同以往。捕鱼似乎成了替代狩猎的生活方式，而他们将鱼的骨头做成骨针也是家常便饭。对此，迪·莫泰里就说过："这一时期出现的骨针，比后来出现的更为精致，甚至超过了文艺复兴时期生产的骨针，比如罗马人做出的骨针，便没有那时的骨针精美。"

在距今约1.2万～1.5万年之前，西班牙南部地区有新的人种迁徙而来。他们就在山壁上，留下了让人难以置信的壁画。这个人种的骨骼是在马斯·阿济尔山洞发现的，因而，被称为阿济尔人。阿济尔人不但头上戴有好看的羽毛头饰，还会使用弓箭。他们的绘画线条虽然简单，却很真实、生动。比如，他们会通过几条不规则的线来勾勒人的样子。其实，这种图画正是某种文字观念的开始。他们除了画打猎时的情景，也会画很多像符号一样的东西，有一幅画是这样的：上面有两个人，拿着冒烟的东西来熏蜂巢。

在原始石器技术的诸多最新发现中，这些标本在 1920 年发现于西班牙，其历史可能有 1 万～ 2 万年。

这些人被我们称为旧石器时代的最后一批人类，因为这一时期的人还只会用削成的器具谋生。直到 1 万～ 1.2 万年之前，欧洲的土地上才有了新的生活方式。这时的人不但会削制工具，也会用石头打磨工具，并且耕种。于是，新石器时代就在这时候开始了。

让人觉得有意思的是，直到 100 年之前，世界非常偏远的角落——塔斯马尼亚地区，还生活着一种不同的人种。他们和欧洲大陆最早期的人种相比，体质与智力都要低很多。也就是说，在很早之前，地球地壳变化的时候，这一地区与其他种族完全隔离了，这让他们从此与外界隔绝，并失去了向前进化的机会。他们不但没有得到进化，反而出现了退化的状态。探险家们发现这一人种时，他们仍旧以贝类以及小型动物为食，其生活方式就和原始人类一样。这些人没有家，没有固定的居住场所，总是利用山洞、树洞等可以遮蔽的地方寄居。他们虽然也是真正的人类，但他们并没有真正的人类因为进化而掌握到的工具制作技能，更没有其他的艺术制作能力。

第十二章
原始思维

现在，我们不妨进行一个有趣的思索：最早的人类在开始冒险之初，是如何意识到自己已经是有别于动物的“人”的呢？在 4 万年前，最早的人类只能通过猎杀动物为生，他们并不会播种，也不懂收获，生活居无定所，当时的他们是如何来考虑生活的呢？他们平日都想些什么？因为以当时的情况，完全没有文字来记录这些思考世界的问题，今天，我们只能通过猜想与推测求得一些答案。

现在的科学家们想方设法来再现原始人类的精神状态。特别是近些年，从事精神分析的学者在研究和观察了孩子们因为要适应社会生活，所经受的限制、压抑、减弱、掩饰等本能冲动方面，收获了很多启发，这几乎就可以作为一种借鉴，用来研究原始人类的精神状态。另外，哪怕是现在的文明生活中，那些被广泛流传的传说、难以更改的偏见以及迷信说法、行为，其实都带有某种精神化石。最后，我们再看看那些原始人类留下的绘画、雕像、符号等东西，都可将其视为研究对象。原始人类距离我们现在的时代越近，他们所留下的东西就越多，这也就帮助我们更加清晰地来判断他们每天在想什么，对什么最感兴趣，以及最重视什么。

其实，原始人类的精神状态与孩子有着相似性，那种思维如同一连串的画面。他们会先想出画面的一部分，又或者当他们脑海中闪现出某些画面之后，便开始产生一种情绪，这种情绪开始支配他们去行动。现在的孩子们以及一些并未受到教育的人，其行为就是这样的。这可以表明，根据人类的经验，这种思维能力是在很晚时期才具备的。哪怕是到了现在，可以约束和控制自己思维的人也只能是少数，其他部分则是跟随冲动与想象而开始的行为。

在最早人类开始的初期，他们大概就是小群体聚集，以家庭为单位。哺乳动物群体就是这样以家庭为群体的单位，最早的人类也应该是如此。人们想要与他人聚集，必定要对自我意识进行压抑，而且，他们还要对父亲心存敬畏，对母亲心怀感恩，并将这些融入生活中的每一天。一个群体中的年长者，是会对群体少年男性的冲动、好斗等不良风气进行约束与管教的。当然，在群体中生活，母亲才是孩子成长的第一保护者及启蒙者。每个孩子在长大之后，都会产生与父母分离，并寻找配偶的想法。只不过，这些孩子会对即将独立的新生活心有顾忌以及感觉不便。人类的社会，正是在这种渴望与顾虑中慢慢形成的。阿特金森作为天才一样的人类学家，他在《原始法律》一书中，就对那些未曾受到启蒙的野蛮人的生存法则做出了细致介绍。那些规则与禁忌是原始时期中足以让人类惊悚与害怕的事实，从中可以看到原始人在社会生活中的心理约束。而后来精神分析学家对人类精神状态的分析则进一步证明，阿特金森的解释是正确的。

有些理论家试图通过活跃的思维来告诉人们：原始人的宗教内容包括尊重男性长者、亲近女性长者，同时，年长者有义务将自己扮演成“神”的角色对成长中的孩子进行夸奖与教导。在成长中的原始人眼中，这些“神”能力非凡，曾经帮助过自己，哪怕他们死去了，还是会出现在自己的梦里。而且，因为尊重，这些“神”即使已经死去，但依旧具有权威性。这种思想让原始人相信，那些“神”并没真的死去，只不过是去了离自己比较遥远，但更有力量的未知地方。

对于一个孩子来说，他的梦境以及恐惧感、想象力都要比成年人更真实、生动，这似乎与原始人类正好相近。当然，与动物也有相似之处。这一时期的人认为动物与自己有相同的动机和情感，所以动物可以是他们的朋友，也可以是他们的敌人，甚至是他们的神。如果我们想要真正体会那些将形状奇特的石头、生长扭曲的树结、造型怪异的大树对于原始人类有什么样的重要意义、什么样的神奇力量、什么样的友好，以及他们为什么会相信从这些物体身上衍生出的这么多说法与故事，那就需要像个孩子一样，去充分调动自己的想象力才行。在这其中，有一些说法被人们记了下来，并通过母亲或者他人，一次又一次说给后来人听。后来，这种说法就成了一个传说。现在，就会有很多孩子通过自己的想象，将他们所喜欢的玩具、动物，或者某种半人半兽的动物作为原型，进行故事编造。最早的人类大概也是如此，只不过，他们会比孩子们更加相信那些故事中的说法是真实的。

现在，我们了解的那些最早的人类，大概也拥有了运用语言交流的能力。因为，在这方面，他们比尼安德特人更高级，之前的尼安德特人也许只是一种不会说话的动物。当然，这些会说话的人类大约只是运用简单的词组表达，而身体姿势与手势则为必要的辅助工具。

世界上不论哪一个种族，不论其是否得到开化，都会懂得事物的因果关系。只不过，最早期的人类对于这种关系的分析和判断能力比较弱一些，他们经常会将与事件并不相关的起因和结果相联系。在他们看来：因为有开始，所以就有结果，比如，孩子因为吃了某一种野果，所以孩子就会死去；因为自己敢于将勇猛者的心吃下去，自己就会像对方一样勇猛。对于这时人类的因果关系理解，我们只能将其视为一种“迷信”。但对当时的人类而言，这却是一种“科学”，只是它与现在的科学相比，不同的地方在于不成体系，所以没有批判，而且会经常出错。

大部分情况下，起因与结果很容易建立联系，而有些时候，那些错误的看法也会因此得到纠正。对原始人来说，有些特别重要的事，他们虽然费尽心思去探求原因，可得出的却往往只是错误结论，只不过，这种错是他们不容易发现的，或者说是他们所不能认知的。对他们来说，可以捕获大量的食物就是生活中最重要的事。所以，他们认为想要获得大量食物，就一定要通过不断地占卜、虔诚地念咒，因此，他们对此深信不疑。另外还有一件事是他们认为非常重要的，那就是疾病与死亡。有时，原始人类会因为传染病而大量死去；有时，也会有原始人因为不明原因的问题致使身体衰弱、死亡。这对于他们来说，是足以引起内心不安的，于是他们会因此做出很多疯狂的事。他们会认为通过想象与梦境的解析、推测，可以起到诅咒某件事、某个人或者某种动物的作用，而有时通过乞求某种人、事、兽则可以给自己带来帮助。在面对危险与害怕的时候，他们的态度与孩子几乎没有区别。

最早期的小群体人类在面对危险侵袭的时候，其部落中年龄最大，又比较受尊重的长者也会像其他人一样感觉到不安与害怕。只是，因为他们年长位重，所以就要表现出比别人镇静的态度，并主动去承担指挥、命令、警告他人的责任。这时，他们会找出不祥的事、物，指出如何避免这些事情的发生；也会判断哪些现象为吉兆，又有哪些现象是凶兆。在那个时代，最早的祭司就是这样对迷信与咒语深信不疑的人。这些人承担着整个部落的预测、解梦、警告等责任，也会运用所谓的巫术，让人们得到好运，远离不幸。应该说，原始时期人类的宗教，其实与我们现在信奉的宗教是不同的，它们更多的应该称之为仪式或者风俗。那时的祭司所掌握的对事物的“认知、判断、预测”，其实就是当时独有的原始“科学”。

第十三章
耕种时代的起源

近 50 年来，虽然科学家们已经对人类耕种、定居进行了大量研究与考察，但耕种、定居究竟开始于何时，依旧没有确切的答案。现在，我们只能确定一点，那就是大约在公元前 1.5 万 ~ 前 1.2 万年之间，人类开始了驯养动物、耕种土地的生活。也就是说，当阿济尔人正从西班牙南部迁往北方以及东方，将北非、西非视为定居点时，他们便已经与另外一个居住在当时还未形成地中海的峡谷中的部落，开始了这种因为生存而耕种的生活方式了。同时，阿济尔人除了会制作狩猎的削制工具，还学会了用石头打磨工具、用植物纤维开始编织捕鱼、鸟兽的网，并且懂得通过黏土制作最初级的陶器。

也就是从这时开始，人类开始了一个全新的时代——新石器时代。新石器时代与旧石器时代完全不同，这一时期的人类生活范围已经慢慢得到扩展，在地球比较适宜生存的温暖地带都有其踪迹。这时的人类也已经能够很熟练地掌握耕种、制造、驯养等技术，而且很懂得与其他部落之间进行学习、模仿，使得各种技术得到有效传播。至公元前 1 万年左右，那些生存下来的人类，80% 以上都进入了新石器时代。

对于我们而言，耕地、播种、收割、磨制粮食，这一过程是再浅显不过的，应该所有人都懂得。甚至会有人不解：难道不应该是这样子的吗？可是，这对于当时的人类来说，却不是那么水到渠成的事。现在被我们视为非常简单，甚至一看就知道的行事次序及道理，却让那时的人类感觉特别高深，从而完全不知如何进行操作。他们只能在经过了无数次的尝试、失败、反复劳作，甚至加入想象之后，才最终获得了正确的操作方法。现在的地中海某个地区，一度有野小麦的生长，这似乎足以说明，在还不会播种的时候，那里的人已经知道它可以用作磨粉、制作食物使用了。这也就是说，当时的人是先懂得了收获，才开始学习播种的。

开始，那时的人对季节还不能完全进行划分，所以，他们总是为究竟什么时间开始祭祀、播种而苦恼。对此，我们可以得出这样的结论：在人类刚开始的时候，肯定还没有“年”这种概念。最早的时候，人们是以“太阴月”为时间单位的，有人说，《圣经》中记载的长者的年龄，其实就是将一个月当成一年来记录的。这在古巴比伦时间历法中也有所显示，他们认为 13 个太阴月为一个周期，从而按此确定播种日期。如今，这种时间计算方式依旧对人们有所影响，比如基督教的复活节，从来不会是每一年中固定的哪一天，它必须要根据月亮圆缺的变化而定。这对不了解太阴月历法的人来说，是完全想不通的。

最初开始的农业部族是不是已经对星象观测有所研究，我们不得而知。但人们普遍认为，最早开始对星象进行观测的是当时的游牧民族，他们就是以星星为方向引导部落迁徙的。但是，在后来人们发现星象可以区分季节，也就对农业产生了深刻的影响。比如播种前的祭祀仪式，就是与某颗出现在南方或者北方的明亮星星直接相关的。如此，那时的人也就对这些星星有了崇拜、敬畏的心理，并为之编造相应的传说。

由此，我们可以看出，当时能够为播种主持祭祀，并会观测星象的长者，在部落的地位会是何等荣耀。

那时的人类对污秽的恐怖是非常看重的，所以将其清除的愿望格外浓重。这就让当时懂得这一方法的人有了特权，于是，女巫、男巫、祭司等开始出现。最开始，那些祭司不像神学家，更像是科学家，他们懂得很多科学经验，虽然在今天来看这经验是错误的。他们小心地将这些经验在部落里传播，只不过，这并不能改变祭司必须掌握知识的职务本质，他们的作用，就是对这些知识进行实际运用。

距今 1.2 万 ~ 1.5 万年之前，那些生活在温暖又水源丰富地区的新石器时代人类，男、女祭司是一直保持着等级与传统区别的。有的村落已经形成，有的甚至建起了简单的城镇，更有可供耕种的田地，这让当时的原始公社得到发展与扩大，而不同的公社之间便有了不同的思想进行交流和传播。研究这一学科的学者艾略特·史密斯以及利弗尔将这一时期的文化称为“日石文化”，也就是石头与太阳的意思，可能这个名字并不是很适合，但学者们认为，这是目前为止最为理想的名字。日石文化最早是起源于地中海某一地区的，后来慢慢向东方扩展。经过一代又一代，一个地方又一个地方的发展，它最后来到了美洲大陆。在这里，“日石文化”与从北方传来的蒙古部落更原始的文化相融合。

对于信奉“日石文化”的褐色人种来说，不管走到哪里，都一定要将所有的经验以及奇妙想法带上。那些奇妙的想法，有些只有心理学家才能解释得通。比如他们修筑的巨大坟墓、金字塔、圆塔；以及在人死去之后做成木乃伊，对身体进行文身、施割礼；甚至是女人生产时，男人卧床禁食的“父代母娩”，将某种符号视为吉祥的象征，等等。

在今天的地图上，如果非要将有着这些一度流行的奇妙做法的地区标出来，我们便可以由英格兰的史前石柱开始，依次为西班牙、墨西哥、秘鲁，这些地区正好将温带与亚热带连成一条线。但是，非洲、中欧、亚洲地区却似乎没有此类奇妙做法，显然，当时生活在这些地方的部落有其完全独立的发展特点。

第十四章
新石器时代的原始文明

至大约1万年前，世界地貌与现在基本相近了。因为，当时直布罗陀海峡形成世界上的天然堤坝，海水只能被灌注于地中海，所以，现在地中海的两岸与当时几乎相似。只是那时的里海比现在要宽一点，也有可能是与黑海相连的，可一直到达高加索山脉。现在开阔而荒凉的中亚沿海一带，在当时是非常适合居住的物资丰富地区。可以这样说，那时，基本算是温暖、湿润、资源丰富的世界。在俄罗斯、欧洲部分地区，都保持着很多的湖泊、水域，而今天的白令海峡曾经是一片陆地，直接将美洲与亚洲连接在一起。

现在我们所知道的主要人种，在新石器时代已经被明确区分。褐色人种是“日石文化”的拥有者，他们主要生活在海岸线边相对温暖多树的地方，也就是现在地中海地带柏柏尔人以及埃及人的祖先。不过，褐色人种还有多个分支，比如暗白人、地中海人、伊比利亚人、埃及人、柏柏尔人、特拉维达东印度人、毛利人、尼西亚人等，这些人现在就生活在大西洋和地中海沿岸。在这些人中，东方分支的肤色较黑一些，而西方分支肤色则较浅。生活于欧洲北部、中部的人则有着浅蓝色的眼睛，肤色也较浅于褐色，我们称其为北欧人种。在亚洲东北部地区，也有褐色人种的分支存在。这些人颧骨稍高，眼角上挑，皮肤黄色，毛发又黑又直，他们是现在的蒙古人。一些热带岛屿上，比如非洲南部、亚洲南部、澳大利亚等，也有黑人的后代。非洲中部变成了种族杂居的地区，现在，所有非洲土地上的有色人种，都是北方褐色人种与黑色人种留下的混血后代。

我们必须明白，所有人种都是可以杂交的，这就如同天空的云朵，能够合在一起也能分开来一个道理，他们不是树枝，不会因为长出来了，就再也不可能有机会融合。明白了这些，我们就不会产生偏见与错误了。人们一度用“人种”这个词语来表达并不正确的结论，并将欧罗巴人种、英吉利人种看成高贵的血统。其实，几乎所有的欧洲人，他们的祖先都来自于浅肤色白人、深肤色白人、褐色人、蒙古人的混血融合。

直到新石器时代，蒙古系人种才来到美洲大陆。当然，他们是通过白令峡过来的，然后，在这里继续向南发展。他们在美洲的北部、南部发现了驯鹿、野牛，以及当时非常常见的大型雕齿兽和如同大象一样庞大的獭兽。但是，这两种动物最终因为行动不便、体型过大而灭绝了。

美洲大部分部落都没有超过新石器时代游牧、狩猎的生活方式。他们当时所用的金属，除了天然的金和铜之外，别无他物，因为他们不知道铁应该如何运用。但在 1000 年左右的时候，尤坦卡、墨西哥、秘鲁这些地区则有非常好的农耕环境。于是，在这些土地上便产生了与旧世界一样优美，但形式却不完全相同的文明生活。在这里，原始人类播种、收获、血祭的仪式都存在。不过，当时人类的思想与那些传统留下来的文化相撞击、融合，于是，旧世界的一些观念消失了。只有在美洲地区，这些文化仪式得到了悉数保留，而且被进行了复杂、高级的变化与发展。这种文化依旧是由祭司统治的，当时部落的首领、统治者，全部处于祭司预言及法律控制之下。

因为祭司的推动，天文学慢慢朝着准确的科学水平发展，这让他们对历法的了解比巴比伦人更为准确，在后面我们将会说到巴比伦历法。在尤坦卡地区，人类创造了复杂而奇特的玛雅文字。我们用今天的眼光来看那些内容，可以从中窥见祭司们用尽心机而整理出来的准确历法。公元前 800 ~ 前 700 年之间，雕刻作品成为时代的最大创造力，并用自身的魅力征服了我们，而玛雅文明艺术也就在这时达到了最高峰。只不过，玛雅文字充满怪诞与特别，让我们并不容易理解。在这之前的时代，我们没有发现这样的文明艺术，只有古印度的某些雕刻与它相近。在玛雅雕像的每一件作品中，都有蛇缠绕和羽毛的图案，它们不同于旧世界的任何一件雕刻品，却与后来欧洲神经病医院的病人画出的图像有几分相像。可见，玛雅人的思想是与旧世界文明发展完全不相吻合的，两者之间有着鲜明的对比。如果按旧世界的标准来看待玛雅文明艺术，玛雅人的思想、精神绝对不正常。

在这些文明中，一般人的日常和野蛮人没太大区别。他们做陶器很熟练，染色、纺织也非常出色。他们不但将玛雅文字刻到了石头上，还画在了兽皮上，以及其他东西上。在美洲、欧洲的博物馆中，就有很多这样让人看不懂的玛雅文字手稿。直到今天，我们所能理解的也只是与日历有关的一点儿内容，其他则完全不明白什么意思。当然，在秘鲁也曾经有过与玛雅文字相近的字符出现，但很快，它们便被“结绳记事”的方法取代了。而事实上，中国人早在几千年之前，便已经在使用“结绳记事”的方法了。

公元前 5000 ~前 4000 年之间是属于旧世界时期的一段时间，它与美洲文明相比，早在三四千年的时候，就已经出了与其相近的原始文明。这时的文明以寺庙为根基，祭献内容便是活人，这一切皆由掌握天文知识的祭司主持。旧世界里，原始文明是被相互作用的，这帮助它自身的文明向着现代发展。但是，美洲文明却没有做到这一点，它们只在自己的世界里存在着，最终自生自灭。欧洲人还没到美洲之前，墨西哥人是不知道有秘鲁这个地方存在的，对于秘鲁人吃的土豆也完全不知是何物。

一代又一代的美洲部落，在这片土地上不断地祭祀、敬神、死去。玛雅艺术被应用于装饰，并达到巅峰。而这些部落的人们，因为追逐爱情而不断产生相互间的战争。丰收与灾荒、健康与疾病，这样不断轮回着。在长达几个世纪的时间里，祭司们用尽心力编出的历法以及被改进的祭祀仪式，却在这片土地上没有取得一点儿实质性进展。

第十五章 苏美尔、古埃及文字和城市的发展

与新世界相比，旧世界更为开阔，变化也更频繁。至公元前 7000 ~前 6000 年左右，亚洲、尼罗河已经出现了与秘鲁文明相似的公社文明。当时，西土耳其、北波斯、南阿拉伯这些地区，其土地都比现在更加肥沃，于是，这些地方最早出现了公社。不过，这些地区最早出现并被完善的寺庙、城市、灌溉系统、社会组织等都集中在地势低洼的美索不达米亚以及埃及。那时，底格里斯河和幼发拉底河是分不同河口进入波斯湾的，而美索不达米亚则正处于这两条河的中间。所以，这里建成了他们的第一个城市，可能也就在这一时期，埃及人的历史才开始了全新的一页。

苏美尔人肤色为棕色，鼻梁比较高，他们所说的话现代人也可以听懂一部分，而他们的文字完全能够翻译出来。苏美尔人已经充分掌握了青铜的使用方法，并且知道将泥砖通过阳光晒干而用于寺庙的建造。他们那里的泥土黏性很强，人们便将其做成泥板，然后用来写字使用。到现在，还有一些泥板被保留着。那时，他们已经有了牛、绵羊、山羊、驴，但没有马出现。在进行与其他部落的斗争时，他们会每人持一支长矛和一块兽皮做成的盾牌，排成整齐的队伍，集体前进。他们的身上穿有羊毛纺织出来的衣物，而头发则被剃光。

所有的苏美尔城市都各自独立，每个城市的人都只信奉自己城市的神灵和祭司。但当一个城市将另一个城市攻占之后，胜利方就会要求失败者向他们进贡当地城市的原住民，他们称其为贡品。在尼泊尔有一块古老的石碑，上面记载了苏美尔地区一个被称为伊勒克的城市，它从波斯湾一直到红海。这应该是有记录以来第一个被记下来的城市，它就是由神灵和祭司来统治的。

最开始，文字的形式只是通过图画来记录事件的，而且，这在新石器时代便已经开始了。比如阿济尔人刻于石壁上的图画，其实就是文字的起源。图画多以记载远征、狩猎等场景为主，人物都比较完整。但是，记录者可能会有失耐心，又或者着急完成记录，所以，很多人物只用一条线来表示，并没有头、四肢。这样，从图画向象形文字发展也就不那么困难了。苏美尔人的文字是依靠木棒刻画出来的，这样经历一段时间的风吹雨淋之后，文字就变得不清晰起来，人们想要理解这些文字的意思就比较困难了。而且，苏美尔人的文字外形比较笨拙，如同楔状，因此，人们称其为楔形文字。但埃及人的文字是记录在最早的纸张和墙壁上的，这种纸叫纸莎草，对于长久保存起到了很好的帮助。

其实，当图画不再是确切的原物文字表达，而是代表类似事物的时候，它让文字的发展向前迈进了一大步。现在的孩子们也很喜欢通过图画玩猜字游戏，这足以说明了其中的道理。比如，当我们在纸上画下帐篷（camp），然后再画出个铃铛（bell），孩子们就可以根据图画，组成一个字谜的答案：坎贝尔（campbell）。苏美尔运用的是章节文字，这与今天印第安人的文字很相近，它只能代表图像而不能表达准确的意思。在这一时期，埃及文字也在不断地发展着。有些外来住民因为不明白语音的音节体系，最后，他们学会了通过绘画对事物进行表达和简化，这就形成了字母文字。可以确定，世界上所有的字母文字都是由楔形和象形文字融合变通而来的。一度，中国也出现了这样的象形文字，但却因种种原因，而没有向字母文字发展。

文字的出现和不断变化，成为人类社会不断发展的推动力。因为有了文字，后来各种法律、命令、契约才被一一记录下来，这让原本不大的城市有了向大国家发展的机会，让历史意识成为不间断的连续存在。如此，祭司们以及领导者们所专用的印章、命令才能传到很远的地方，并得到长时间的保存。有一个有趣的现象，在当时的苏美尔，不管是国王、贵族或者是商人、富甲，都习惯使用签名印章，他们将其印在认可的泥制文件上，而这些印章都制作的特别精美。这就足以说明，人类早在 6000 年前就已经熟悉印刷术了。大家应该都没忘记，美索不达米亚地区的人们，将黏性极强的黏土晒干之后用于各类事物的记录，不但方便，还容易保存。我们正是从这些泥板上，获得了那个时期大量的历史记录。

埃及人、苏美尔人在很早的时候，便已经知道金属的存在，比如金、铜、青铜，甚至是难得一见的陨石。

旧世界的城市生活，埃及与苏美尔是很相近的。当然，假如当时街上没有牛与驴子，那与三四千年之后的玛雅城市也很相近。那时的人们除了必要的祭祀活动，大部分时间都用来耕种与浇灌作物。货币在当时是完全没有必要的东西，人们偶尔会进行小的贸易，但采取的都是交换制。只有国王、贵族才会通过贵重的珠宝、金、银等物来与人做交易。寺庙对于当时的人来说是非常重要的，苏美尔的寺庙就非常高大，为塔形，塔顶设有平台，专门用来观测天象。但埃及的寺庙则为单层建筑，同样特别巨大。祭司是苏美尔最有地位的人，但在埃及，法老却是居于祭司之上的，他被人们看成神的化身，被称为诸神之王。

这一段时间里，世界变动非常小。人们除去辛苦地耕作，就是日复一日地过属于自己的生活。祭司按常规指导着人们的生活，对天象进行观测，准时提醒人们播种，并于祭祀仪式及梦境中，推断人们将要面临的吉、凶。普通人对于种族这种说法还完全没有概念，他们并不关心未来是什么样，只注重眼下的生活。而居于普通人之上的统治者通常特别慈悲，比如佩比二世。在佩比二世的统治下，埃及度过了 96 年平静的日子。但有的统治者却暴虐成性，一味进行战争，不断对他城进行攻占，还会修筑巨大的工事。比如迈塞林、基弗林等统治者，他们热衷修筑高大的金字塔，其中最高的可以达到 450 英尺，用的石料也多达 488.3 万吨。想要采集这些石料，只能用船从尼罗河上运进来，再由人一点一点地搬到工地。这种宏大工事的建筑，比一场大规模的战争还要伤耗国力。

第十六章
早期的游牧部落

公元前6000～前3000年，不仅美索不达米亚地区、尼罗河流域建造了国家、城市，实现了文明安定的耕种生活，世界其他地区的大多数人类也都基本安定下来，不再过艰苦、漂泊的游牧生活了。亚述人于底格里斯河上游建立了城市，于地中海的一些岛屿、沿岸以及小亚细亚谷地，建成了规模不大的部落公社。同时，中国、印度等一些资源丰富的地区，也开始了文明的定居生活模式。欧洲很多依湖泊而居、河产富饶的地方，也临水建成了水上家园，他们通过捕捉鱼虾来弥补耕地不足的问题。不过，这种定居生活的模式并不代表全世界，有些地区土地不足，森林密布，气候条件相对复杂，对于科学知识不够了解，生产工具又少的族群，显然还没有办法过上安定的文明生活。

想要实现文明安定的生活，必须要满足两个基本条件，一是水源要有保障，二是气候温暖宜居。在一些达不到这种生活条件的地区，人们就只能过着四处游猎、捉捕鸟兽的生活了。当然，有一部分人则根据季节变化，过起逐水而居、四处游牧的生活。从狩猎迈向游牧的生活方式，是一个比较漫长的过程。游牧生活的起源，很可能是最早有一些人将财产视为私有化而形成的。他们将抓到的野马、野牛等动物圈养起来，并用全力保护，不让它们受凶猛动物的侵袭。

几乎是与文明的农耕生活发展的同时，游牧生活方式也得到了有序发展。

不过，游牧生活远比农耕生活要辛苦得多，牧民们要不断变换自己的生活区域，而所收获的物品数量及品种却非常有限。他们没有特别严格的祭祀规则，也没有永远属于自己的庙宇，甚至可供使用的工具也很少。但是，请不要读到这里就认为牧民一定过着落后的生活，这是一种偏见。其实，在其他方面来看，游牧生活相比农耕生活要更加充实一些，他们虽然群体意识相对松散，但个人却非常独立，而游牧部落首领的地位，比起巫师还要重要得多。

牧民们因为要不断变换生活地区，其眼界得到开阔。他们为了得到更加丰美的水草，不断与敌对部落进行协商、交涉，同时还要与有着不同风俗民情的人类相接触。他们经常要长途跋涉，途中会看到各种岩石，这让他们使用的矿物比起农耕居民要更丰富。有这样一种可能，那就是每一个牧民都是冶炼高手。那些冶炼铁、青铜的工艺，最早可能就是牧民发明的。在中欧地区，就曾发现过一批比早期文明还要早的铁质工具，而这些工具明显来自于对铁矿石的提炼。

但对定居的农耕居民来说，他们则懂得了陶器的制作、学会了纺织以及其他生活用品的加工。当游牧文明与农耕文明产生分化，两者之间就会因此而出现不断的交易、摩擦，甚至是掠夺。譬如，苏美尔地区是耕地、沙漠组成的区域，既有农耕者也有游牧人，牧民会将自己的帐篷搭于耕地边。这样，他们产生交易或者偷骗行为都是有可能的，这就如同现在的吉卜赛人一样。（但有一点可以保证，他们绝对不会偷鸡，因为鸡在这个时期还是原始森林的产物，并不是家禽。）牧民与农耕者最多的交易，便是利用宝石、皮货、金属制品来换取农耕者特有的衣服、玻璃制品，以及陶器、珍珠、手工制品等。

早期文明时代，在苏美尔、古埃及地区之外，曾经出现过 3 个半定居、半游牧的种族，他们分别生活在 3 个主要的地区。皮肤比较白皙的北欧人生活在欧洲的森林中，公元前 1500 年前，他们的身影还非常少见。北欧人算是半游牧、半狩猎的种族，只不过等级比较低。而在东亚草原上，则生活着蒙古部落的匈奴人。这些人以驯养野马为生，会根据季节变化，在冬季、夏季的草场间来回迁徙。这让他们跋涉很远的路程，大草原上到处可见他们的足迹。可能是当时地貌不同，俄罗斯大部分还是水泽，甚至当时的里海比现在还要宽很多，所以匈奴人与北欧人并没什么接触。

而在气候相对干燥、温暖的阿拉伯、叙利亚地区，则生活着皮肤或浅黑，或暗白的闪米特人。他们是真正的游牧民，每天赶着自己的羊群、驴群，在不同草场穿梭往来。应该说，闪米特族的牧民与皮肤更黑一些的伊拉姆人是与早期文明最早相接触的人。因为他们必须为了贸易甚至是掠夺与他人联系，种族中那些比较勇敢又有智谋的人，后来变成了族内的领袖。

大约于公元前 2750 年，闪米特人的首领萨尔贡带着他的牧民将苏美尔地区占为己有，从而统治了波斯湾到地中海之间的这一大片地区。其实，萨尔贡并不认识字，是个真正的文盲，但他统治的古卜德人精通苏美尔文字，所以，萨尔贡将这种文字规定为通用的官方文字，更是聪明者必须使用的文字。他因此建立了自己的国家，并使其一直持续存在了 2 个世纪之久。

后来，闪米特人成了苏美尔地区的主导。当然，最后取得领导地位的还是这一种族的伊拉姆人。伊拉姆人在一个叫作巴比伦的沿河城市建立了都城，称自己为巴比伦第一帝国[1]。公元前2100年，巴比伦的国王汉谟拉比制定了历史上赫赫有名的汉谟拉比法典，这是历史上第一部法典，它的出现进一步巩固了巴比伦帝国的政权。

尼罗河流域相对狭长，这让它比美索不达米亚这样的城市更容易防守。不过，当汉谟拉比成为巴比伦国王之后，闪米特人还是成功地将埃及纳入自己的管辖范围，并建立了由法老进行统治的“牧人王朝”[2]。但是，虽然闪米特人在这里生活了几个世纪之久，却从没有被埃及人同化，他们一直被埃及本地人视为野蛮人、侵略者，并对其世代仇视。一直到公元前 1600 年，终于又被埃及起义者赶

[1] 巴比伦帝国，是开始于公元前 2017 ~ 前 1763 年的第一王朝，于公元前 16 世纪初，被赫梯人所灭。

[2] 牧人王朝，开始于公元前 18 世纪 ~ 前 16 世纪，也叫作希克索斯王朝。

出了这片土地。

不过，闪米特人却在苏美尔地区得到了同化，他们与当地人完全融合，按他们的语言来看，巴比伦已经完全成了闪米特种族的分支。

第十七章
最早出现的航海者

人类对于船的运用，大约可以追溯到 2.5 万 ~ 3 万年以前。在新石器时代的末期，人们便已经学会了用长木头，或者是充满空气的兽皮囊在水面上通行。在苏美尔、埃及这些地区，人们很早便会用一种包了兽皮，如同篮筐一样的船只渡河，而这样的小船直到现在仍旧在使用。而且，绝对不是只有这一地区才使用这种小船，在威尔士、爱尔兰、阿拉斯加等地，现在也能见到它的身影。在今天的白令海峡，也可以看到用海豹皮包裹的小木船。当造船工具得到改进，独木舟不再是唯一的渡河工具，小船、大船很快便都出现在人们的生活里。

一提诺亚方舟，大家应该都有耳闻，而它应该就是为了纪念最早的造船业而来的产物。诺亚方舟的故事，如同世界各地都听说过的洪水故事一样四处流传，而它的起源却很可能是从地中海一带的水域而开始的。

在金字塔还没有建成之前，红海海面上已经有了航行的船只，而地中海与波斯湾则是在公元前 7000 年前左右才有船出现的。这些船除了个别商船、海盗船，大多数都是渔船。根据我们对历史的了解，我们可以确信：最早的航海者绝对是将抢劫放在首位的，只有在抢不到的情况下，才会考虑交易。

早期的船只通常在内海航行，它们完全靠着风力鼓动风帆，因为内海可连续多天不起风浪，相对安全。而以风为动力，鼓起风帆行船的技术发展得较慢，那些装备精良，可以迎接大风浪，带有大风帆的船只，是在近 400 年左右的历史中才出现的。最早的船只基本以人力划桨为主，他们只沿海岸航行，遇到风浪时，便立刻退回港口停泊。等到甲板船出现，战俘们被赶上船做苦力的事便也发生了。

前面我们说过，闪米特人最初是生活于叙利亚、阿拉伯地区的，后来他们攻占了苏美尔，建立都城，创造了巴比伦帝国。其实，他们也在这一时期来到了西方区域的海面上。因为他们在地中海东边建造了可供自己使用的港口，比如重要的提尔港和西顿港。至汉谟拉比掌权时，闪米特人已经遍布地中海所有区域，将漂泊、开拓、贸易集于一身了。不过，航海的闪米特人被人们称为腓尼基人。后来，腓尼基人在西班牙定居，将之前生活在伊比利亚岛上的巴斯克人赶走，并穿越直布罗陀海峡，在北非沿岸建立殖民地。与此同时，他们还建立了一座非常有名的城市，那就是迦太基，我们会在后面讲到这件事。

不过，最早在地中海使用甲板船的并不是腓尼基民族。因为，在当时的地中海沿岸以及小岛上，已经有爱琴人居住，并建立了城市。爱琴人和巴斯克人、柏柏尔人以及埃及人，不论语言还是血缘，都有亲缘关系。但大家必须有所区分，爱琴人不等同于希腊人，因为我们知道，希腊人出现的时间要比爱琴人晚很多。应该说，爱琴人是希腊人的前身，他们在希腊、小亚细亚都建有自己的城市，而在克里特岛及诺索斯还有非常宏大的宫殿。

通过考古学家的研究，我们在近 50 年间，才知道爱琴人生活的范围以及文明程度。爱琴人重点打造了诺索斯城市，让人欣慰的是，除此之外，这里没有其他的任何大型的建筑及城市，因此，爱琴人留下来的宫殿废墟为考古者提供了考察诺索斯的重要资料。

可以说，诺索斯有着与埃及一样古老的历史，早在公元前 4000 年的时候，这两个国家已经在地中海开始贸易往来了。而在公元前 2500 年的时候，萨尔贡与汉谟拉比掌权时期，诺索斯的克里特文明迎来了自己的最高峰。

应该这样说，诺索斯并不是一座真正的城市，它只是克里特王带着他的臣民建立的大型宫殿，在它的周围，连城墙都没修建。不过，当腓尼基人及希腊人从北方海面不断来抢劫、侵扰时，克里特王才出于防御目的，在宫殿外建起了围墙。

埃及人将统治者称作法老，而克里特岛则将自己的首领称为米诺斯。米诺斯就住在宏伟、巨大的宫殿中，里面不但设施齐全，甚至将活水引入室内以供沐浴，这种技术，在其他国家的遗迹中难得一见。米诺斯会在宫内举行表演与祭祀，甚至是斗牛比赛，那些参赛的选手都会穿着与现在西班牙斗牛士相似的服装。除了斗牛比赛，还会有其他各种体育项目。当时的女性服装已经非常精致，样式也极为精美，不但有束胸，还有多褶的大裙摆。而他们使用的珠宝、象牙工艺品、陶器、纺织品以及镶嵌工艺品、金属制品，都已经达到了美不胜收的地步。当然，他们也有自己的文字，只不过，现在的人还不能将其翻译出来。

这样文明、富饶的美好生活一直持续了将近2000年的时间，而居于诺索斯与巴比伦的人，也都是生活富足又有教养的人。他们生活安定，经常参加宗教仪式，并观看各类表演。他们不用自己动手打理生活，因为他们的日常甚至是财富的累积，全部通过奴隶来完成。当诺索斯人享受着祥和、富足的生活时，埃及却在牧人王朝的统治下，逐渐走向衰落。这时，如果人们对政治格局敏感，就很容易发现时代的变化：闪米特人开始扩展地盘，并攻占了埃及和巴比伦，还在底格里斯河上游建立了著名的尼尼微城，并通过大海到达直布罗陀海峡，一路建立自己的殖民地。

而诺索斯也出现了富有想象，敢于挑战的人。在希腊人民口中，就流传着克里特岛工匠戴德普斯的故事，说他曾经尝试研究能够滑翔的机器。只不过，戴德普斯最后在实验过程中坠海死去了。

将我们今天的生活与诺索斯生活进行比较，是一件很有意思的事。生活于公元前2500年前的克里特人将陨铁看成稀罕的金属，认为它是少见的珍宝。因为就当时的科学知识而言，人们还不知道铁可以从矿石中得到提炼。现在，铁却是日常中最普通不过的一种金属，铁制品更是随处可见。另外，马对于克里特人来说，是现实生活中并不存在的动物。但事实上，那时已经有马了，它就在距离诺索斯非常遥远的黑海边，只不过人们将它称为大驴而已。在克里特人眼中，只有希腊、小亚细亚居住的爱琴人、特洛伊人、加里亚人、吕底亚人中才有文明可言，因为这些地方的生活方式以及语言都没有多大区别。但那些住在西班牙、北非的爱琴人、克里特人、腓尼基人则都被他们看成偏远的民族。那个时候，意大利完全就是一片大森林，根本没有人居住，棕色皮肤的伊特鲁里亚人和小亚细亚人是在后来才移居过去的。假如克里特人在码头看到战俘长有蓝色的眼睛，必定不可思议。他们可能会和战俘说话，只不过，他们绝对听不懂战俘所说的语言，于是，这个战俘在他们眼中，就成了黑海偏远之地过来的野蛮者。

但事实却不是如此，因为这个战俘就是雅利安人种，对这个民族，我们会在后面讲到。而雅利安人所说的语言，虽然克里特人听不懂，但却是日后希腊语、印度语、德语、拉丁语以及波斯语、英语等世界语言的母语。

这就是诺索斯人，他们生活文明，知识广博，不但乐观而且也很开朗。但是，当公元前 1400 年到来时，他们的全盛时代却意味着结束。一场突如其来的灾难将整个米诺斯的宫殿都毁掉了，而那之后，宫殿没有再度修建，使它从此成了无人居住的荒丘。这到底是什么样的灾难，又是如何发生的，我们不得而知。但从废城中挖掘出来的遗物上看，可以发现火烧以及抢劫的痕迹。同时，在那片废墟中，人们还看到了强大地震的踪迹。至于诺索斯这座伟大的宫殿到底是被自然所毁灭，还是被希腊人侵略，又或者是地震、抢夺同时毁掉了它，至今没有人知道真相。

第十八章
古埃及、古巴比伦和亚述

埃及本土居民对于闪米特人的统治从未从内心服从过，直到公元前 1600 年左右，他们终于发起了一场推翻异族的起义，从而一举将埃及“抢”了回来，并使其进入复兴时代，历史上将其称为“新帝国”。曾经一度被分裂的埃及，至此真正得到了统一。曾经经历叛乱和被征服的埃及王，也拥有了极为勇敢的自制精神，变身为征服欲极强的领袖。他将过去牧人王朝的战车据为己有，并开始朝着埃及地盘之外的区域进行征服。至特多麦斯三世掌权时，埃及已经被扩张到了亚洲的幼发拉底河流域。

下面，我们将要了解一场长达千年的战争，这是两种文明之间的战争——美索不达米亚与尼罗河文明的战争。战争开始的最初，埃及有着明显的优势。特多麦斯三世、阿麦诺菲斯三世、四世以及其他几个时代，埃及都有过国力强大、民情富足的记录。只不过，就算这样，它还是曾经被叙利亚与埃塞俄比亚所征服。而美索不达米亚，最早是由巴比伦人统治的，后来又由叙利亚掌握政权。这其中，有一段时间埃及臣服于叙利亚。在尼尼微城居住的亚述人惶惶不可终日，有时臣服有时强盛，甚至有时连居住的城市也被侵占，他们只能苟且于异族人的领导下。当然，他们有时也会侵占巴比伦，从而以反击的方式对埃及进行侵略。出于对书本篇幅的考虑，细节我们不能一一赘述。但是，我们由此可以看出：这个时代，战车已经是军队的主要装备，而马这种动物也进入到了文明的战争中来，并被广泛应用。

曾经的征服者先后于古文明之中不断消逝，比如米坦尼王塔楚拉达，比如亚述王提格拉特·帕拉沙尔一世等。公元前 745 年，亚述成了当时最强大的民族，统治者提格拉特·帕拉沙尔三世将巴比伦据为己有，并创建了历史上的“新亚述帝国”。冶铁术就是在这时由北方传入的，赫梯人最早学会了冶铁，然后又将这技术传到了亚述。萨尔贡二世作为一名篡位的统治者，正是利用铁制武器强大了自己的军队，从而让“铁血主义”深深烙印于亚述民族。后来，萨尔贡的儿子在攻打埃及时，因为感染了瘟疫，导致全军覆没。而他的孙子萨达那帕萨尔却在自己执政以后，于公元前 670 年将埃及征服。当时，埃及已经不是独立的国家，而是埃塞俄比亚的臣国。所以，萨达那帕萨尔取代了埃塞俄比亚，成为埃及的新主人。

若要将这千年之久的历史版图按当时不同国家的统治进行区分，我们就会看到这样一个有趣的现象：埃及版图如同被放在显微镜下的变形虫，一会儿大，一会儿小。同时，那些征服者的命运也一会儿好，一会儿坏，一下在版图上消失了，一下又出现了，或者被其他国家合并了，又或者被其他国家分开了。就在这时，小亚细亚西部开始出现爱琴人建立的小国家，比如卡里阿、吕底亚等。至公元前 1200 年，又有一些东北、西北的民族来到这块文明的区域，他们用铁制武器，用战马战车，进行侵略与抢夺，这对爱琴人以及闪米特人的文明生活影响极大。而这群侵略者的语言，就是由雅利安语演化而来的。

也就在这一时期，波斯人、米堤亚人进入里海北部及黑海地区。不过，根据历史的记载，人们似乎将他们看成与塞西亚人、萨尔马提亚人一样的民族，并没细致区分。另外，这时的亚美尼亚人、弗利吉亚人、希腊人，也分别开始从不同方向朝这里聚集。他们，最后都被称为希腊民族。而且，不管这些人是从哪里来的，他们的身份都只能是侵略者，他们有着相同的血缘，也有着相同的掠夺事实。最早，雅利安人还在东部生活的时候，只对乡民进行抢掠，现在，他们来到了西部的城市，文明的爱琴人只能被迫出逃。其中，有些人到了尼罗河的三角洲地区，但还没开始新生活，便又遭到埃及人的追赶。也有一些人从小亚细亚渡海，到达了澳大利亚，当时那里并没有人居住，于是他在那里建立了新的家园。还有一些人最终到达了地中海南岸，重新开始了文明城市的生活。

对掠夺成性的雅利安人与文明之间的关系，在后面我们会进行全面讲解。在此，我们必须要提醒大家：古文明时期，这个地区的变化和动荡，都是雅利安人在公元前 1600 ~前 600 年间，因为不断侵袭、抢夺造成的。

在后面的一章，我们则会将闪米特人，也就是现在我们所说的希伯来人进行介绍。当时，他们就住在丘陵地区，比如腓尼基、菲利斯海岸等。那时的希伯来人，已经成了当时世界上最为重要的民族——希伯来族。《圣经》便是他们对历史、对人类最深远、最深刻的影响，这是一部集合箴言、预言、历史、诗歌为一体的宏伟巨著。

在公元前 600 年前后，美索不达米亚和埃及也受到了雅利安人的掠夺、侵袭，但是，这些地方的本质却并没有改变。巴比伦和埃及人深信，像爱琴人被驱逐，诺索斯被灭绝这样的灾难，是永远不可能发生在自己国家的。他们是人类文明的诞生地，虽然王朝会不断变更，但文明永远只会缓慢向前，并变得更复杂、精细、进步。这就好比埃及的金字塔，在经历了 3000 多年的时光后，现在依旧吸引着全世界各地的人去参观一样。就在那一时期，埃及还建造了新的建筑，比如卡那克神庙、鲁克索神庙等。而公元前 1600 ~前 600 年之间，则建成了著名的尼尼微城神庙、猎狮、战车、国王浮雕，以及人头牛身雕像等。确实，这是巴比伦历史上最为鼎盛的时期。

现在，考古学者已经在美索不达米亚以及埃及发现了很多记录历史的资料，其中有私人信件、账目、故事、诗篇等。在这些资料上，我们完全可以细致了解当时的人类生活状况。譬如，资料中就显示，过去富裕的埃及、巴比伦人，其生活奢侈程度与今天没什么区别。他们不仅有华丽的衣物，还会住豪华的房屋，身上总是佩戴各种贵重珠宝。同时，他们也会举办各类庆典，大宴宾朋，并用听音乐、欣赏舞蹈等娱乐项目来打发时间。在这样的富人身边，有着恭敬的奴仆、专业的私人医生，甚至是牙医。这些人并不喜欢出远门，但很喜欢在夏天的尼罗河、幼发拉底河上乘船自娱。平时，他们多会骑驴，马在当时是供庆典或者战争使用的特别工具，而骡子则非常少见。当时美索不达米亚是有骆驼的，只可惜在埃及还没被普及。那时人们所用的器具多以青铜、铜金属为主，铁器是不常有的。虽然丝织品在那时尚未出现，可麻、棉、毛制品却质量上乘而且十分多见。不仅如此，玻璃制品也已经出现，它们体型小，不透明，颜色多样。只不过，那时只有金牙镶嵌技术，却因为没有透明的玻璃，也没有眼镜这种用品。

当时，巴比伦人、底比斯人与现代人最大的不同，就在于他们没有贸易使用的货币，因为他们一直以交换为主要贸易方式。从财富程度来看，巴比伦比埃及要富有得多。人们将金、银类的贵重金属分成小块保存，并用以交换物品。即使没有货币，但“资本家”已经存在了，他们会在自己的金、银上刻出重量单位以及自己的名字。当时的商人、旅行者总是将宝石随时带在身上，就是为了方便在途中交换物品使用。一般来说，绝大多数劳动者或者仆人，都是富人的奴隶，他们劳动是不会得到工钱的，只会收获一些实物。一直到货币出现，奴隶制度才被消除。

对于现代人来说，当置身古文明富庶的城市中时，就会很快意识到市场上少了现在最常见的两样食物，那就是鸡和鸡蛋。也就是说，一位法国的厨师在巴比伦是没办法做出菜来的。鸡与鸡蛋，可能直到亚述帝国的后期才开始从东方传进来。

在这个时期，宗教同样得到了发展。活人祭祀已经不再常见，他们以动物代替了人。但是，腓尼基人似乎没多少改变，特别是在建立非洲移民区的时候，仍旧是用活人祭祀的。在那个时候，统治者死去，他的妻子及奴隶是要殉葬的，同时还要陪葬折断的弓箭。这种做法，就表示死者可以在另一个世界里也有同样的生活，以及可使用的武器。而且，这种在今天被我们视为非常迷信的行为，在古埃及非常盛行。他们会将奴仆、家畜、房屋、商铺做成模型给墓主人陪葬，当我们现在挖掘出这些陪葬品之后，便可以真实了解到距今 3000 年的古代文明生活。

雅利安人还生活在森林中的时候，古代文明的世界就是这样了。同时，中国、印度的文明也得到了发展。在这两个国家的沿河流域，褐色人种建立的城市国家并不少见。印度的城市国家相比美索不达米亚和埃及，发展速度要慢一些，但却更安定。他们的文明和苏美尔、玛雅这些地方相似。而中国的历史，一直被大量传说、神话所融合，想要研究必须由学者进行针对剔除。但有一点可以明确，中国这个时期的进步，远远超过印度。当埃及进入第十王朝时，中国的商代王朝就出现了，当时的皇帝不但统治诸侯，也兼职祭司，他们最主要的职责就是主持季节性祭天仪式。现在，我们依旧可以看到商代出土的青铜器，其制作工艺极为精美。这也告诉我们一个事实：在这些工艺精美的青铜器出现之前，中国文明已经存在几百甚至上千年了。

第十九章
原始雅利安民族

公元前 2000 年左右，即距今约 4000 年之前，亚洲中部、欧洲东南、中部的气候都比现在要潮湿、温暖，到处都有茂密的树林。里海至莱茵河这一区域，有一个比较原始的部落，他们为北欧人种，生有金色的头发、蓝色的眼睛，其运用的语言是来自于同一母体语言的不同语种。那时的北欧人种人口数量可能还不太多，却一直都是世界人口不可忽略的存在，关于这一点，古埃及人及古巴比伦人深有体会。

北欧人在世界的历史中有着非常重要的地位，因为最早伐木种田的就是他们。那时，他们并没有马，但已经有牛，在迁居过程中，他们总是将自己重要的物品及帐篷放在牛车上，寻找新的居住点，然后在新住处，快速用泥土、树枝造起可以居住的小房子。北欧人死去之后，不会像浅黑人种一样进行土葬，而是实行火葬。死者的身份如果比较重要，比如是首领，他们便将其骨灰放进一个陶罐中埋于地下，并在地面上推起一个圆土堆，这也是北欧如今的“圆冢”。浅黑人种埋葬死者是以坐姿进行的，所以他们所堆出来的墓呈现长方形，被人们称为“长冢”。

雅利安人会用牛耕地，会种植小麦，不过，他们却并没有因此而开始安定的生活方式，因为他们一直保持着在一个地方收获完之后，便向下一个地方迁徙的习惯。那时，他们已经有了青铜器，至公元前1500年左右，又有了铁，冶铁术就是他们发明的。可能就是这个时期，他们开始使用马匹。与那些安定生活于地中海地区的民族不一样，统治雅利安人的首领被称为头领，而不是祭司。他们的社会制度既不是帝王式也不是宗教式，而是以贵族为主导。很早之前，他们中一部分家庭就与普通家庭区分开来，成为贵族家庭，从而处于领导普通家庭的地位。

雅利安人擅长唱歌，每每在迁徙的时候，他们就会不时在途中举行宴会，边喝酒，边请专门唱诗的人进行吟唱，以调动大家高昂的情绪。在没和原始文明接触之前，雅利安人并没有自己的文字，对所唱的诗歌也无法记录，因此，这全部需要人脑记忆。但吟唱式的娱乐方式对他们语言的发展起到推动作用，并最终成为准确表达自我的方法。正是因为这个原因，雅利安语虽然在后来被分化为多种语言，但依旧保持着吟唱方式的特点。这一表现自我民族历史、传奇的吟唱方式主要为史诗、叙事诗、宗教诗3种。

雅利安人通常以部落首领的家为社会中心，当他们从一个地方迁到另一个地方的时候，首领的房子必定是最高大、宽敞的建筑，距它不远处，才是其他牧民的住所以及牲畜圈。大多数时间里，他们都是在首领家宽敞大厅聚集的，或讨论部落发展，或举行宴会，或欣赏吟唱的诗歌，或一起游戏。首领及他的家人一般睡在楼上或者屋内，而其他人则多数睡于地上，就如同现在的印度家庭。在雅利安人的部落，除了饰品、武器及工具，其他都是属于部落的，这就像族长制的共产社会一样。在那个时候，地区的河流、森林不属于任何人，而牲畜、牧场则由首领统管。

就在尼罗河、美索不达米亚地区的文明日渐兴起时，欧洲中部、亚洲西部的雅利安人也同时不断发展着。大约在公元前2000年的时候，他们已经开始侵袭拥有“日石文化”的其他种族了。法兰西、西班牙、不列颠先后被侵占，然后他们被分成两股主要势力，向西方挺进。其中的一股势力以青铜武器装备军队，很快占领爱尔兰和不列颠。他们在不列颠修筑了高大的卡纳克石碑，在英格兰修筑了有民族标志的石柱。在他们挺进爱尔兰后，被称为盖尔·凯尔特人的原地住民不是被征服，便是被灭亡。而另外一股势力将铁这一金属带进了大不列颠，大概他们之间互为近亲血缘关系，当然也不排除其他种族的加入，但被统称为托尼·凯尔特人。后来威尔士人的语言，便是在这一股势力所运用的语言基础上演化出来的。

凯尔特人继续向西班牙挺进，他们与当地拥有日石文化的巴斯克人往来，同时也与沿海的腓尼基人接触，这些腓尼基人则为闪米特系族。就在这时，意大利人也从他处来到亚宁半岛，不过，他们不是征服者，只能算是生存迁徙。公元前 8 世纪，著名的罗马城建立了。只是，当时的罗马城只不过是台伯河边的一个小城市，以商业为主，雅利安系族的拉丁人就居于此，伊特鲁亚王室和贵族是他们的主导者。

其中，雅利安人还有一股势力向南方扩展，在公元前 1000 年之前，说着梵语的雅利安人就到达了印度北部。他们接触到了当地肤色浅黑的人种创建的德拉维文明，并学习到很多知识。至于其他的雅利安人种，好像也到达过中亚一带，而且有比这一范围还要大的可能。今天，在东土耳其就有他们的身影，只不过他们现在说的是蒙古语。

公元前 1000 年前被阿美尼亚人征服的赫梯人，一直住在黑海、里海之间，后来全部被雅利安人同化。另外，雅利安民族在巴比伦、亚述的东北部，也在不断地崛起着，最为有名的就是米堤亚人、塞西亚人和波斯人。

但是，雅利安人对于旧世界文明发展的影响，是在穿越了巴尔干半岛之后开始的，之前并无太大冲击。在公元前 1000 年的几个世纪之前，他们就已经到达了小亚细亚，最早来到这里的以弗利吉亚人为主，后来爱奥尼亚人、伊奥里斯人、多利安希腊人也陆续而来。早在公元前 1000 年前的时候，希腊人便渡海来到了罗德岛、克里特岛居住，他们按照腓尼基人的文明，沿地中海海岸、西西里岛、意大利南部建起了很多城市，但就在公元前 1000 年左右，雅利安人却清除了希腊范围之内创建的所有爱琴文明。当时有名的梯林斯、迈锡尼等城市被完全摧毁，包括著名的诺索斯也慢慢被人类遗忘。

于是，当亚述人在他们统治者的领导下，与埃及、叙利亚、巴比伦等国进行战争时，雅利安人种也学会了文明，并在北波斯、希腊、意大利等地，开始以自己的意愿进行文明的重新塑造。可以说，从公元前9世纪以后的600年时间中，世界历史发展的主线便是雅利安人不断发展、壮大、征服，并获得最终胜利的过程。只不过，表面看是雅利安人获得了很大的胜利，但是他们与埃及人、闪米特人在思想、制度上的争斗却一直持续了很长一段时间，这几乎是一场贯穿世界整个历史的过程，因为直到现在，这一争斗仍未停止。

第二十章
最后的巴比伦帝国和大流士一世帝国

亚述在提格拉特·帕拉沙尔三世以及萨尔贡二世的共同发展下，很快成为了一个实力强大的国家。前面我们已经说过，萨尔贡二世是一位通过篡位而谋取国王之位的人，他其实并不叫萨尔贡。他之所以要改为这个名字，就是因为萨尔贡一世曾经征服了巴比伦，并创建了古阿卡德帝国，他的名字在古巴比伦人心目中影响力非常大。此时的巴比伦虽然是一个侵袭他人的国家，但社会地位、人口数量都比尼尼微要多，他们对商人、祭司以及巴比伦神都极为敬重。至公元前 8 世纪，美索不达米亚的整片地区已经与野蛮划清界限，征服了这一地区的统治者不再一味杀戮，而是改以温和政策收买人心。正是这一政策的实施，亚述才得到了很大的发展，以至在萨尔贡死去后依旧保持了 100 多年的时间。再到后来，阿舒巴尼泊才征服了埃及南部。

也是从这时开始，亚述帝国开始分裂，国力也在不断弱化。而此时的埃及人民在布桑梅迪克一世的率领下，已经将亚述的侵略者赶出了埃及土地。在尼科二世统治埃及后，他策划了一场对叙利亚的侵袭。当时，叙利亚正与自己的边境国对战，所以完全无力回击他的入侵。就在这时，美索不达米亚东南地区的迦勒底人与东北部的米堤亚人联合了，他们一个是闪米特族系，一个为雅利安族系，两股势力合并，于公元前 606 年将尼尼微征服。也就是从这一年开始，人类历史开始了它准确的纪年时间表。

亚述不断被瓜分、侵略，塞克萨里斯在北方创立了自己的米堤亚帝国，爱克巴坦那被设为首都，其国土除了尼尼微之外，东边一直抵达印度边境。而在米提亚帝国的南面，则是“第二巴比伦帝国”迦勒底，这个国家的版图呈新月形，由尼布甲尼撒统治，不但国力强大，而且财富最多。巴比伦最伟大的历史，也是最后的历史，就是从这一时期开始的。米堤亚帝国与迦勒底帝国互为友邻，关系密切，迦勒底国王还将自己的女儿嫁到米堤亚，成为塞克萨里斯的王后。

也就在这时，尼科二世成功挺进叙利亚。在这之前，他先击败了犹太国，并由此向幼发拉底河进军，其目的就是想要征服强大的第二巴比伦帝国——迦勒底。不过，他的进攻遭到了强大的迦勒底人的反击，并以大败收场，最终一路败回埃及。这也为迦勒底帝国提供了扩大领土的机会，使自己的边境直接扩展至埃及边境。

公元前 606 ~ 前 589 年，迦勒底虽然总是处于战争状态，但因为有着强大、安定的友邻——米堤亚帝国的依靠，国内经济一直稳定。在尼科二世在位的 67 年时间中，迦勒底不但物质强大，文化也得到了有力提升。

其实，哪怕是亚述帝国强盛的时期，巴比伦也一直是当地文化的中心，特别是沙达那帕鲁斯掌权时期，巴比伦的文化活动几乎达到顶峰。沙达那帕鲁斯虽为亚述本地人，可却已经被巴比伦同化，他曾经建立过很大的图书馆，只不过里面所收藏的书籍并不是纸质书，而是美索不达米亚文明所流行的泥板刻字“书”。今天，这些泥板已经被考古人员挖掘出来，可称得上世界历史中最珍贵的资料了。那波尼丢斯是第二巴比伦帝国的最后一位统治者，他是迦勒底本土人，非常喜欢文学，而且鼓励人们对古书进行研究。这一时期，巴比伦的学者研究出了萨尔贡一世称王的具体年代，那波尼丢斯便让人将它记录在石碑上。不过，在他执政期间，国家的分裂迹象已经显现。为了强化国家统一，那波尼丢斯大建庙宇，并将全国所有的神都集中到巴比伦。这样的做法让只信奉守护神柏尔·玛杜克的祭司们很不满，所以开始密谋更换统治者的计划：请波斯人居鲁士当国王。居鲁士是米堤亚帝国的人，他在得到祭司们的认可后，先带人征服了小亚细亚东部的吕底亚国，这让他的士气得到提升，进而，他听从祭司的提议，对第二巴比伦迦勒底帝国进行侵略。居鲁士只在巴比伦城外打了一次仗，城内的人就将他迎入城中，从而占领了整座城市。《圣经》对这件事进行了记载，说当时贝尔沙萨王，也就是那波尼丢斯的儿子，正在府中大摆筵宴，可不知哪里伸出一只手，在墙上写下了“弥尼，弥尼，提客勒，乌法珥新”的话。当时，作为四大先知[1]之一的但以理对这句话进行翻译，告诉贝尔沙萨王：“上帝已经预测到帝国将尽，而你的分量不足以统治帝国，所以要将它分给波斯人及米堤亚人。”其实，祭司们对这句话是怎么写到墙上去的心知肚明，《圣经》记载，当天晚上，贝尔沙萨王便被他们杀死了，而巴比伦帝王那波尼丢斯则被关入牢狱。这场战争并没大的战事，城内的人们依旧按照原来的仪式只祭典守护神柏尔·玛杜克。

至此，第二巴比伦帝国与米堤亚帝国统一。而且，居鲁士的儿子冈比西斯也成功侵略了埃及。只可惜，后来居鲁士因为发疯死去。他的宠臣为米堤亚人，其儿子大流士继承了居鲁士的统治地位，被称为大流士一世。

古代文明史上最早出现的新雅利安帝国是在那之前最大的国家，原亚述国、叙利亚、小亚细亚、巴比伦、高加索、埃及、里海、波斯、米亚都在它的领土之内。而这个巨大的国家又被称为波斯帝国，它的统治者就是大流士一世。他之所以能建立如此巨大的帝国，与当时道路、马匹、战车的发展是分不开的。在那之前，人们都是以牛、骆驼、驴为出行工具的，而大流士统治波斯之后，对道路、驿站等进行全面发展，并在驿站准备骑马，以供使差、官员使用。这一时期出现了铸造的货币，这使国家贸易发展得到大力推动。只是，波斯国的首都被移到了苏萨，巴比伦这个一度强盛的城市开始慢慢衰退，而其他城市则得到新的崛起，比如爱克巴坦那、珀塞波利斯、苏萨等。此时的尼尼微城早已经成了废墟。从这一结果看，当初为了信奉柏尔·玛杜克神而背叛了国王那波尼丢斯的祭司们并没有如愿以偿。

[1] 四大先知分别为但以理、以西结、耶利米和以赛亚。

第二十一章
早期犹太人

这一章，我们要了解的是希伯来人，这是闪米特系族的后代。就后世的历史来看，他们当时对社会的影响远不如现在。大约在公元前 1000 年前，希伯来人就已经在犹地亚定居，他们的首都是耶路撒冷。犹地亚国家的北面，是去往埃及的必经之路，所以，这个国家的历史与其周边亚述、巴比伦、埃及、叙利亚等国的历史关系密切。

希伯来人之所以出名，还在于他们文化的发展，其中文字巨著《圣经》，便是这样一本集合赞美诗、法律、纪年学、世界史为一体的文字作品，其中不乏诗歌、小说、箴言及政治议论等名篇。这本书出现于公元前 4 世纪 ~ 前 5 世纪，《旧约》这个名字，则是后来基督徒对它的称谓。

《圣经》的第一次编写可能是在巴比伦完成的。当时埃及法老科尼二世对正在与其他国家交战的亚述进行侵略。于是犹太国统治者约书亚奋力抗击尼科二世的入侵，结果在公元前 608 年被杀死。至此，犹太国对埃及称臣。至亚述分裂，迦勒底帝国，即第二巴比伦帝国将尼科二世赶出亚述，准备将犹太国变成自己的傀儡国。可惜，希伯来人并没让迦勒底的尼布甲尼撒王如愿，他们将巴比伦派去的官员全部杀死了。这让尼布甲尼撒王产生了灭掉犹地亚国的想法，公元前 587 年，他派人对耶路撒冷进行侵略、屠杀，没有死去的希伯来人则被视为战俘，全部关押到巴比伦。

一直到公元前538年，居鲁士攻占了巴比伦，被关押的希伯来人才得到释放。他们回到犹地亚之后，在耶路撒冷又重新修建了圣殿。

应该说，在此之前，希伯来人的文明程度及团结意识都不高，在他们当中，可以读书写字的人也少之又少。按他们的历史记录进行推断，那时几乎没有人读过《圣经》这本书，哪怕是书籍的开篇也不知道。直到约书亚统治的这一时代，历史才出现了《圣经》的相关记载。巴比伦人因为战俘的经历让希伯来人的思想得到开化，同时也变得更加团结。回到祖国之后，他们感受到了文化的重要性，从而开始提升自己，让整个民族慢慢迈入头脑聪明、政治优秀的行列中来。

《圣经》在那时只有5卷，也就是人们所说的《旧约》开篇前5章。另外，还有一些赞美诗、箴言及纪年史，但都是独立的篇章。希伯来人将这些与《旧约》前5章进行集合，最终才有了自己民族的《圣经》。

《圣经》的开篇就是创世纪、亚当夏娃、大洪水的故事，这些传说与巴比伦传说并没什么区别，而且，所有的闪米特系族都对此深信不疑。至于摩西、参孙的说法，同样和巴比伦、苏美尔文明一致，只不过，对亚伯拉罕的记载，希伯来人在里面加入了富有自己民族特色的思想。

亚伯拉罕，约为汉谟拉比统治时期的人物，就生活在巴比伦，为闪米特牧民的族长。《圣经·创世纪》中对他漂泊、后代的故事进行了记载，同时包括被埃及俘虏的故事。书中说，在亚伯拉罕迁徙到迦南时，上帝特别把这块富饶的土地赐给他以及他的子孙后代。

亚伯拉罕的子孙有很长一段时间都生活在埃及，后来才在摩西的带领下去别处漂泊。在不断漂泊的50年时间里，队伍越来越大，最后这些人被分成12个部落。然后，他们开始向着迦南扩展，这应该是公元前1600～前1300年之间发生的事情。至于摩西和迦南的记载，并没有在埃及资料中有所提及。但有一点可以肯定，当时，希伯来人的扩展也只是对一些丘陵进行占有，并没得到实际意义上的征服城市。因为当时的地中海沿岸并不是被迦南人统治的，爱琴人和腓利斯人才是此处的真正统治者，他们在那里建立了很多城市，比如加多、加沙、乔帕等。希伯来人虽然有侵占这些城市的行为，但最终都没有成功。因此，他们只能在丘陵地带居住，成为那时并不惹人注意的种族。不过，在《旧约·士师记》中，我们可以看到他们不断与周边城市、种族进行斗争的资料。可以这样说，书中记载的，几乎就是希伯来人反复失败、反复经历不幸的真实资料。

士师，是那一时期希伯来人的长者们专门挑出来行使祭司任务的管理者。直到公元前 1000 年，他们才有了第一个真正的统治者，他就是带领希伯来人战争的首领——扫罗。但扫罗的能力似乎并不比士师强，他在带领大家与腓利斯人进行战斗时，不幸被箭射死。他的尸体就被放在城墙上，而盔甲则被供奉在维纳斯神庙中。

继承扫罗国王之位的是大卫，他比扫罗更有能力，在他统治的时间里，希伯来种族出现了前所未有的昌盛。而这种成功就来自于和提尔城国的结盟。提尔城国为腓尼基系族，国王海勒姆既有战略眼光又有远大的经济发展眼光，他之所以要与希伯来人结盟，就是想要在希伯来人境内开一条直通红海的贸易之路。当时腓尼基的商人们想要从自己的国家去红海经商，只能由埃及通过，但埃及战乱不断，而且沿途路况堪忧，这对国家贸易非常不利。所以，海勒姆才与希伯来人结盟，让本国的商人得到希伯来人的保护。不过，希伯来人也因为有了海勒姆的帮助，才于耶路撒冷修建了自己的宫殿、城墙以及神殿。这样一来，贸易、商业在两国之间不断发展壮大。大卫的儿子（即所罗门王）继位之后，整个希伯来民族已经达到了空前的鼎盛时期，埃及法老甚至将自己的女儿嫁给了他。

耶路撒冷虽然相比之前已经非常富饶，但依旧是个小城市。而所罗门王也没有在位多久，很快便死去了。之后，埃及法老西谢克攻占了耶路撒冷，城市积聚的财富也瞬间被洗劫一空。不过，现代研究者对于《圣经》中记载的所罗门拥有的巨大财富表示怀疑，大多数人认为，这应该是希伯来人出于对国家的热爱而加入了夸张的成分。但是，我们若能对《圣经》细细阅读，则会改变对所罗门王国财富记载的质疑，因为当时所罗门王的宫殿与一座小教堂不相上下。而亚述人在纪念碑上记录着，所罗门王的后代曾经与亚述交战，他们派出的队伍约为2000人，按这些人数计算，所罗门拥有1400辆战车也就没什么可奇怪的了。另外，《圣经》中还有记载，说所罗门王贪恋奢华，他执政时期，百姓们的赋税、劳役极为沉重。他死之后，北部地区便马上宣布独立，成立了以色列王国。当然，耶路撒冷仍被希伯来人视为永远的首都。

希伯来人的鼎盛并没持续多长时间，海勒姆王离世后，他的国家不再对耶路撒冷提供帮助。同时，埃及又一次壮大。这样，以色列王国与犹太王国都成了列强国家之中最不起眼的小国。他们的北方是叙利亚、亚述以及巴比伦国家（3个国家经常通过战争成为该地区的主导者），南边则是埃及。这一时期，希伯来人所经历的除了战争、灾难，就是统治者的压迫。公元前721年，亚述攻占以色列王国，全国人民都成了战俘，国家就此灭亡。但犹太王国始终不懈地与强国斗争，至公元前604年才被攻占。希伯来人的历史，在《圣经》中被记了下来，除去一些值得需要探讨和批判的细节之外，其他基本都可称为真实的，因为这些经历在巴比伦、埃及、亚述所发现的历史资料中已经得到了证实。

当希伯来人成为巴比伦的战俘后，就已经注意到了自己的不足，并开始从实质上进行改进。至被居鲁士放回国，人们在精神与知识上都有了很大改变，已经远远超过了做战俘的时候，这让他们成为真正的文明人。在这里，必须要提到一个群体，那就是先知，这个群体对希伯来人未来的发展有着至关重要的作用。也因为先知的出现，人类社会发展的新力量开始形成。

第二十二章
犹太人的精神和先知

对于闪米特人来说，所有的灾难都是从亚述、巴比伦衰退开始的。公元前7世纪，世界文明是掌握在闪米特人手中的。他们创建了伟大的亚述帝国，更成功让埃及、巴比伦、叙利亚等国俯首称臣。此时，世界的经济被他们全部握于手中，他们先后建立了西顿、提尔等沿岸城市。同时，西西里岛、西班牙，甚至于非洲都有他们的殖民地，而且人口完全超过了本地居民数量。迦太基城在公元前800年前已经拥有100万人口，而很长的一段时期内，它都占据着世界人口数量最多城市的榜首。在这个城市，有商船不断向不列颠、大西洋进发，有时还会去马德拉岛。就在所罗门王与海勒姆合作贸易的鼎盛时代，他们就曾在红海造船，甚至在尼科王掌政时，已经派探险船对非洲进行为期一周的航行了。

那时，雅利安人还不知文明为何物，希腊人是为数不多建立了文明的种族，而米堤亚人正在中亚日渐崛起，这在亚述纪念碑上就有记载。应该说，在当时那种时代，谁也不会想到，至公元前3世纪，雅利安人居然可以完全取代并征服闪米特人，一跃成为世界文明的统治者。雅利安人实现了真正的大翻身，除了阿拉伯北面的闪米特种族，其他所有闪米特人全成了他们的臣民。

500年的时间，闪米特人经历了连续的打击，生活困难，文明完全被破坏。当然，这其中不包括生活在犹地亚王国的希伯来人。他们虽然也是闪米特族系，但却始终团结合作，不为外部所攻占。希伯来人之所以能做到这一点，全靠他们做战俘时在巴比伦编写的《圣经》所指引。因此，关于希伯来人创造《圣经》的说法，如果改为《圣经》创造了全新的希伯来人会更合适。在《圣经》中，充分表现了坚韧、进取的民族精神，虽然希伯来人经历了 2500 年的不幸、战争、灾难，但他们始终坚持这一民族精神——犹太精神。

这种精神之所以坚不可摧，就在于他们所信奉的上帝是永远看不到的，这与那些被供奉于寺庙的神不一样，他们的上帝是正义之神，是所有人的神。别的种族也有自己信奉的神灵，但是，他们只能被供养于寺庙，如果寺庙被毁灭，那么神也随之灭亡。希伯来人的上帝不住在寺庙，他生活在天国，这种全新的宗教思想远远超过所有祭司的付出。希伯来人深信，自己之所以被亚伯拉罕选为子民，就是要赋予他们建造、光大耶路撒冷的使命，他们必须让这座城市成为世界为之瞩目的正义、真理之城。在他们被释放回国的那一天起，这个想法便已经深深镌刻于每个人心上了。也正是因为这种精神支柱的支撑，希伯来民族得到了复兴。

腓尼基人、巴比伦人、叙利亚人，所有生活在那个战乱年代的人们，无不被希伯来人坚忍不拔的犹太精神所感染，他们不断加入到这一种族中来，并前仆后继地开始为实现真理、正义而努力。没有人知道这是不是上帝的意愿，当腓尼基人建造在西班牙、西顿、提尔等地的城市衰落之后，腓尼基人竟然神秘地在世界上消失了。可在除以上地区之外的地方，只要有腓尼基人出现，就会有一个希伯来人的群体，他们因为《圣经》而聚集。可以这样说，《圣经》才是希伯来人的“首都”，耶路撒冷不过是希伯来人居住的地方。这种历史现象，最早可追溯到苏美尔人使用楔形文字时代。对世界来说，希伯来人是奇怪的种族，他们没有信奉的寺庙，也没有统领的国王，完全因为《圣经》而集聚，并表现出强大的坚韧力量。

希伯来人精神上的高度团结，不是一个人，或者一种思想所能达成的。因为希伯来种族的不断扩大，世界上便有了一种全新的种族，包括一批全新的人。

这些人就是《圣经》中的先知，而且在书中可以看到，他们真的存在。这些人不会被祭司迷惑，也不会被国王奴役。

当希伯来人产生的分裂越来越严重时，先知的存在就变得越来越重要。

但是，先知究竟是从哪里来的呢？据说他们出身各有不同，比如伊齐基尔先知，他就出生于祭司之家，而穿着羊皮袄的阿摩斯则来自于牧羊人的后代。可不管这些先知在哪里出生，他们都拥有一个共同的特点，那就是与民众交流，以忠诚奉献真理之主。

没有任何命令或者仪式来任命先知，他们完全是接收神的“旨意”。先知们政治热情极高，希伯来人对埃及、巴比伦、亚述的反抗，都是来自他们的鼓励。同时，他们对国王的暴行进行反抗，对祭司的诱导进行批评，对懒惰的人给予唾弃。很多先知就像现在促进社会改革的人一样，他们总是四处宣扬：穷人正在被富人奴役；奢靡者将穷人的面包白白丢弃；掌权者与其他种族相串通，不但学习奢侈习惯，还学习更多的坏习惯。而这一切，都不被上帝所肯定，所以，有这种人的国家，一定会受到上帝的处罚。

先知们的宣传被人们一一记录下来，用来提醒后人。而且，凡是有希伯来人的地方，都会有先知的存在。先知们告诉大家，这种宗教精神才是最正确的，不要相信祭司，不要去寺庙，更不要与有权势的人走得太近。他们会带领大家追求真理与正义，这就是先知的责任与作用。约书亚[1]在演讲中就说，先知的宣扬将会成就最理想的预言：人类的世界会在上帝的保佑下，向着统一、和平过渡。在这一时期，希伯来人的预言已经达到了最鼎盛时期。

不过，不是所有先知都赞同约书亚的，在这些反对者的宣扬和书籍中，就随处可见有害的，偏见的，仇恨的言论。但不管怎么样，我们都应该肯定这样一个事实：先知来自于被巴比伦释放回来的战俘之中，他们代表着人类新力量的产生。他们追求自由、自我，将人类从对神明的膜拜中、奴隶意识的压抑中解放出来。

---

[1] 约书亚，根据《旧约圣经》的记载，为希伯来人的统治者，是嫩的儿子。

第二十三章
希腊文明

当犹地亚国被分裂之后，以犹太国、以色列国并存的希伯来民族又一次受到极大的打击，他的子民被侵略者驱逐出自己的土地。其实，就在希伯来人被关押于巴比伦，并蓄势发展自己民族精神力量的时候，希腊人也开始了精神力量的建设。可以这样说，当希伯来先知以全新的力量对自己的民族进行精神传播、拯救时，希腊的学者也在用另外的方法开启整个民族的大脑，将文明的知识、智慧传输给人们。

我们知道，希腊人属于雅利安族系的分支，约在公元前1000年前，他们迁徙到爱琴岛附近居住。还有一种可能，当埃及征服幼发拉底河，对大象进行猎杀时，希腊人已经在那片土地上存在了。那时，狮子才是希腊土地的产物，而大象则是属于美索不达米亚地区的。

有人认为，文明的诺索斯的毁灭，很可能就是希腊人的杰作。但是，在希腊人相关的传说与神话中，我们能够看到关于克里特岛工艺发展的故事，也能看到米诺斯以及宫殿的记载，但却没一点对征服诺索斯城的记录。

希腊人有着雅利安民族的重要特征——擅长吟唱诗歌。而且，这种歌唱已经成为他们与人交流的主要方法。在希腊文明尚未得到完全发展时，他们便拥有了《伊利亚特》、《奥德赛》这两部后来闻名于世的史诗。第一部史诗记述的是希腊民族对当时特洛伊城市征服与侵略的过程，而第二部则为希腊民族首领奥德塞回国过程中发生的冒险故事。希腊人约在公元前 8 世纪～前 7 世纪，向比自己文明的友邻城市学会了文字，并创造了这两部空前绝后的史诗。但是，根据后人的推断，这两部史诗完成的时间应该比这个时间还要早一些。虽然有很大一部分人都觉得，盲人荷马就是这两部史诗的真正作者，他当时在自己家中写下了这两部被后人视为传奇的史诗作品，就像弥尔顿创作出了《失乐园》一样。可说到荷马其人，以及这两部史诗的真实诞生，却成了后人们争议不断的事。不过，这对我们不是重要的问题，因为约在公元前 8 世纪时，希腊人就拥有了史诗这一事实更为重要。它们是希腊人的文明产物，它们对希腊人民起到了促进、团结的作用，并真正激励了他们一致对抗侵略者的正确认知。其实，希腊人民之间本就为亲缘关系，他们开始时就因为语言相通才走到一起，后来更因史诗的促进而更加团结。在所有希腊人身上，几乎都有着一样的认知与勇敢。

从史诗中我们可以看到，那时的希腊还没有文字与铁金属，还处于野蛮状态。他们只是各自独立地分散在一个部落中，也就是被他们征服的爱琴人留下的城市遗址内。过了很长时间，他们才学会了修建寺庙、城墙。资料中记载，人类的原始文明就是从寺庙、祭坛的建造开始的，城墙则为它们之后的产物。但对希腊人却不是如此，他们最早是修筑了城墙，后来才对寺庙有所修建。至公元前 7 世纪，他们已经懂得了贸易，并向外面派遣移民，于希腊领土内的各地进行城市建设。就这样，爱琴人曾留下的文明被希腊新的文明发展取代了。这一时期，希腊城市雅典、科林斯、萨姆、斯巴达等城市，都是非常有名的。另外，他们在意大利的西西里岛以及其他地方都建了殖民地，希腊人还将意大利半岛分为大希腊、小希腊。同时，他们在腓尼基人留下的旧址上建造了马赛城。

这时，生活于同一平原上的国家，比如苏美尔、埃及等，已经开始慢慢向统一过渡，实现一个政府管理制。不过，希腊却保持着不同地区不同自制的习惯，比如大、小希腊，又或者山谷、岛屿城市，它们都各自为政。因此，希腊第一次在世界上出现的时候，是一个个连种族也不相同，又没有统一的分散小国家，或者说小城市。这一时期的希腊人，包括了多利安人、爱奥尼亚人以及伊奥里斯人。在希腊整个领土区域，既有纯希腊种系人民，也有来自“地中海”不同部族的混血。因为人员不同，各城的政治、管理也不尽相同。在他们当中，既有民主参政制，也有选举首领制，更有通过武力夺取政权的行为。

因为希腊各城市之间的地理条件及执政方式不同，他们的规模发展都不会很大。就算他们最大的一个城市，人口也不会超过 30 万，与现在美国的各州相比，就如同一粒小芝麻，毫不起眼。而且，很多城邦的居住人口数都不超过 5 万。他们虽然有共同的语言、利益甚至是娱乐，却完全不相联合。当贸易得到不断发展之后，小城市开始向大城市递出“橄榄枝”，以求得大城市对自己的庇护。但就算这样，也没有使希腊成为一个真正的联合体，最终让他们联合的，则是 4 年举行一次的运动会以及后来的史诗。运动会在当时叫作奥林匹亚的城市举行，为了保证运动会的正常进行，所有有争执的城市必须在运动会期间停止战争。慢慢地，参加运动会的城市越来越多，甚至有一些北方的国家也会派人来参加运动比赛，这让有着亲缘关系的人们的感情也出现了变化。

因为贸易，城市的重要性得到突显。与此同时，希腊文明开始有所求新，这是与爱琴文明、大河流域文明不一样的文明。在希腊人的眼中，虽然有寺庙、神明的存在，可祭司却不能统领一切，这显然不同于那些将祭司视为所有思想、知识来源的城市思想。对于希腊人来说，他们虽然被分为贵族、普通人以及首领，但他们却不信奉在其他民族眼中拥有一切能力的国王。可以这样说，治理希腊的人是贵族阶级，各贵族之间始终保持着联系，为一个政治组织。所以，在希腊民族，政治是“民主”的，即贵族制的，所有希腊居民都有权利参与希腊的公共事务。这种民主和现在的民主有所不同，希腊人的民主事实上掌握在少数贵族人手中，其他成千上万普通民众以及奴隶是没有这种决定政治命运的权力的。当然，这就让希腊的统治也被转交到了贵族们的手中，这个统治者只能来自于贵族，他们可以用自己的办法获得权力，比如篡位。这一点，与当时埃及等国家有才能者担当统治者的做法也不一样。由此可见，希腊文明在当时是非常不足的，无论精神还是政治，都缺少一定的自由。他们的文明更像是将草原生活的积极主动性带进了城市。

我们可以看到，希腊人走出战争之后，表现出一种理智生活的倾向。同时，很多人开始对文化、知识进行探索，对生命与生存产生思考。要知道，按原始文明的说法，这些都是祭司的职责与独享生活方式。早在公元前 6 世纪，希腊已经有了具备独立精神的“绅士”，比如阿那克西曼德、泰勒斯[1]等。他们在那个时候便已经对世界进行探究，而且问出非常富有哲学思想的问题：真实的世界本质是什么？世界是从哪里来的，又会发展成什么样子？他们完全不接受他人口中似是而非的答案。对于这些希腊人追索的世界问题，我们会在后面有所介绍。现在只说这些生活在希腊的最早人类哲学家，他们可以被我们称为“智者”。

我们可以看到，对于人类历史而言，这一时期至关重要。希腊人在这时已经开始对宇宙进行思索，而希伯来人的预言也达到顶峰，中国更出现了孔子、老子游学以及印度释迦牟尼布道等。可以这样说，这一时期，人类的精神文明正在不断发生着翻天覆地的变化。

[1] 阿那克西曼德：古希腊的哲学家。泰勒斯：古希腊哲学家、思想家、科学家，更是米利都学派的创始者，为阿那克西曼德的老师。

第二十四章
希腊与波斯的战争

就在希腊文明不断发生变化，甚至开始对宇宙产生探索时，就在希伯来人意识到民族精神时，另外一个帝国也在对米堤亚人和波斯人进行联合之后，成立了世界上规模最大的国家——波斯帝国。其实，早在居鲁士时期，巴比伦与吕底亚就已经被划入波斯国的领土之内了，而生活在腓尼基人旧址以及小亚细亚的希腊人，都是向波斯称臣的，埃及也在臣服国家之内。至大流士一世登位，他几乎认为波斯帝国应该包括全世界，而他就是所有人类的统治者。他派出使者，向埃及、中亚、印度等各处传达命令。生活在意大利、西班牙等地并未被波斯国统治的希腊人也愿意接待大流士派来的使者，并回以真诚的敬意。在当时，只有塞西亚人不肯对波斯称臣。塞西亚人是雅利安族系，其祖先还在游牧时，就有着侵略他人的习惯。

当然，波斯国领土广阔，人口众多，居民不可能都是波斯的本土人，本土波斯人多为征服者，他们对生活在波斯帝国的其他种族有着统治权力。而那些臣服于波斯的人们必须要放弃自己的语言，重新学习波斯语。这时的经济与贸易大部分都被闪米特人掌握着，他们不断在海上漂泊，并因为与希伯来人的接触，而由其民族精神及《圣经》中发现了团结、互助的好处。渐渐地，希腊人不断涌入波斯帝国，闪米特人遭受到了空前的冲击。而且，希腊人公正，富有生机，这让他们显得格外智慧、能干，从而坐上波斯国的官员之位，参与政务管理。

大流士最开始侵略欧洲，完全是因为塞西亚人的不肯合作。所以，他便产生了打击塞西亚人，并同时将他们的家乡俄罗斯南部收入自己管辖范围的想法。于是，他组织了人马，历尽千难万险，来到塞西亚人的家乡。这一路，大流士的部队非常辛苦，不但大部分人只能通过步行前进，还要为了跨河而搭建桥梁。但塞西亚人对他们的到来并不直接回应，这些人骑术非常好，总是骑马绕于大流士部队的后方，对他们进行偷袭，甚至破坏粮草。这让大流士无法进行正常征战，最终以失败撤兵。

大流士将部队驻守于马其顿和色雷斯，自己则回到首都苏萨。可就在这时，居于亚洲地区的希腊人开始了叛乱。很快，欧洲的希腊人也加入战争。不过，大流士并不将这些叛乱者放在眼中，他认为平息这些人毫不费力。所以，在公元前 490 年，他开始向希腊的雅典城进攻。但让他没想到的是，当部队于城市北面的马拉松靠岸时，引来希腊人的大力回击，致使大流士的船队溃不成军，一路败退。

就在这场战争中，发生了一件不同寻常的事。因为雅典当时正与斯巴达进行城邦间的战争，但当面对大流士的进攻时，他们达成了一致，共同应对外敌。大流士的船队一靠近雅典马拉松岸边，雅典就派出了长跑运动员去斯巴达送信。运动员在不到两天的时间里就跑了 100 多英里山路，正是这件事，成了日后马拉松比赛的开始。斯巴达在接到求援之后，用 3 天时间到达马拉松。可这时，他们却发现，大流士的船队已经败走，马拉松岸边也恢复了平静。波斯帝国对于希腊的第一次征讨最终以惨败收场。

大流士听到这个消息之后，没过多久便离开了人世。又过了 4 年时间，大流士的儿子薛西斯成为波斯帝国的统治者。在这 4 年间，他一直思考着如何征讨希腊。也正是在这段时间里，希腊人已经意识到了危险的临近，变得异常团结。相比而言，波斯帝国的队伍绝对比希腊队伍壮大，但是，他们的士兵来自于不同的部落、种族，远没有希腊士兵之间关系密切。薛西斯在公元前 480 年带着大队人马向希腊进军，当他们穿越塞尔比雷甬道时，斯巴达国王李奥尼尔早在这狭窄的通道做好了准备。但李奥尼尔的队伍只有1400人，与薛西斯大军相比人数相差悬殊。最终，他们虽然重创波斯军队，但自己也全部战死。这让薛西斯愤怒不已，他带领人马直奔雅典和底比斯。雅典人在无力抵抗的情况下逃出城去，而底比斯则无条件臣服。薛西斯命令士兵放火焚烧了雅典城。

这场波斯与希腊的战争，以希腊失败告终。但之后，这一结果却出现快速反转，希腊人似乎又成了胜利者。当时，希腊舰队只有波斯的三分之一，在数量上远远不足。可是，薛西斯负责运粮的船队被希腊击败，致使薛西斯军队补给不足，他只能带一半人马回到亚洲境内。留下的一部分人马，在公元前479年又一次被希腊打击，而他们的船队，也在米卡尔全军覆没。

至此，亚洲地区的希腊城市得到了胜利，来自波斯帝国的威胁暂时落幕。希腊的学者希罗多德便把这次战争写进一本叫作《历史》的书中，并画了很多生动的图画。为了完成对这本书的记录，希罗多德先后游历了埃及、巴比伦等地，对资料进行收集，并全面了解战争的经过。

波斯帝国在经历了麦卡利战役之后，国内权力争夺出现空前混乱，薛西斯也在公元前465年被刺死。于是，那些曾经臣服于波斯的国家重新独立出去，比如叙利亚、埃及等，如此，波斯帝国便被完全分裂开来。《历史》这本书，主要就揭示波斯帝国从强大走向分裂的原因，希罗多德认为，波斯帝国的国力其实非常弱，它不过是外面看起来风光而已。现在，很多人会认为，《历史》其实是希腊人的宣传书，它告诉所有希腊人，不要害怕波斯这样看似强大的国家，要勇敢面对挑战。希罗多德在书中就配上了阿里斯达哥拉斯的人物画，因为他曾经对希腊人说过："野蛮的波斯人并不会打仗，但你们却擅长攻击……世界上财富最多的就是波斯帝国，而他们的财富都应该是你们的。"

第二十五章
繁荣的希腊

希腊与波斯战争结束一个半世纪之后，这时的雅典虽然与斯巴达之间爆发了伯罗奔尼撒战争[1]，致使整个希腊格局又一次回到分裂状态，但希腊文明却没有就此陨灭。至公元前 338 年，希腊被马其顿人统治。可希腊文明依旧保持着很高的水平，这一时期，一直被视为希腊文明崛起的时代，它让希腊人民拥有了很大的智慧成就。

雅典一直是希腊文明的中心城市，因为希腊政治家伯里克利就生活在这里，公元前 428 ~前 466 年，雅典都由他统治。伯里克利对已经焚烧的雅典城进行了重建，现在我们所看到的雅典旧迹，其实就是那时重建之后的结果。伯里克利不仅让雅典城重新得到修复，也将雅典人的精神重新进行了“修复”。他一边让城市得到最好的重现，一边请来了当时著名的哲学家、诗人等学者，入住雅典。其中，作家希罗多德便曾在公元前 438 年到达雅典，而天文学家安纳撒哥拉斯也来过，还包括索福克勒斯、埃斯库罗斯等人。这让雅典人民受到鼓舞，让希腊戏剧发展达到空前高度。

正是伯里克利的一系列举措，虽然希腊遭受了长达 27 年之久的伯罗奔尼撒

---

[1] 伯罗奔尼撒战争：是发生在公元前431 ~前404年的一场战争，战争的双方为雅典和斯巴达，战争长达 27 年，最终以斯巴达胜利结束。

战争，其经济、政治受到很大程度冲击，可他们对于人类文明的探索却并没有受到压抑，甚至在某种程度上更激发了大家的热情。

其实，在伯里克利精神重建之前，希腊的言论也非常自由，而且辩论已经成了人们关注的学科。城邦内很多重要问题都不会通过统治者、祭司等人来决定结论，最后的结果，全来自于希腊人民的辩论。因此，在那个时代，口才是希腊人最为看重的一门学问，而雄辩家也成了人们眼中最富智慧的职业。当然，不管是哪个雄辩家，都必须要以事实为依据，正确、真实地对事物进行推断，从而激励大家对知识的追求。因为有了雄辩家的影响，希腊人非常关注自我思维、谈吐以及辩论结果。著名的哲学家苏格拉底[1]，便是继伯里克利死后，出现的又一位最富智慧、学识最为广博的雄辩家，他的观点征服了之前所有的雄辩者，这让他成为希腊智慧的象征，大批的年轻人、优秀者向他学习，拜他为师。可惜，公元前 399 年，希腊法庭认为苏格拉底犯下了玷污雅典神的罪名，而且认为他在思想上对当时的年轻人进行侵蚀，所以应该将其处死。苏格拉底无法接受这种死法，他选择了在自己的亲友面前饮毒酒自尽的方式“服罪”。虽然苏格拉底死了，可他的学说却被不断光大起来，甚至比他活着时更为出名。

苏格拉底最有名的学生莫过于柏拉图，柏拉图特别创建了“雅典学院”，专门为自己的学生传授哲学知识。柏拉图的学说可分为两点：第一，就是对人类思维本质的研究以及研究方法；第二，则是对于政治制度的探索。柏拉图是最早提出“乌托邦”的人，在他看来，世界完全可以不同于当时的状态，它能变得更好、更美。无疑，这种假想式学说对于当时按传统习惯生活的人是一种非常大的挑战。他曾经这样对希腊人民呼吁：“很大一部分政治思想让你们苦不堪言，而造成这种结果的，恰恰是你们自己。每个人都应该有面对它、改变它的勇气，只要为它付出行动，你们的生活就会因此而朝向美好的境界前进。每个人，都应该相信自己的力量！”这些话，哪怕在今天，对于学者来说，仍旧充满了冒险精神。柏拉图最早曾写过一本《理想国》的书籍，这本书其实就是他共和主义思想的表

[1] 苏格拉底：古希腊时期杰出哲学家、教育家、思想家，著名的学者柏拉图便是他的学生。

达。而他最后所写的《法律》一书，则是对乌托邦国的构想，只可惜，这本书没能写完。

亚里士多德作为柏拉图的学生，在老师去世之后，他对当时的国家体制以及人类思维都进行了驳斥。亚里士多德是马其顿人，父亲为马其顿王亚历山大的私人医生，而他自己则曾经担任过亚历山大的老师。关于亚历山大的事，在后面我们会进行介绍。亚里士多德对思维进行全面研究与总结，在他的研究下，逻辑学又被提升了一个新高度，而且这一高度一直保持了1500多年的时间，无人超越。在亚里士多德眼中，乌托邦思想是一种不真实的思想，人只有具备越来越多的学识，才能达到柏拉图所讲的那种人生境界，才能做到自己的命运自己做主。因此，他主要对真实的学问进行研究、整理，并且还专门让人出去探险，以获取第一手资料。亚里士多德曾经让自己的学生对158个不同国家的政治体制进行对比、研究，他开创了自然史研究，更奠定了政治学这一学科的基础。

至公元前4世纪，确实有一些学者的思想接近了现代人的思想。这些学者所提出的思维方法是针对生活现状的，是需要进行锻炼的，完全具备批判性，这使过去那些传统的、虚幻的思维被取代。同时，一些幻想主义、象征主义以及禁锢人类思想的禁忌，都被人们抛弃了，更自由、正确的希腊思维，不断成为人们吸纳的新知识。这个曾经生活于森林中的野蛮民族，依靠着自己与生俱来的自由、民族精神和无畏气质闯进黑暗的圣殿，利用自己的理智将所有蒙昧照亮。

第二十六章
亚历山大帝国

伯罗奔尼撒战争耗时 27 年（公元前 431 ~前 404 年），这让希腊的国力受到重创。而就在这段时间中，居于希腊北方的马其顿国却得到了良好的发展，国力与文明都被提升到新的层面。马其顿国曾多次去参加希腊的奥林匹亚运动会，其语言与希腊区别不是很大。公元前 359 年，菲利普成为马其顿的统治者，他富有远大的战略眼光。在菲利普少年时期，曾被当作人质送往希腊，因此，他的思想与教育皆来自于希腊文明。不管他是不是在很早之前就已经听从了希罗多德以及其他学者所传达的思想，但他始终深信，只要所有的希腊人可以团结在一起，就能将亚洲征服。

菲利普最早做的，就是扩大国家领土面积，同时对军队进行改制。在当时1000 多年的时间里，四处侵略以及征服他人的队伍主要都是步兵与战车。那时虽然有了骑兵，但都称不上专业，不堪一击。为此，菲利普不但对步兵作战方法进行了严格的训练，而且排出了相互辅助的队形，也就是被人们称为马其顿方阵的队形。之后，他又训练骑兵，将爵士、自己的贴身随从全都编进骑兵中去，让他们在队形中保持一致性。应该说，这就是最早的骑兵方阵了。进行战争时，步兵需面对敌军的主要队伍，要与之正面战斗，而这时的骑兵则从左右两侧以及背后，利用速度和弓箭对敌军进行射杀、打击，让战车失去战斗力。菲利普的做法使骑兵的优势在战场上得以充分发挥，而他的儿子亚历山大在后来也采用了这一作战方法。

正是因为采用了这样全新的队伍制度，菲利普不断扩大自己的领土，边界也很快到达了希腊边境。公元前 338 年，他与希腊人展开了著名的凯罗尼亚战役，从而将整个希腊纳入马其顿国的版图。最后，希腊各城邦只能经过协商，推选菲利普为两个国家的最高统治者。菲利普并未就此停下征战的脚步，他已经开始实施对波斯帝国的征服了。可惜的是，菲利普这时娶了第二任妻子，这让他第一任妻子奥林匹阿斯非常不满。因为忌妒，她策划了一场对菲利普的暗杀，于是，菲利普就此离开人世。

菲利普对自己孩子们的教育是非常看重的，曾经请亚里士多德这样著名的哲学家为儿子亚历山大担任老师。同时，他将自己所有的人生智慧以及作战经验全都悉数传授给亚历山大。在与雅典人进行凯罗尼亚战争时，亚历山大只有 18 岁，但却成功指挥了整场战役。正是这样有先见之明的教育，菲利普死后，20 岁的亚利山大成功继承他的王位，并在后来实现了他征服波斯的梦想。

亚历山大 20 岁成为马其顿王，用两年时间对自己的国家及希腊进行巩固。于公元前 334 年带兵出征，开始攻打波斯帝国。开始，他到达亚洲境内，夺下了小亚细亚的很多城市。在这个基础上，他沿岸向前推进。此时，波斯帝国还是海上军队的主导者，他们拥有提尔和西顿两个城市的舰队。亚历山大出于巩固自己战果的考虑，每征服一个地方，必须要留下一些人马来进行驻地守卫，不然，当波斯舰队在海上登陆来攻的时候，自己就会失去补给。至公元前 333 年，大流士三世的大型军队被亚历山大在伊苏斯征服。之所以如此，除了大流士三世的部队中人种多样之外，还在于大流士三世自己的无能。在作战的队伍中，他不但带了很多完全不能打仗的官员，更带了大量嫔妃及奴仆，这严重影响了作战士兵的士气。西顿向亚历山大称臣，而提尔却至死不降。亚历山大下令，全力攻打提尔，很快，城市被攻破，城内所有财富都被马其顿士兵夺走。公元前 332 年，亚历山大一鼓作气，对埃及发起挑战，并很快将它划到自己的管辖范围中来。

与此同时，征服埃及后，亚历山大为了解决埃及国家的再次叛乱，修建了多处以自己名字命名的城市，即亚历山大城，并对城市间的道路进行扩建。没过多久，腓尼基人的贸易商人就来到了这些城市，而地中海沿岸的腓尼基人则完全不见了。不仅如此，希伯来人也很快来到这些城市中。

公元前 331 年，亚历山大像所有的征服者一样，开始从埃及出兵，去征服巴比伦。但他与过去的征服者走的道路不同，他选择了绕道提尔的进攻路线。于是，大流士三世与亚历山大在阿尔比勒遭遇，并展开了激烈的战斗。因为亚历山大骑兵的侵袭，波斯战车完全乱了阵脚，最终，波斯帝国的队伍溃不成军。就此，大流士三世带着剩余人马逃去了米堤亚地区，而亚历山大成功征服巴比伦。之后，他又带人将珀塞波利斯及苏萨也据为己有，并且在苏萨举行了隆重的庆功会，当场烧毁了大流士的宏伟宫殿。

亚历山大为了巩固领土，在中亚建起军事大本营，并同时带队伍沿波斯帝国边境向前推进。开始，亚历山大只是为了追击逃走的大流士残余。此时，大流士三世受到手下人的暗杀，虽然没有死去，却也已经虚弱不堪。在经历了一整夜的逃窜后，他们被希腊队伍追上。至亚历山大赶到，大流士三世早已经死去了。可是，亚历山大并没有停下队伍，而是乘机向印度进军。在印度河边，亚历山大的队伍受到了印度王波鲁斯的阻击，因为印度队伍带有大象出征，所以亚历山大这一战被打败。亚历山大马上调整队伍，命令军士造船，从印度河返回自己的领土。公元前 334 年，在外征战 6 年的亚历山大回到了苏萨。他为了征服波斯帝国的人民，得到大家的认可，不但戴上了波斯王的头巾，还穿上了波斯王的长袍。这种做法让他的手下很不满意，从而产生很多隔阂。另外，亚历山大为了让两国人民紧密融合，大力提倡“东西通婚”。在他的促进下，有几个马其顿国的官员分别与巴比伦、波斯的女性成立了家庭。可即使如此，亚历山大依旧没有实现自己统一世界的梦想，公元前 323 年，他参加巴比伦的一个宴会，突然不明原因地死去了。

亚历山大一死，马其顿辛苦积累起来的庞大领土又被分成了三块，其中一块就是原波斯帝国的领土，它从印度边界一直到埃菲索斯，由亚历山大亲信塞流古斯占有。第二块则是埃及，托勒密成了它的统治者。第三块就是马其顿，最终由安提戈努斯把持。自此之后，这片土地上的战争一直没有停止过，有野心的人总想要争得一块自己的土地。随后，来自北方的野蛮种族也来到了这里，他们大量掠夺土地，并四处征服其他国家，很快就建立了一个全新的国家，那就是罗马共和国。罗马共和国持续的时间比前面的国家都要长一些，我们将在后文专门进行介绍。

第二十七章
亚历山大城的知识发展

亚历山大还没对波斯进行征服时，就已经有很多艺术家、商人以及官员来到波斯帝国。大流士二世，也就是薛西斯死后，波斯帝国曾发生过多次因谋权而起的战争，其中，色诺芬统领的希腊雇佣兵在这个过程中起到了很大的作用。色诺芬写过一本叫作《一万名士兵的撤退》的书，书中就从头至尾记录了希腊雇佣兵因为打败仗而从巴比伦向亚洲的希腊城市撤退的过程。这可被称为一本战争小说，它是一个参与战争的统治者亲自写出来的。至亚历山大统一波斯、埃及各国，又最终使帝国被瓜分，则让希腊人的文明程度、生活风俗以及语言传播到了全世界。这种传播在印度与中亚地区都可以看到，特别是印度的艺术，深受希腊文明的影响。

长久以来，雅典都是希腊甚至世界文化及艺术的中心，而雅典学院更一直存续了将近 1000 年的时间。到亚历山大时期，这种世界级的文明终于来到了亚历山大在埃及修建的新城市。后来，这个国家被亚历山大的一个将领托勒密统治，他身边的那些官员都是会说希腊语的。托勒密本人一度与亚历山大非常要好，他甚至对亚历山大信奉的思想——亚里士多德思想崇拜不已。托勒密学识丰富，精力旺盛，统治埃及后，不但用所有精力研究和传播知识，还特别写了一本亚历山大征讨他国的书籍，可惜，这本书现在已经失传了。

亚历山大未去世之前，为亚里士多德提供了很多的学识研究费用。而托勒密受他的影响，专门创建了一个知识科研基金，这在当时人类历史上是空前的。同时，他还在亚历山大修建的城市里特别盖起了亚历山大博物馆，虽然当时人们将它看成献给缪斯神的礼物，但实际上，它就是用来研究科学的地方。而且，在托勒密一世到二世的整个统治过程中，这个基地的研究从来没有停止，且成果喜人。比如埃腊托斯特纳[1]、欧几里德[2]、阿波罗纽斯甚至是希帕卡斯、希罗等人，都从这个地方崛起，就连著名的阿基米德也曾经在这里学习过。这个基地甚至能为人提供活体解剖学研究，解剖学家海洛菲拉斯就曾在这里学习。

从托勒密统治到其儿子继承的几十年时间里，亚历山大城的学识研究达到最鼎盛时期。这样的鼎盛情形，一直到公元 16 世纪之前，都没有再次出现。虽然鼎盛期有几十年的时间，但却称不上漫长，而导致这鼎盛衰退的原因十分复杂。已经去世的马哈菲教授认为，亚历山大城文明衰退的主要原因，就来自于它“皇家”制度的实质。在这里工作的人都是统治者任命的，他们的收入稳定与否全部取决于统治者的持续统治。托勒密本人是非常支持这种学识研究的，所以这里的研究可以得到持续。可是之后的统治者却因为逐渐埃及化的思想，致使祭司、宗教势力提升，这对学识的研究产生了影响，最终也就让科研工作没办法继续进行下去了。因此，这个基地成立 100 年之后，已经不能探索出任何新的科学成果。

托勒密统治时不但建立学识研究基地，还建了一座拥有百科全书的亚历山大图书馆。馆内不只可以放书，还可以对书本进行复制和交易。图书馆有很多专门抄写图书的人，每天对书本进行“复制”。

也就是在这一时期，知识的传播得到正式推行，而人类所运用的学识也被进行了分类与整理。亚历山大城的图书馆、博物馆，都代表着人类新时代的开始。

---

[1] 埃腊托斯特纳：著名的天文学家，他计算出的地球的直径比实际数据只相差 50 英里。

[2] 欧几里德：著名“几何之父”，古希腊人，著有《几何原本》。

不过，这种对知识进行探索和传播的做法，在当时并不被人们所看好。特别需要提出的，则是学者与工匠之间的隔阂。虽然那时已经有专门从事金属、玻璃等加工的工人存在，可他们却完全不能理解知识这种科学。在他们看来，玻璃工匠就是专门生产各种玻璃制品的人，什么实验、试管、透镜，都与他们没有任何关系，他们对透明的玻璃也完全没有研究的冲动。而金属工匠则除了打造工具及武器，对什么是天平，完全不能理解。专门探索知识的学者也一样如此，他们知道事物的原子，明白成形的本质，但对于制药、上色、上釉等程序则根本不明白是怎么回事。也正是因为如此，虽然博物馆的知识研究进行了100多年，可是显微镜这种科学工具还是没有成为他们的成果，化学就更完全没有提及。当时，希罗虽然已经将蒸汽机设计出来了，却根本没有进行实物的安装以及运用，这让它完全没有对人类文明发挥作用。应该说，除了医学领域的大量实验之外，其他学科似乎都因为没有实际作用或者好处而被进一步推动发展。托勒密以及他的儿子之后的时代，知识的研究似乎就只剩下了好奇心的驱使，其他没有任何力量能让基地有科学成果出现。在基地诞生的那些知识也只限于被记录下来，然后束之高阁。一直到了文艺复兴时代，这些研究成果都没有引起任何人的关注。

亚历山大图书馆也因为没有有益其发展的改革而没有持续发展。那个时代，造纸术尚未发明，所用的纸大小不同。后来中国人将这个技术变成了现实，至公元前9世纪，它才为西方国家所应用。那个时期，人们所用的纸只能是羊皮，或者纸莎草拼接的“纸”。这样的纸做出来的书只能卷起来，阅读和查找都非常不便。不仅如此，它对装订、印刷技术的发展也都产生了很大的影响。至于印刷，应该是起源于旧石器时代的，那时苏美尔人已经会使用签名印章了。不过，纸张过于昂贵，印刷图书也就没什么利益了。另外，如果采用印刷，那些抄写员则可能因此而失业。那些被安排于图书馆的抄写员，因为抄写而获利不菲。这些人都来自于贵族阶层，一般的人是没有机会到这里来工作的。

因为这种种原因，托勒密与他儿子的行为，使明亮的科学之光芒所照射的范围非常小，除了学者这一小撮人之外，其他人都没有看到。这种光芒如同暗夜中的油灯，虽然近的地方很亮，可是超出了范围便完全没有作用了。那些生活在知识光芒之外的普通人，根本不知道改变未来世界的知识种子已经被那一小撮人种了下去。所以，科学这颗种子一直生活在黑暗之中，持续时间长达 1000 年之久，就连亚里士多德的思想也在这黑暗中沉默着。不过，只要是种子，它总有一天会萌芽。当若干年，甚至几个世纪过去之后，科学探索的精神终被唤醒，而人类，也终将得到科学的传播，进而改变生存的现状与思想。

在公元前 3 世纪这一时期，并非只有埃及才发展了这种有关科学的探索精神。亚历山大的庞大帝国被分成多个城邦，在其他城市也同样产生了精神文明这一产物，比如希腊人的叙拉古，有记录显示，科学文明及思想在此保持两个世纪之久。而佩尔加蒙城也曾建有很大的图书馆，可惜的是，这种希腊人的文明最终毁于北方人的手中。那些北欧的高卢人从外面一路掠夺而来，对文明的城市进行摧毁。他们走了没多久，罗马人又接踵而至。虽然罗马民族的人们具有一定的智慧与才能，但他们却不将科学以及艺术这种精神文明放在眼里，在他们看来，利益才是最重要的，他们完全不提倡想象力。除了以上两个种族，中亚的柏堤亚人也骑着马前来掠夺，他们将印度与西方进行切割，将塞琉古王朝纳于自己旗下。柏堤亚人骑术、射术了得，他们曾在公元前 3 世纪对苏萨与裴尔塞波里斯进行征服，就如同米堤亚人、波斯人的做法一样。另外，在这些侵略者中，还有一个黑色头发，黄色皮肤，说蒙古语的民族，在后面，我们会对这一民族进行细致讲解。

第二十八章
释迦牟尼

现在，让我们把时间后退 3 个世纪，来了解一位著名的宗教人物的故事，他几乎让所有亚洲人的精神以及宗教思想产生了最本质的变化，这个人就是释迦牟尼。大概是在约书亚对希伯来人发表预言性演讲的同一时期，释迦牟尼已经开始在印度的土地上布道了，不过，他开始的地方应该是贝拿勒斯一带。他虽然与约书亚，甚至是爱菲斯学派代表人赫拉克利特[1]都出生在公元前 6 世纪，但他们谁也不知道对方的存在。

对人类精神文明而言，公元前 6 世纪是一个重要的时间段。在这一时期，世界所有人类的思想都受到新思想的冲击，包括下面即将介绍到的中国在内。此时，人们不再将祭司、残酷的祭祀仪式以及帝王权力视为绝对权威，而是就精神层面开始了敏锐的思考。如果 2 万年前为人类的“童年期”，那么，公元前 6 世纪便是人类“青年期”的开始。

有关印度初期的历史发展，现在并没有准确的说法。根据推测，可能是在公元前 2000 年的时候，一支说着雅利安语系的队伍对印度进行了征服，于是，他们的文化、传统就此在印度得到传播。事实证明，梵语就是在雅利安语系中演

[1] 赫拉克利特：以爱菲斯学说而出名，是富有传奇性的哲学家。

化而来的。这支最早挺进印度的征服者发现了印度河流域生活的肤色浅黑的民族，他们的文化虽然细致、多样，但却没有坚持的毅力。他们与希腊人、波斯人明显不同，喜欢独居一处，而不是与别族同处。其实，当印度的历史初具轮廓的时候，社会便已经被不同的等级细分开来。在他们的生活中有着各种禁忌，比如等级不同者不可以一起吃饭，也不能通婚，甚至不能有所来往，他们绝不能像欧洲、蒙古人那样随便与其他民族、人种通婚。这种等级制度一直是印度历史清晰可见的主线，并在后来演变为种姓制度，让自己的整个民族与其他国家形成鲜明的对比。

在喜马拉雅的山脚下，有一个不大的小国家，释迦牟尼就是这个国家未来的继承者。19 岁那年，他与自己的表妹结为夫妻。释迦牟尼每天所做的事，就是在自己的领土上四处游玩、狩猎。很快，他对这样的生活状态产生了质疑，觉得这根本就不是真实的生活，而是处于假期当中。所以，他想要换一种方式，过更有意义、更让人向往的新生活。

这些对现状充满厌倦、不满，对疾病、生死充满不安的想法，一直萦绕于释迦牟尼的心里。就在他每天为这些问题所苦时，他与一位游走四方的苦行僧不期而遇。在当时，印度有很多这样四处漂泊的苦行僧，他们的生活便是遵守僧人的戒律，每天对内心进行深刻反省，并不断追索宗教真谛的意义。也就是说，苦行僧的人生，是以寻找真切、深刻的人生意义而存在的，这正是当时释迦牟尼对自己人生的向往。

传说，正当释迦牟尼走在田野中，不断追索人生的意义时，有消息传来：他的第一个儿了诞生了。释迦牟尼听完，只说了一句："又一个新的束缚加在了我的身上。"家人、亲戚为了祝贺新生命的到来，特别举行了盛大的宴会。释迦牟尼回到家时，得到了所有人的祝福与恭贺。可是，当他晚上进入梦乡后，一种前所未有的痛苦让他从梦中惊醒，这种痛苦就如同听人告诉自己"你家的房子着火了"一样的感受。面对这样的痛苦，释迦牟尼终于下定决心，抛开已经拥有的一切，去追求更有意义的人生。他悄悄来到妻子房间的门前，在微弱的灯光中，他看到妻子与刚刚出生的儿子已经熟睡，一旁摆放着的鲜花娇艳欲滴。他忽然产生一种冲动，想要去抱一下自己刚出生不久的儿子。不过，他害怕这种做法会将妻子惊醒，于是，他最终咬咬牙，快步走出门去，骑上马不辞而别。

整整一夜，释迦牟尼都在马背上度过。至天快要亮时，他已经站在其他国家的领土上。他走到一条河边，用自己随身的宝剑剃掉了乌黑的头发，并将所有的随身饰品以及宝剑包成一个包裹，系于马背上，然后让马自己回家去。他漫无目的地前进着，不久遇到一个衣衫褴褛的人。于是，他将自己的衣物换给对方，而自己则穿上了破烂衣物。至此，他与往日的生活做了挥别，开始全身心去追求有意义的人生。释迦牟尼向着南方前进，在陡峭的温迪亚山上有隐居的贤者。在一个很小的山洞里，他遇到了几个靠乞讨维持生活的贤者。这些贤者在遇到求学问知的人时，便将自己的哲理口授给对方。不过，释迦牟尼当时已经对所有哲学门派都已经了如指掌，在他的智慧面前，这些人的哲理并不可能让他得到自己想知道的人生意义。

在印度，人们坚信，一切云游、绝食、不睡觉等自我折磨方法，都可以帮助自己得到强大的能力和智慧，释迦牟尼也想要通过这样的自我折磨来寻找有关人生意义的答案。于是，他与 5 个想要修行的人一起进入森林，开始了云游、绝食等自我折磨。很快，释迦牟尼的名字在人们中间传播开来。可是，这并不是他想要的结果，他觉得这并不能帮助自己得到智慧。这天，释迦牟尼在极度饥饿的状态下继续行走着，走着走着，他终因体力不支而晕倒了。等到他醒过来，也忽然明白了一个道理：想要靠着自我折磨获取真理不过是荒唐的行为。

至此，他重新正常进食，并不再做徒劳的苦行。这种做法让与他一起苦修的人惊讶不已，但释迦牟尼已经明白，不管要追求哪一种真理，人都必须要保证足够的精力与健康的体魄。这种认知对于当时的修行者来说，就如同“妖言惑众”，这使得追随在他身边的修行者纷纷离开，他只能只身开始人生意义的追索。

想要解决一个庞杂而重要的问题，其过程往往是极为漫长的，哪怕答案已经浮到了水面，也同样让人看不到希望，对释迦牟尼来说，同样如此。有一天，释迦牟尼坐在一棵树下，吃着当天的食物，突然就顿悟了，他知道了生命的意义是什么。传说，在那之后，释迦牟尼坐于树下，日夜不停地思考。很久之后，他才从树下站起来，并将自己顿悟和思考出的真理讲给他人听。

首先，他回到最初修行的地方——贝拿勒斯，找到了曾与自己一起修行的5个人，将自己顿悟出来的教义一一讲给他们听，很快便得到了这5个人的重新追随。于是，他们在这里修建了自己的房子，还为前来追问真理的人特别创建了一所学堂。

释迦牟尼的教义完全是通过自身经历而总结出来的："作为一个幸运的人，我为什么得不到内心的快乐？"这个问题是一种自省，这和那些对宇宙进行研究却不关注自身感受的学者并不相同，与希伯来人的犹太精神也不一样。释迦牟尼作为印度人民的精神引领者，从没忽略自我感受，甚至时时处于对自我、消灭自我的思考之中。在他看来，人生一切的苦恼皆来自于贪念。一个人除非克制自我贪念的产生，不然，注定是要一生痛苦的，其结局也注定凄惨。释迦牟尼将人的贪念划分为3个不同的种类：一是来自于物质以及感官的欲望，比如吃、穿、金、银等；二是来自于自私、长生的欲望，比如利己、贪生等；三是来自于名利、成就的欲望，比如职位、成果等。对于人来说，这些欲望都代表着罪恶，想要生活避免不幸，就要对它们进行克制。当一个人将贪念克服，将自我消灭，内心就会得到快乐，自身则进入重生的境地。

这是释迦牟尼形而上学的思想，也是他所传播的主要教义重点，特别玄妙。同希腊人勇敢、正义的思想相比，与希伯来人团结、敬畏的精神相比，释迦牟尼的真理无疑要更加让人难以理解。哪怕是受到释迦牟尼亲自点化的徒弟，也不能完全领悟其中的主旨。因此，在他自身魅力被削弱之后，这种教义便受到他人的误解。当时的印度一直有这样的说法：每经过一段很长的时间，总会有一位智慧的人出现，即佛陀的化身。在释迦牟尼的徒弟们眼中，他便是佛陀的化身，而且，还是最后一位佛陀。不过，历史没有任何记录，表明释迦牟尼认可了"佛陀"这一称谓。但有关他的传奇，哪怕在他还没去世时，就已经四处流传了。这些被加入了夸张成分的传奇故事比起他的教义更有意思，更容易让人们牢记。因此，释迦牟尼的名字慢慢变成了十全十美的代名词。

不过，就算这样，释迦牟尼的教义仍旧为人类留下了一些有关人生本质的答案。假如重生对普通人是玄妙而不存在的，假如释迦牟尼本为凡人，是印度人出于生命的平淡而进行的刻意夸张，那么，人们至少从释迦牟尼所提倡的“八正道”教义中，找到了其主旨所在：正确的语言、正确的行为、正确的目标、正确的观念、正确的态度、正确的精神以及正确的积极意识和正确的忘我目的。

第二十九章
阿育王

释迦牟尼克制自我贪念的伟大教义在最初被提出并传播的时候，并没有多大影响力，甚至在他死去后的若干年中，也没有得到人们普遍的认可及奉行。可是，这种教义却在后来成功得到了一位世界上最伟大帝王的认可。

之前我们说过，亚历山大曾经到达印度边境，并与印度人进行了战争。在这之后，希腊历史学家们开始流传一种说法：当时有一个叫作旃陀罗笈多的人，他向亚历山大提出，从恒河入境印度，从而征服这个国家。不过，亚历山大与他的将领们因为对印度缺乏足够的了解，所以断然回绝了这个建议。公元前 321 年，旃陀罗笈多在一些山地部落的拥护下，在印度的北部建立了属于自己的国家。至公元前 303 年，他带人马向旁庶普发兵，希腊人就此被驱逐出印度领地。随后，在旃陀罗笈多以及其儿子的努力下，自己的小国家逐渐得到扩展。至公元前 264 年，旃陀罗笈多的孙子阿育王继承王位，国家的领土已经由阿富汗扩展到了马德拉斯边界。

最初，阿育王也想像自己的父辈、祖辈一样，通过武力来取得印度半岛，为自己的国家开疆拓土。于是，他在公元前 255 年，第一次带军队对羯陵伽进行攻打。虽然他的部队最终打了胜仗，可是他亲自经历了战争带给人类的杀戮和悲惨，所以他没有再继续其他统治者的征服式战争，而且决定从此不再进行武力征服。因此，他认可了佛教有关和平的教义，对所有人说：以后的征服将不再是对领土的占有，而是对人心的获取。

阿育王掌权 28 年，而这 28 年时间便成了人类历史上最为祥和、繁荣的时段。在印度，他不但注重树木的保护，还种树、挖井，同时建立医院、种植草药、修建公园，并专门为印度土著居民和其他隶属民族成立了政府保护机构。在他的领导下，国家开展女性教育制度，大力发展佛教布道。当时流传于民间的很多教义，后来被别有用心的人加入了不实、迷信甚至荒唐的内容，所以阿育王拨专款鼓励传道者对经书进行整理、收集、研究甚至是批判。不仅如此，他还特别派传教士去往别国传播佛教教义，比如波斯、喀什米尔、亚历山大等地都曾有他派出的传教士。

这就是与众不同的阿育王，他的进步思想已经完全超越了当时所处的年代。不过，可惜的是，阿育王没有儿子，而当时的印度现状，也没有谁或者哪个团体能继承这一伟大的繁荣盛世。所以，阿育王死后 100 年左右，印度开始衰退，并逐渐分裂开来。

种姓制度是印度的传统制度，而在这些种姓中，婆罗门又是势力最大，身份最高的一个阶层。但他们一直对佛教教义有所抵触，完全不能接受佛教提倡的公平、正直。所以，阿育王死后，婆罗门开始用尽方法减弱佛教对于人们的影响。如此一来，那些曾经被摒弃的旧有教别又死灰复燃。这让印度国内阶层分化变得更加明显，而且情形微妙。很长一段时间里，婆罗门与佛教势力相当，且都发展得不错。但随着各种婆罗门教的兴起，佛教明显被弱化。虽然佛教不断被弱化，但传播并没有停止脚步，它被印度边疆以及其他国家所接受，比如中国、缅甸、日本、泰国等。直到今天，佛教在这些国家的地位依旧不容小觑。

第三十章
孔子和老子

下面，我们要对中国的两位圣人进行介绍，他们分别是孔子和老子。这两位圣人，就生活在人类历史的“青年期”，即公元前 6 世纪。

我们到现在还没有真正对中国早期的历史发展进行过介绍，但这种历史到现在也并不明确。我们只能寄希望于那些考古学家以及探险家，但愿他们能够像解读欧洲历史那样，来对中国早期的历史发展进行全面了解与整理。对于现在的中国来说，其最早时候的文明应该起源于黄河流域。中国文明与苏美尔以及埃及文明相似，都有着日石文化的特点。遥远的原始时期，中国人的部族是以祭坛为中心的，君主兼理祭司职务，在祭坛进行季节性的祭祀仪式。那时最早的城市生活，可能与 1000 多年前玛雅人的相差不多，同时与六七千年前的苏美尔人以及埃及人也相似。

最初，中国人的祭祀也是以活人为祭礼的，但进入有史记录之前，便早改为了动物祭祀的习惯了。早在公元前1000多年之前[1]，文字已经在中国出现，那就是象形文字。中国文明的发展也经历了北方游牧部落的不断侵略，这与欧洲西亚文明发展受到其他游牧民族侵略的发展过程几乎一模一样。那些习惯侵略他人

[1] 公元前1000年的时间只是推测，考古发现，公元前2000多年的时候，中国已经出现了象形文字。

的游牧民族，其生活方式和所使用的语言都有相似之处，将他们的出现进行排序，可以得出这样的结果：匈奴人、蒙古人、土耳其人、鞑靼人。这些游牧种族总是处于反复的分化、混合过程中，就和日耳曼人差不多。所以，游牧民族的变化最多只是名称的不同，而实质却没多少改变。

最早使用马匹的游牧者，应该是蒙古族。公元前 100 年的时候，他们已经发现了铁矿的存在。于是，这些生活在东方的游牧民族最终取得政治上的合并，开始以征服者的身份向文明区域进军并定居。

对于最早的西方文明来说，他们并不是闪米特人文明，也不是日耳曼人文明。而中国最早的文明，应该也不会是蒙古人的文明。根据推断，中国早期的文明大概来自于浅黑色人种，这和苏美尔、埃及等文明是一样的。有历史记录显示，中国文明在初期便拥有了征服与混合的经历。至公元前 1750 年左右，中国已经有了非常庞大的国家体制，它们由城邦、诸侯组成。诸侯们各守自己的城邦，但必须臣服于拥有祭司权职的皇帝，按期向皇帝进贡。公元前 1125 年，商朝结束，而周朝迅速崛起，并把持着中国统一的政权，虽然周朝的力量并不是很强盛。周朝存续的时间，刚好是阿育王统治印度、托勒密统治埃及的这一段时间。周朝灭亡之后，中国的领土被分裂开来。那些臣服于皇帝的诸侯相继独立，中国境内多个诸侯国成立。此时，匈奴人正不断发起侵略，并且拥有了自己的领土与子民。根据对中国历史有所研究的专业人士的说法，在公元前 6 世纪的时候，中国境内约有五六千个诸侯国。中国历史上的春秋战国时期，也就是指这一时期了。

虽然各国都会经历战争、变化，但文化交流却是自由的，同时，区域性的文明、艺术也层出不穷。当我们对中国历史有所了解之后，就会发现，在中国，同样有着马其顿、雅典、佩尔加蒙等这样具有精神文明的城市。不过，我们对这些知识了解得还不够全面，至今还没能进行全面整理，只能这样大致进行说明。

早期中国的分裂，让一些具有学识、懂得哲理的文明人物相继出现，这就如同希腊、犹地亚等国家因为被征服而出现先知是一个道理。因为连年的争战，因为生活的不安定，激发了学者的智慧思想。孔子就是这样，他出生在一个富裕的家庭，而且曾经做过鲁国的官员。后来为了给年轻人传播知识，他还办起了学校。对于当时纷乱、缺少秩序的社会状态，他非常不解。所以，在政治、生活各方面，他都进行了理想建构。为了让自己的建构成真，为了找到一个肯接纳自己思想并极力去实施的国家，他开始在各诸侯国之间进行游走。不过，孔子并没有如愿以偿，没有哪位君主想要按他的思想去治理国家。虽然他也曾经遇到过赞同自己思想，并有一定理想的皇帝，可最终，还是因为皇帝听信奸佞者的进言，而让他的理想建构化为了泡影。历史非常有意思，柏拉图在一个半世纪之后，就很幸运地遇到了这样愿意听从自己意见的迪奥尼修斯国王，最终他成了西西里岛叙拉古国的政治顾问。

孔子的一生非常不幸，他生不逢时，生活贫困，最终于郁郁不得志中离世。孔子死后，其主张与思想在中国精神文明的发展中得到认可，并成为引领整个中华民族精神的伟大起源。儒教被中国人称为“三教”之一，而其他两教，则分别是道教、佛教。

孔子的思想主旨在于圣人君子之道的传播。他将精神修为看作个人的重要部分，这和释迦牟尼的教义主旨相似，与希腊人对精神的认知坚定不移相近，与希伯来人坚持追求真理相同。在所有的人类文明倡导者中，孔子是最看重公众精神的人。他因为人民生活的动荡和世界的不安定痛心不已，为了改变这个现状，为了让世界变得秩序、谦和，他极力主张人类应该从自身开始，加强修为的培养。他教诲人类，应该对自己的行为有所把持，认为社会生活应该有着全面而完善的秩序。在他看来，一个堪称君子的人，必须要严于律己，并心底无私、言行知礼。也正是因为如此，君子应有的高大形象就这样出现在人类心目中，并成为中国人一生追求、苦修自我的最终人生目标。

老子出生于春秋时期，曾于周朝国家图书馆供职。相比孔子思想，老子的思想更加难以理解，也更富有模糊、玄奥感。但他思想的主旨大意是让生活于世俗中的人们，时刻保持对名利的淡泊态度。这与斯多葛主义[1]有所相似，即追求简洁、淡漠的生活态度。老子创作的作品虽然文字不多，但理解起来却并不容易，有如猜谜一样。他死之后，他的学说因为不能被人理解而产生曲误，也因此，老子学说被赋予了神秘、教条的色彩。这与释迦牟尼的教义有相同的遭遇。人类精神文明的“童年期”所产生的思想以及那些荒诞不经的传说，与后来人类“青年期”的新思想相比，总显示出矛盾。于是，人们会给这新思想加入很多并不合理的甚至奇怪的旧仪式混合，印度曾经如此，中国也是这样。现在中国的道教、佛教，同样是带有寺庙、僧侣、祭祀等内容的宗教样式。即使它不体现在精神上，但形式也和西方早期旧宗教的风格相似。但孔子的思想与它们不一样，其内容明确，语言清晰，目标直接，后人理解起来更容易一些。

在中国，对孔子与老子的认可带有地域性。通常，黄河流域，即北部地区，对孔子更加拥护。而长江流域，即南部地区，则对老子更有感情。这让南、北人民之间，形成鲜明的精神冲突，也就是地域冲突，甚至是北方人、南方人性格、为人方面的特征冲突。

公元前6世纪的中国，其内部分裂达到最尖锐时期，周朝逐渐没落，国家权威消失于无形。老子就在这时辞去了自己的职务，隐居于乡间，过起淡泊的生活。

那一时期的中国，齐国、秦国、楚国三国国力最强，而齐、秦两国居于北方，楚国则居于南方。这些国家都想要扩展自己的领土、强大军队，于是，齐国与秦国结为友好邻国，一起攻打楚国。很快，楚国不敌两国兵力，只得屈服于两国，并将自己国家的武力解除，从而走向和平。随后，秦国国力不断壮大，至阿育王统治自己国家的时期，秦国已经将周朝的权力据为己有，与此同时，秦国君主嬴政，成了中国历史上第一位称霸于全中国的帝王。

秦始皇嬴政相比亚历山大应该要幸运得多。他在位36年，在他的治理下，

[1] 斯多葛主义，是古希腊哲学的一种，创始人为塞浦路斯的芝诺。

国家实现了真正的统一，而且中国也揭开了强大、昌盛的新篇章。秦始皇掌权时期，不但与匈奴人对抗，还依靠强大的国力，在边界修建了至今都让人叹为观止的万里长城。

第三十一章
罗马帝国

前面所说到的国家们虽然并不连在一起，并且隔着一座座的大山，但其文明的发展及程度却有着相似的地方。几千年来，“日石文化”传播甚远，从而成就了很多人们熟知的寺庙、祭司制度统治。而创造这种文明的，正是我们已经熟知的暗白人种。一直以来，游牧民族都根据季节变化而不断迁徙生活场地，那些与他们有所接触的原始文明，最终将他们的语言以及特点也进行了混合。后来，他们又统治并同化了原始文明，并在不断改进的过程中，让这一文明向全新的方向发展。对这种文明发展，曾经做出过贡献的人很多，他们包括闪米特人、伊拉姆人、波斯人、希腊人、雅利安人，等等。不过，因为埃及地区祭司制度的恒久不变，让侵略者很难对其进行同化。而中国则因生活在同一区域内的人种多样化，其文明受影响的程度便更深一些。势力强大的一方战胜势力弱小的一方时，不可避免地要对其文化进行破坏。不过，在毁坏的同时，他们也将革新、自由、追求的精神带了过去，并传播给当地人。他们对寺庙、宗教信仰有所怀疑，不相信人类的光明来自于它们。在这些人心中有着自己的统治者，这个人不是祭司，更不是神，而是种族中最有德行与智慧的人。

在公元6世纪之后，过去传统的思想最终被摒弃。这时，人们开始对新精神、新知识进行探索，对道德产生了追求欲望。这让读书、写字不再是祭司的专权，在那些统治者以及贵族之中，书写、阅读成了必要而且极易获得的能力。马匹也不再只是战争、庆典的工具，道路变得宽敞平坦，这让出门旅行的人方便很多，而运输业也得到了进一步发展。人们为了促进贸易，开始关注货币的铸造。

现在，我们要将落于中国这伟大国度上的目光转向另一个新出现的国家。这个国家非常重要，它将在人类历史的发展中起到极大的作用，它就是位于地中海的罗马帝国。

在这之前，我们没怎么介绍过意大利。在公元前1000年左右，意大利依旧处于人少、山多、树多的状态。雅利安族系后来在这里定居，并开始修建了一个不大的小城。这是个半岛国家，半岛的另一头就是希腊人的殖民地。裴斯茨姆城已经荒芜，在它的身上，可以看到希腊人曾经留下的野蛮行为。而半岛的中部地区则是伊特鲁里亚人，他们不是雅利安系族，但与爱琴人相近，曾经征服过多个雅利安种族。当罗马这个名字出现在历史上时，它也不过是台伯河边一个不起眼的小城而已。城市以商业为主，住的多为拉丁语民族。纪年表里记录着，罗马城是在公元前753年创建的，它比迦太基这个城市要晚出现50年，而比奥林匹亚运动会则晚出现23年。可是，考古学家在挖掘、考证过程中，在罗马广场遗址中出土的伊特鲁里亚人坟墓的资料中发现，罗马建成的时间要在公元前753年之前。

公元前510年，伊特鲁里亚人的统治者被罗马人驱逐，继而，罗马变成了贵族制共和国，平民受贵族的直接统治。当时的罗马共和国与其他贵族统治的国家没什么区别，不过是讲拉丁语而已。

在后来的几百年时间里，罗马共和国一直处于贵族与平民斗争的过程中，因为平民也想要为自己争取参政与自由的权利。其实，希腊历史中也有这样的事发生，希腊将它称为普通人与贵族的政治斗争。经过斗争，罗马平民为自己争到了平等的社会地位，他们也可以享有很多贵族才能拥有的权利。不仅如此，罗马人剔除了自己的排外思想，这让罗马城的人口不断增加，更多的外来人成了罗马居民。虽然当时的罗马国家仍旧处于内斗当中，但它向外扩展的行为却从没有停止过。

从公元前5世纪起，罗马就不断向外扩展领土。不过，对于伊特鲁里亚人，他们总是无计可施，有时，就连在自己城边的伊特鲁里亚人的小城市也没办法占领。这种状态持续到公元前475年，伊特鲁里亚人的船队被希腊人全部摧毁，士气大打折扣。就在这时，具有北欧血统的高卢人也对伊特鲁里亚人发起侵略。受到高卢人、罗马人前后攻击的伊特鲁里亚人很快便一败涂地，从此在人类历史中彻底消失了。于是，伊特鲁里亚人的威伊城被罗马占领。但没过多久，罗马便受到高卢人的侵略，城市财富被洗劫一空，而且整座城市被大火焚烧，正是这场高卢人放下的大火，将有关罗马城的一切起源、发展等资料几乎都烧得一干二净。

不过，这并没有让罗马人失去生存的勇气，甚至更加激发了罗马人强大起来的决心。公元前3世纪，罗马重新扩展自己的区域，边界由阿尔诺一直延伸到意大利中部。罗马人对意大利的攻占，是与亚历山大征服埃及、印度和菲利普征服马其顿、希腊属于同一时期的。可是，当亚历山大建立起来的伟大帝国分崩离析时，罗马帝国却一跃成了世界为之瞩目的国家。

罗马的北面是凶悍的高卢人，而南边则是希腊人的殖民地。罗马人为了防御国家安全，在边界进行堡垒、要塞的修建。这让居住在西西里岛及搭兰托姆等处的希腊南方城邦受到不小的威胁，他们开始寻找依靠者，以预防罗马随时都有可能发动的侵略。

之前，我们已经说了亚历山大帝国的分崩离析。在瓜分这个国家的统治者中，有一个是亚历山大的亲戚，名叫皮洛士。他在瓜分到亚历山大的一部分土地后，将其扩展到意大利半岛希腊殖民地的边界，也就是版图上希腊的“脚跟”处，并创建了属于自己的埃皮鲁斯王国。不过，皮洛士是个贪心的统治者，他很快就开始计划，想要对叙拉古、泰坦图等小城进行征服，从而成就像亚历山大一样的丰功伟绩。皮洛士的兵力很强，其装备也非常精良，甚至还有骑兵以及一支由20多头战象组成的队伍。公元前280年，他开始侵略意大利，并在第二年将罗马军队赶去了意大利北部地区。随继，他又开始朝西西里岛进军。

但是，皮洛士在这里遭遇了比罗马军队厉害很多的抵抗大军，那就是迦太基城的反抗。迦太基之所以出兵，就是因为它与西西里岛为近邻，皮洛士队伍的到来，让迦太基人大为不满。与此同时，亚历山大也曾经因为攻占西西里岛而让迦太基受到损害。迦太基人很不希望再出现类似的事情，所以果断与罗马军队进行了联合，同时，还在海上派出舰队，对皮洛士的部队进行打击。罗马军队很快从北部卷土重来，并在贝尼温陀与皮洛士展开对战，最终以胜利结束。

刚刚打了败仗的皮洛士，忽然收到国内送来的消息，说高卢人已经朝他的国家进攻了。这是因为罗马人修建的防御堡垒和要塞让高卢人完全无法攻占意大利，于是，他们只能向皮洛士的国土发起进攻。皮洛士此时等于腹背受敌，他不得不停止对西西里岛的征服，于公元前 275 年回到自己的国家。而罗马部队则趁皮洛士无心应战的机会，将自己的边界扩展到了墨西拿海峡。

墨西拿是希腊的一个城市，就在西西里岛上，它的统治者是一群无名的海盗。其实，这个地方是迦太基人的领土，他们于公元前 270 年和叙拉古联合，占领这一海岛，并留下了一队人马进行驻守。海盗们的兵力完全不敌迦太基人，因此向罗马求救。罗马人对迦太基人一直有所忌惮，同时也很忌妒，所以，他们答应了海盗的请求。就此，罗马与强大的迦太基发动了隔着墨西拿海峡相对峙的战争。这场战争一直酝酿到公元前 264 年，才真正被打响。

第三十二章
罗马与迦太基的战争

罗马人一直将迦太基的腓尼基人称为布匿人，至公元前 264 年，双方开战之后，罗马人便将这次战争称为布匿战争。也就在布匿战争爆发的这一年，阿育王继承了父亲的王位，统治印度；而秦始皇已经有了自己的第一个孩子；高卢人正不断向佩尔加蒙人施压；亚历山大城的科学研究也进行得如火如荼。按当时的地理位置来看，每个国家之间距离都很遥远。所以，虽然罗马帝国与迦太基之间这场长达半个世纪之久的战争，一度波及地中海、意大利、西班牙等多个地区，但有些国家还是对此完全不了解，甚至没有听说过。

不过，布匿战争的发生，对现在世界的纠纷有直接影响。罗马帝国在这场战争中，最终以胜利者自居，但这让闪米特种族与雅利安种族之间形成很大的仇视，以致后来变成了非犹太人与犹太人之间的矛盾。对于这一事实，本书接下来很快就会进行介绍。这件事的结果以及人们所产生的认知错误，对现在仍旧存在的矛盾和看法，一直影响深远。

公元前 264 年，布匿战争第一次打响，原因就是上章说到的墨西拿海盗求救。两国之间的战争很快升级，以至于让整个西西里岛全部进入战争状态。迦太基人海上优势明显，因为他们有大型的 5 层桨战舰，战舰带有大大的撞角。大约在 200 年之前，撒拉米斯战争里就有这种战舰，不过当时还是 3 层桨。罗马人初战时，并没有这种船只，对于海上争斗也缺乏经验。但后来，他们得到了一艘迦太基人被搁浅于岸边的 5 层桨战舰。很快，他们便凭着自己聪明的头脑以及敢于动手的勇气，用短短的两个月时间，打造出了属于自己的 5 层桨战舰，数量约有 100 艘；同时，他们还打造了 30 艘 3 层战舰，这让罗马人在极短的时间内拥有了自己的海上队伍。他们专门为战舰训练了专业的水手，另外，他们还根据迦太基战舰具有巨大撞角的特点，设计出一种可以随时收放的吊桥，称之为乌鸦座。当迦太基战舰利用撞角朝自己撞击时，罗马人就放下乌鸦座，通过它跳到迦太基人的战舰上，从而直接进行面对面的近距离拼杀。对于罗马人来说，这种战斗方式是他们最擅长的。虽然乌鸦座的发明并不复杂，但非常好用，它直接加速了战斗进程，并轻易改变了世界未来的发展。

公元前 260 年，罗马帝国与迦太基又爆发了米勒战争。这是一次海上战争，罗马人第一次在海上赢得了迦太基人，直接摧毁或者据为己有的迦太基战舰达 50 艘。又过了 4 年，两国之间引发埃克诺米斯海战。这是古代海战历史上被视为“最大”的海战，两个国家总共投入战舰七八百艘。但对迦太基人来说，似乎并没有汲取以往战败的经验。在谋略上看，他们原比罗马人有优势，完全能战胜罗马的战舰队。但罗马人发明了可接触的乌鸦座，这让迦太基直接损失 94 艘战舰之多。后面的过程，胜负虽不可预见，但罗马人主动、灵活、团结的个性被突显出来。当埃克诺米斯战役结束之后，罗马人就通过海上征服的方法，朝非洲发起了挑战。他们只派出一支力量并不大的队伍来辅助海上队伍，轻松取得了胜利，将距迦太基还不足 10 英里的突尼斯据为已有。虽然，这之后罗马舰队因为暴风雨损失惨重，但他们只用 3 个月时间，很快就重新修造了 220 艘战舰，从而再次成为海上霸主。

公元前 251 年，罗马帝国征服巴勒莫，并在战争中获取了迦太基的 104 头战象。这些战象后来被罗马人视为不可一世的战利品，在举行凯旋庆祝时，全都被赶到了罗马广场上展示。很快，罗马人对西西里岛要塞利利贝乌姆所剩不多的迦太基人进行攻打，但这次以失败告终。公元前 249 年，他们又在德雷帕努姆展开海战。这一次，罗马人的第二舰队战败，致使180艘战舰损毁。就在同一年，罗马人的第三舰队以及用来运输的800艘战舰，或因战败，或因暴风雨而全部被毁。

后面长达7年的时间里，罗马与迦太基都奔波在持续不断的战争中，因精力不足，双方均采取不主动的对战状态。在这一时段，迦太基人的海上优势是一直存在的。至公元前241年，罗马人又打造了一支200艘战舰的海上军队，并用自己最后的力量，在埃加迪群岛一带，将迦太基人海上的军队彻底打败。至此，迦太基人已经没有再战下去的能力，只好在公元前240年臣服于罗马帝国。迦太基臣服的条件就是：罗马帝国拥有西西里岛统治权。所以，当时除了叙拉古国的土地，整个西西里岛全部并到了罗马的统治范围之内。不过，西西里岛并没有像意大利那样被罗马同化，它只是罗马帝国的一个行政省市，每年按照被统治者的传统，定期向罗马进贡。当然，除了进贡，迦太基人必须要付给罗马帝国一笔高达3200塔兰特[1]的赔款，这笔款项，需10年之内还清。

之后，两个国家都因内部问题的产生而居于现状，进而保持和平相处状态，时间长达22年。只不过，这一段时间虽然是和平的，但两个国家却都没有任何发展。罗马帝国位于意大利的地区不断遭受高卢人的侵袭，这让罗马人产生了“活人被当作祭品贡奉神灵”的巨大慌恐感。不过，高卢人很快被打败了，罗马帝国统治权得到提升，其边界也延伸到了伊利里亚。此时的迦太基却因为内乱，导致国力不断被消耗。罗马此时再次出动兵力，将迦太基产生叛乱的科西嘉、撒丁两岛收服，并据为己有。

回看第一次布匿战争，它不但是两个国家实力的对比，更是对国力的考验。如果两个国家中的一方能够冷静点，又或者罗马能大度些，后面的战争都不可能展开。但罗马人天性如此，他们习惯征服别人。所以，他们可以在没任何合理借口的情况下，就将迦太基的岛屿占有，而且还单方面要求对方将赔款又增加了1200塔兰特。按当时的版图，西班牙境内埃布罗河北面的地区都属迦太基所有，

[1] 塔兰特，当时流通的货币，3200塔兰特相当于现在的2300万美元。

而埃布罗河以内的地区则为罗马所有。罗马人这样宣布：“所有的迦太基人，不论是谁，只要跨过埃布罗河界，就意味着向罗马宣战。”迦太基国内只有一个比较有实力的派系表示愿与罗马进行和解，而其他人则保持着对罗马的仇恨，并不想屈服。

公元前 218 年，迦太基对于罗马人的一再滋事忍无可忍，以将领汉尼拔为首的迦太基人公然跨过埃布罗河。他们一路进入意大利，说服当时的高卢人，两处联手对罗马进行抗击。于是，第二次布匿战争就此打响，这一次，时间持续了 15 年。迦太基队伍在意大利境内的战争，几乎都以胜利结束，罗马部队被他们打得连连后退。很快，罗马就派了人马，在马塞登陆，将迦太基军队与西班牙分成两段，让他们得不到及时的补给。如此一来，汉尼拔便失去了继续攻打罗马城的可能。就在这时，迦太基国内又发生了叛乱，汉尼拔只好放弃攻打罗马城，回到非洲境内的迦太基城市。罗马帝国则立刻派了西庇阿对该城市进行攻打，汉尼拔于扎马被打败。至此，第二次布匿战争结束了，罗马取代了迦太基在西班牙境内城市的统治权。同时，迦太基人必须要将汉尼拔交由罗马人处理，并赔付巨额战争赔款。不过，汉尼拔并不甘心送死，他离开迦太基逃去了非洲。后来他想要联合其他国家对罗马进行还击，但最终失败了。为了不被罗马人侮辱，他选择了自杀。

自第二次布匿战争之后，56 年的时间里，罗马与迦太基保持着和平。在这段时间，罗马不断扩大领土，整个希腊都成了罗马的势力范围，小亚细亚、塞琉古王朝都被他们统治。与此同时，埃及、贝加蒙和其他一些小国家，也迫于罗马的压力，而与之成为“同盟国”。这种同盟，按现在的理解，就是小国家接受罗马帝国的保护。

迦太基国虽然因为战争而消耗了大量的国力，但经过几十年的恢复，已经又悄悄重新昌盛起来。这让罗马非常忌惮，他们还没有忘记，在第二次布匿战争中，自己的罗马城差点儿被迦太基攻占。所以，罗马人对迦太基提出新的要求：从迦太基港口城市搬到北非内陆去。对这样无理的要求，迦太基当然不同意。于是，公元前 149 年，罗马帝国又一次与迦太基爆发了战争。这一次，罗马派了大量部队，将迦太基城团团包围，并最终攻占成功。这场战争持续了 3 年时间，当迦太基城沦陷之后，迦太基人开始与罗马人进行巷战。这让大量的迦太基人被杀，至罗马彻底占领迦太基城时，原本有 50 万人口的城市，只剩下不到 5 万人。这些活下来的人全都沦为了奴隶，而迦太基城则被罗马人一把大火化为灰烬。不仅如此，焚烧之后，罗马人还在废墟上用耕地的犁翻过，从而宣示迦太基城的彻底灭亡。另外，他们对这块土地进行最恶毒的诅咒，说不管是谁，凡是想要重建迦太基城的，都会受到上天的惩罚。第三次布匿战争，就这样在迦太基覆灭的情况下结束了。

到现在，闪米特人在 500 年时间内建立的城市、国家，只剩下一个犹太国。这时的犹太国已经在麦卡贝王的带领下，开始了新的生活。他们对于《圣经》的编著也已经完成，而犹太传统也得到了确立。那些分布于各地的迦太基人、腓尼基人以及与犹太人有着亲缘关系的民族，因为相通的语言，所以在《圣经》中找到了他们相联系的共同点，也看到了勇气与希望的存在。这时的他们，多以商人的身份，或者是旅行者的身份，游走在世界各处。因此，与其说世界上的闪米特人彻底消失了，倒不如说他们已经重新混合于世界之中去了。

对于犹太人来说，耶路撒冷不仅是中心，更是民族教派的标志。罗马人在公元前 63 年将这一城市征服，他们将犹太人赶出去。至公元 70 年，罗马人再次对耶路撒冷进行征服，并对庙宇、城市建筑进行大肆破坏。进入公元 132 年，犹太人奋起反抗，致使整座耶路撒冷城被罗马占领。不过，后来罗马人在耶路撒冷的旧址上，建起了自己国民信奉的神庙，用来贡奉罗马神朱庇特，而且严格规定，不许犹太人在这个城中定居。

第三十三章
不断扩张的罗马

用时一个世纪进行崛起的罗马帝国，现在已经成为整个西方的统治者。不过，它与之前统治过西方世界的国家不同。第一，罗马帝国不是靠着一个统治者崛起的，它不属于君主制帝国；第二，罗马不是第一个以共和体制进行治理的国家。早在雅典时期，就曾有一些附属国与同盟国受雅典统治。而迦太基在未曾没落之前，也是控制多个地区与岛屿的国家。不过，罗马帝国的共和体制是第一个不曾被毁灭的政权，它始终在不断向前发展着。

之前出现的共和体制国家，多以埃及、美索不达米亚一带为中心，但罗马则更向西方靠拢，其中心位置的变化，保证了罗马将更多人带入到文明的国度。这时的罗马，势力不断壮大，西班牙、摩洛哥、匈牙利、比利时、英国、法国甚至是俄罗斯南部，都归罗马统治。像波斯、中亚这样遥远的地方，罗马则完全不对其进行扩展。所以，罗马帝国内的子民除了包括几乎全部的希腊人之外，还包括北欧雅利安系族。而在他的国家范围内，闪米特人、哈姆特人都已经少之又少，可以说比之前所有帝国统治时期都要少。

在后面的几百年时间里，罗马并没像其他帝国那样慢慢出现衰退。与之相反的是，罗马的国力正在持续增强，发展不断向前。之前波斯帝国以及米堤亚种族的后代，总会慢慢被巴比伦同化。这导致统治之位包括祭司、庙宇等重要职位，最终都被巴比伦人占有。亚历山大及他的后来者也是如此，比如塞琉古王朝的统治者，不久便被尼布甲尼撒同化；托勒密的统治，很快被埃及同化，甚至是闪米特人，同样被苏美光尔文明同化。但是罗马却不是这样，他们的帝国统治持续几个世纪，而他们所保持的，始终是自己那一套管理方法。公元 2 世纪～ 3 世纪前，唯一对罗马文化有过影响的，只有希腊这个近亲族系。应该说，罗马是世界上第一个试图用雅利安旧有传统对国家进行治理的帝国。这种模式是前所未有的，所以，罗马在本质上讲，应该算作被扩张的雅利安共和国。之前那些靠着一个人征服，然后围着各种供奉神明的庙宇进行城市建设的方法，对罗马是完全不适用的。罗马人的神，大部分都是些拥有人身兽头的贵族，这是神圣、永恒的代表。在他们对神明进行祭祀时，也表现着残酷的鲜血现实，有时甚至会用活人祭祀。这种传统，就是沿用的特鲁里亚人的祭献方法。好在，罗马帝国不管是鼎盛时期，还是没落时期，神明与祭司都没有在国家发展中成为主要统治方法。

罗马人之前并没有特别细致的计划来帮助国家持续发展，他们似乎在自己毫无预知的情况下，最终完成了一次让人不可思议的帝国管理试验。当然，这个试验是失败的，因为罗马帝国最终还是灭亡了。但罗马帝国对国家统治及管理手法，与其他帝国相比，都有不小的变化。罗马帝国在 100 年之内所产生的变化，便足以比埃及、美索不达米亚等国用 1000 年时间来发展的变化还要大。可以这样说，罗马帝国是一直处于变化当中的，固定模式不是它的发展模式。

前面说，罗马帝国的试验是不成功的，但也可以这样认为，罗马帝国的试验根本就没有完成。因为到现在为止，美国以及欧洲一些国家仍然在循着罗马当初最早，且深具前瞻性的统治方法进行探索。

我们必须要牢记：罗马帝国对国家进行治理的这段时间，不只是政治发生了极大的改变，社会与道德方面同样产生了巨大的改变。所有将罗马政治看作稳固、完善、完美、崇高，并具有绝对思想的看法，真的不正确。譬如，托马斯·巴宾顿·麦考利作为英国的一个历史学家、政治家，就公然在《古罗马之歌》中将罗马特有的人物（恺撒、西庇阿等）和社会活动（角斗、演讲等）视为最神圣、崇高、悲壮的事。但现实是，这些题材是不应该拼于一起来看待的，它们之间各有不同，而且有的差别还非常大，这就如同伦敦在威廉一世时期与现在的对比一样。

就罗马帝国的发展来说，我们可将其历史分为 4 个时段。第一时段应该从公元前 390 年开始，一直到第一次布匿战争结束。这是罗马被同化的共和阶段，是其历史中最为与众不同，但最为美好的时段。这一时段，贵族与平民之间多年的矛盾得到调和，来自伊特鲁里亚人的侵袭也完全结束。国内的人民，生活虽然不是很富足，但却没有饥饿困顿。罗马就是一个共和国，农民是国家的主体，而大部分罗马人都拥有很鲜明的道德观念。这与 1900 年的南非布尔共和国相似，又或者很像 1800 ~ 1805 年美国北方一些州的样子。最早时期的罗马，不过是个不足 30 英里的小城，它与比自己强大的国家，向和自己有亲缘关系的国家进行挑战，就是想要得到合作，而非实际上的摧毁。经历了几个世纪内乱的罗马人，精神中有着强大的忍让能力及妥协心态。被罗马征服的城邦，其政治上拥有同样的选举权，而自治的城邦则拥有与罗马人通婚以及经商的权利。罗马城会派人马到要塞进行驻守，在征服的国家内发展殖民地，让罗马人在那里取得特有的权力。同时，罗马人修建了通往各处的道路。而意大利人，随罗马势力的不断扩展，最终被同化，及至公元前 89 年，全部成了罗马市民。也就是说，罗马城因此而得到进一步扩大。公元 212 年，罗马的所有市民都享有平等的投票表决权。

管理起来比较容易的城市，最早拥有了罗马市民享有的权利，这种权利最终达到全国人民全都享有。正是这种方法，让被征服的人很快被罗马同化，而不是罗马被已经征服的地区同化。

当然，在西西里岛成为罗马统治下的地区后，这种同化在征服地区的管理中还继续有效。只不过，罗马也另外采取了新的治理方法，那就是罗马将西西里岛当成战后私有财产，分给罗马国中的贵族以及平民中地位比较高的人。而那些战俘则被当成了奴隶，带回罗马国使用。在第一次布匿战争开始之前，罗马大部分人都必须履行参军这一义务。如此一来，他们的田地就这样被荒废了，而那些奴隶的农业技术却因此得到提升。当罗马人从部队退役回到家中，才发现自己的农产品根本无法与这些奴隶所种植出来的农产品产生有力竞争。罗马共和体制的政策，因为时代的推移而开始变化。特别是西西里岛成为罗马的一部分之后，普通民众最终也被权贵者控制起来，这让罗马帝国随之进入第二发展时段，即贵族兴起的共和时段。

出生于罗马的农民，因为要享有与富人一样的自由以及国家政治权利，持续与国内贵族争斗了200年的时间。不过，这种争斗虽然取得了成功，却只拥有了100年时间。因为与伽太基人的第一次布匿战争让这些农民身心俱创，同时，花费200年时间得来的相对权利也没有了。

其实，罗马农民的选举权只有其名而无其实，这时的罗马内部政权先后可分两个阶段。最开始的时候，罗马政权实体由本国资历较高的一部分人掌握着。这些资历高的人就是罗马比较富有的人群，他们属贵族团体。但很快，这一权力就被罗马新起的大地主、富商、政治家夺走，这些人对国家的影响力比较大，他们形成了新的团体。之前那种贵族团体，与后来英国、美国的执政者更为相似。布匿战争结束之后的300年时间里，贵族团体一直是罗马的中心人物。而另一阶段则为罗马特色的平民集会，来参加这种会议的人，为罗马城全部居民。不过，这仅限于罗马还是一个不超过30英里的小国家时期，这时平民们能够行使自己参加会议的权力。但很快，罗马帝国的领土范围扩大，平民的集会权变为罗马所有平民的集会权，再召集全国人开会就变得不可能了。最早时期，罗马城还很小，开会时只要将罗马神庙或者城墙上的号角一吹，大家便应声而到了。但后来，这种行为却成了城内一些无赖以及政客的集会方式。公元前4世纪时期，这种会议可以对贵族团体产生一定的牵制，平民为自己争取权益。但以布匿战争结束为界线，此后的平民会议退出罗马政治舞台，这种集会变成了处于底层平民的回忆，它完全没有任何能力对罗马掌权者产生约束。

罗马处于共和国时段，从来没有举行过代议制度，也没有任何代表制度的选举，这是罗马历史中很重要的特点之一。它所有过的平民集会方式，与后来英国、美国上院、众院式的机构是完全不同的。单从字面理解，虽然罗马所有平民都参加了会议，但事实是，这种会议完全没有意义。

第二次布匿战争结束之后，这种平民会议的有名无实，让平民生活极度困难。有的人失去了自己的土地，有的人则贫穷无依，又有一些人因为所从事行业中有太多奴隶参与，致使自己最终一无所获。最让人痛心的是，面对这样的现状，这一人群完全没有办法改变。这样一来，他们只能组织起来，去实行街头暴动或者罢工进行抗议，因为这时的他们已经没有一点政治权利。不过，虽然公元前 2 世纪 ~ 前 1 世纪时期，平民们曾多次爆发革命运动，但效果都不理想。

介于这一历史篇幅过长，我们没法对当时各种不同斗争的心态、原因进行仔细介绍，比如想要将罗马分裂、土地归还农民、废除旧有债务等。我们只要理解，在那时的罗马国内，斗争是一直此消彼长的状态就够了。公元前 73 年，斯巴达克平民组织的暴动明显超过了之前的革命运动，让意大利面对危机。这对于罗马政权来说是很不利的，也是极难控制的。因为，在这起暴动中，很大一部分人都是奴隶，而他们又同时身为角斗士，其战斗力非常强大。这一暴动组织在维苏威的死火山上持续了两年时间，最终，罗马军用残酷的手法将他们打败。当时，有 6000 名起义者被罗马人钉在十字架上，直到活活钉死。

罗马的平民，最终还是没有战胜压迫与奴役，那些处于掌权派的贵族们为了镇压平民的暴动，为自己建立起了有力的保障——军队。

在第二次布匿战争开始之前，罗马就已经实行了征兵制度，兵士们来自拥有一定财富的罗马公民。他们或步行，或骑马，这让他们形成了一支对付近距离战争的有力队伍。不过，这并不适用于远距离战争。罗马因为扩张而延长了战线，国内兵源一度不足以应对。于是，马略统帅对军队进行改革，原来的公民兵制由募兵制取代，不管有没有财富，只要自己愿意，又是罗马公民，就可以加入队伍。这一时期，迦太基文明没落，而北非则变成努米底亚王国。篡夺了国王之位的朱古达大力宣传罗马对当地人的不利，使人们对罗马产生憎恨。他更将住在基尔塔城的罗马人全部杀死，这让罗马非常生气，他们为了保持在北非的权势，开始对其进行征战。不过，在这场与努米底亚人的战争中，罗马并没有取得胜利。马略因此被罗马人推选为军队执政官，全权指挥队伍。他对军队进行严格训练，让士兵适应炎热、少水的战斗环境。如此，他的队伍成功将努米底亚征服。朱古达在战争中被活捉，罗马人将他锁上铁链，关在罗马的监狱中，后来死去。而此时，马略在军队的任职期限已满，但他却不肯交出兵权，因为这时的罗马已经没有任何势力与他进行斗争了。

至此，马略统治罗马的时期开始，罗马也因此进入军事共和时期的第三个阶段。这一时期，罗马国内展开了对军队执行官的争夺。苏拉是马略强有力的对手，他曾亲自参加北非战争，就在马略手下任职。两个人为了争得统治权，不惜采用血腥残酷的手段，很多人因此丧命、被驱逐、田产被拍卖。在这场残酷的斗争以及对斯巴达克暴动的血腥镇压之后，罗马开始了卢古鲁斯、克拉苏、庞培、恺撒先后统治军队的时期。卢古鲁斯最终打了一些胜仗，集聚了很多财富，然后退隐；而克拉苏在攻打波斯时，死于战争之中；庞培则因斗不过恺撒而被杀死。最终，恺撒成为罗马仅有的统权者。

恺撒一度被人们当成神话一样的人物，甚至被看作罗马的标志性人物。但对于我们来说，他的最大功绩，就是在自己统治罗马时期，将罗马带入了向外扩张的罗马第四阶段。恺撒统权的时期，罗马经济萧条，政治混乱，而国内内战从未停止，但他们对外扩张的行为也从不曾停止。公元前 100 年，是罗马军事扩张的最鼎盛时期。罗马扩张最低迷的时段，则为第二次布匿战争时期。当时马略对军队的改革还没开始，罗马明显士气不足。再加之斯巴达克暴动，罗马几乎陷入危机。恺撒通过对高卢人的征服，在罗马确立了自己的统治地位。随后，他又将日耳曼人打败，高卢地区被扩入罗马版图。接着，他用两年时间，即公元前 55 ~前 54 年，对多佛尔海峡进行征服。只不过，这次的征服并没有成功。也就是在这一时期，庞培的势力在黑海一带得到提升。

公元前 1 世纪中期时段，罗马的权力仍在那些有资历的贵族团体手中，他们有着对国家执政官分派权利的绝对权。一些执政者为了保持共和国阶段的罗马现状，几乎不惜失去生命，最为有代表性的人物就是西塞罗。但随着罗马平民权利的消失，农民对领土的大小已经并不在意。而且，穷人与奴隶此时已经完全不奢望自由、政权之类的东西。如此，那些原本的贵族团体便失去了自己的倚靠力量，这让他们开始对罗马的冒险家以及领袖产生忌惮，从而转向军队寻找保障。因此，恺撒等军队统领者才有了掌握罗马的机会。当时，庞培、恺撒以及克拉苏为罗马帝国的政权“三巨头”。但很快，克拉苏被杀，庞培控制了罗马贵族团体，他以恺撒不听从命令、蓄意破坏罗马法律为由，逼迫其交出兵权，并接受法律的审判。

公元前 49 年，对于军队规则来说，将领被带出自己的领土就是违背法律的。恺撒当时的领地在卢孔比河隔开的意大利对岸，他接到命令后，对自己的军队说：“时至今日，已经退无可退。”于是，他带着自己的队伍与庞培为首的罗马贵族进行战争。

那时罗马的惯例是这样的：国家有危机发生的时候，那些贵族团体有权推举一位独裁官出来面对危机，而且权力没有期限。所以，当庞培被恺撒打败，恺撒也就获得了由公元前 46 年开始的，为期 10 年的执政官的权力。当然，后来他又将这一期限变成了终身制。那时已经有人提议，让恺撒做罗马帝国的国王。但从公元前 5 世纪开始，这一头衔就已经在罗马消失了，人们对国王这种称谓并不喜欢。因此，恺撒虽然行使着国王的权力，但自己并没有称王。他为了将庞培的残余消灭干净，亲自带兵追到埃及，从而对埃及的女王克娄巴特拉（即后来人们说的埃及艳后）产生了爱慕。正是这位女王，让恺撒产生了国王、神的想法。回到罗马，他马上让人将自己的雕像摆进神庙，并让人刻上“献给无敌的神”的字样。不过，这时被恺撒打压下去的罗马共和精神依旧在与他斗争着。公元前 44 年的 3 月 15 日，恺撒来到贵族团体执政的地方，那里有自己死对头庞培的雕像，就在雕像下，恺撒被人暗杀了。

在恺撒死后的 13 年时间里，他的养子屋大维以及雷比达、安东尼之间形成又一个政客“三巨头”时代。为了争夺罗马帝国的大权，他们开始了无休止的厮杀。在雷比达手中，拥有过去迦太基在非洲的领土，这是一块被赋予了太多宿怨的土地。不过，雷比达似乎比想象的要传统而且善良，他在这块土地上，一直着重对迦太基旧址进行重建，完全不注重个人声名及财富。而安东尼的领土，则是罗马东部比较富足的地区，与埃及女王相近。但这位女王有着称臣于神的想法，恺撒也因这想法而产生了思想上的变化。所以，安东尼与这位女王在一起，就像曾经的恺撒一样，每天只知道吃喝玩乐。与他们相比，屋大维的领土就寒酸得多，而且充满动荡。但他很快建立了自己强大的军队，让自己的实力得到巩固。

公元前 32 年，屋大维对贵族团体进行游说，使安东尼失去东部地区的统治权，并随即对他进行攻打。第二年，两个人在爱奥尼亚海域展开了一场声势浩大的海战。埃及女王也因此而出动 60 艘战舰，以帮助屋大维获胜。这样一来，安东尼便成了必然的失败者。到现在，我们依旧不能推测，这位埃及女王的出兵到底是因为政治背后的阴谋还是一时冲动的做法。因为屋大维成了唯一可以控制安东尼的人，罗马帝国便从此由他掌握。不过，他与恺撒不一样，他并不想做国王，也不想将那个美丽的埃及女王当作情人，而是辞去罗马最高统治者的官职，将罗马重新交回到那些贵族团体的手中。屋大维这样的做法，得到了贵族团体的一致称赞，还被授予“奥古斯都”、“元首”这样的称号，他成为罗马帝国的第一个皇帝——奥古斯都·恺撒。

继屋大维之后，罗马帝国又出现了 8 位继位者，比如庇留·恺撒、加里古拉、克芬狄等。这些人，无不是来自于军队，他们通过自己的队伍统治罗马，也有些因此又被军队所害。而罗马贵族团体式的政权制度也退出了罗马的历史舞台，皇帝与各官吏将他们取代。

罗马帝国的领土还在不断扩展，不列颠的大半领土都已经被划入罗马的版图，而特兰西瓦尼亚则被命名为达契亚，成为罗马行省。这时，图拉真大帝对幼发拉底河东部进行征服，而哈德良作为罗马统治者的一员，为了抵挡由北方而来的野蛮人，于不列颠境内修建长城。这种做法，让我们联想到了中国的秦始皇。

另外，哈德良还在多瑙河、莱茵河的上游分别修建了长城，就是为了防止日耳曼人的侵袭。为了巩固政权，他最终将亚述、美索不达米亚放弃。

也就是到这一时期，罗马帝国才停止了自己不断扩展领土的疯狂行为。

第三十四章
罗马和中国

世界全新的阶段，出现在公元前2世纪~前1世纪。美索不达米亚以及地中海，早已经不再是历史中最引人关注的地方。即使美索不达米亚与埃及的物产、人口、贸易仍旧保持着繁荣，但都不能再称之为世界文明的中心。对于世界而言，这一时期可支配世界局势的只有两个国家，那就是已经进入汉朝的中国和刚刚兴起不久的罗马。中国境内，秦朝早已灭亡，而汉朝应运而生。其领土包括了西藏以及帕米尔草原，边界已经到了土耳其的西部。罗马的领土，则在扩展到幼发拉底东岸之后，再没有新的动作。不过，当时的印度已经脱离了波斯及塞琉古王朝的统治，与从前的时代早大为不同。

中国在这个时期是世界上最大的国家，而且其文明程度极高，国家政治相当完善。它整个的国家版图，包括人口，都远远超过了罗马最鼎盛的时代。只不过，此时的中国与罗马虽同时被称为世界上最为强大的国家，但它们之间却完全不知道对方的存在。就当时的条件来说，这种事一点儿也不奇怪。因为不论是水路还是陆地，交通方面都不能让两个国家产生直接冲突，也更不可能有直接联系。

但是，我们应该明白，这并不代表两国之间不存在相互影响，包括那些处于两国相邻的国家，比如印度、中亚国家等。这两个国家其实也有商贸的往来，只不过人数很少。他们往往组织一个骆驼队，或者是船队，进行小规模交易。公元前 66 年，罗马统治者庞培就曾到过黑海的东岸。而公元 102 年，中国航海家班超也曾来到这里，还特别对罗马的实力进行了解。不过，这两个世界最大的国家，一直到几百年之后，才真正开始修建两国直接往来的通道。

在中国、罗马的北面，没有开化的荒野并不少见。现在的德国土地，在那时就被大片树木所覆盖，而且一直到俄罗斯都是如此。树林中有野牛和象等动物。另外，亚洲的北面，则是广阔的沙漠以及草原。再往北，就只剩下森林、冻土带了。不过，在亚洲东边的山峦之间，有一块三角形区域，后被人称为满洲。满洲与土耳其、俄罗斯相邻，这一地区的气候最为复杂，每年的降雨量极少，土地没有开发的价值。其实，这里最初草木茂盛，耕种也收获不错，但很快就变得缺水、干旱。

在德国、俄罗斯的西边，一直到阿尔卑斯山，是北欧人种的发源地，包括雅利安种族。而东面，即草原、沙漠地区则为蒙古、匈奴、鞑靼以及土耳其人的家乡。这些人虽然属不同种族，但他们之间有很多相似的地方，比如生活方式。在这一时期，北欧各族开始朝着地中海一带进行扩张，而匈奴人也像他们一样，只不过他们是朝着亚洲东部的方向入侵的。他们在粮草丰盛的时候，会留驻原地进行人口繁衍，当遇到年势不好，粮草不足的时候，则开始向南侵袭中国汉朝时期的土地。

历史第一次出现了这样的情况：生存在这个世界上的两个强大帝国，同时将入侵自己国家的野蛮人打败，使得自己国家的领土得到有力扩张。中国汉朝时期对匈奴进行了强有力的征服，使自己国家的居民可以到长城以外的地方生活，而军队就驻扎于居民前方。农民们则在军队后方开垦着农田，占有了匈奴人的草场。匈奴入侵者的手段虽然非常凶狠，汉朝的居民依旧毫不退让地涌过来。这就迫使牧民们只剩下两个选择，要么定居安稳生活，并定期向汉朝进贡，要么去别的地方居住，开始新的游牧生活。所以，有些匈奴人选择了第一种方法，并很快被汉朝的文化同化；而有些匈奴人则朝东、南等方向撤退，最终进入土耳其。

大约于公元前200年开始，来自亚洲北部草原的游牧民族对西方进行侵略。这让当时的雅利安人压力大增，他们不得不朝着罗马方向退让，以保全自己可随时侵略他人的实力。公元前1世纪，带有蒙古血统的帕堤亚人就对小亚细亚进行攻打，还与庞培的队伍进行了对抗。在这次进攻中，罗马的克拉苏被杀死，塞琉古王朝被他们征服。最终，帕堤亚人有了自己的国家。

在那一时期，罗马与中国都对这些游牧民的入侵进行了有力的反抗。所以，游牧民们只能向印度前进。历史上，在中国、罗马最为强大的几百年中，印度一直受到游牧民的侵袭。他们一次又一次在印度的土地上进行烧杀抢掠，这让阿育王建立的王朝走向衰落，整个印度都沉浸于暗无天日之中。与此同时，一个被称为“印度塞西亚人”的民族，建立了独有的贵霜王朝，曾经将印度北部占为己有，时间长达几百年。进入公元5世纪，雅利安族系的白肤色匈奴人开始对印度实施侵略。这些有着白肤色的匈奴人，夏天在土耳其进行放牧，秋天则开始侵略印度，他们将印度的很多小城邦打败，并强迫其向自己进贡。

公元2世纪，中国与罗马都发生瘟疫，这让两个国家对入侵的游牧民打击力度有所放缓。中国的疫情一直持续了11年之久，汉朝因此受到重创。国力衰退之后，国内其他势力导致内乱，让汉朝再次分裂。这种状态一直到公元7世纪，才在唐朝的统治下，又一次转向繁荣。

亚洲的瘟疫传播到欧洲，公元164 ~ 180年之间，罗马帝国因瘟疫的不可控制，而使国力大大削弱。国家人口迅速减少，国家统治及组织能力处于最低谷。就在这时，罗马的边境变得空虚、无力。北欧哥特人便乘机找到了崛起的机会，他们从俄罗斯穿过，到达黑海定居，成了黑海出名的海上强盗。不过，公元2世纪的后期，哥特人受匈奴人的影响，不得不在公元247年通过多瑙河向塞尔维亚进行扩张，并将其统治者杀死，彻底征服了这一地区，随后又开始向阿尔萨斯扩张。而在这之前，大约是公元236年的时候，日耳曼部落的法兰克人早已经对阿尔萨斯发动过侵略。虽然罗马人最终在高卢将哥特人阻挡，可他们转而于巴尔干半岛再次入侵，致使罗马不得不最终放弃对达契亚的统治。

至此，罗马帝国不再像从前那样不可一世。公元 270 ~ 275 年，奥勒良统治罗马时期，为了防御野蛮民族的侵袭，在自己居住的罗马城四周修建了坚固的城墙，这一举动彻底改变了罗马城的历史，即 300 年对外开放、不设防的传统被改变。

第三十五章 罗马帝国平民的真实生活

罗马帝国成立于公元前2世纪，在奥古斯都·恺撒的治理下，罗马一直保持了200年的昌盛。但后来因为混乱，而导致国家毁灭。这里，我们不是要介绍罗马帝国混乱的原因，只是要对当时生活在这个伟大国度的平民们的日常生活进行介绍。对于当时已经步入文明的人类，不管是汉朝还是罗马，人们的生活都已经和现在开始相近了。现在，我们就将目光看向2000年以前的罗马帝国。

在这一时期的西方世界，钱币已经获得广泛的流通。很多不是祭司，也不是官员的人，同样有了属于自己的财富。道路变得宽阔，旅馆随处可见，这为当时的人们提供了出门的便利。这一时期与公元前5世纪相比，人们的生活更为舒适、便利，甚至自由。在那之前，普通人总要受一些传统的约束，所以无法自由地去某一个地方。除了游牧民四处移动、经商，其他定居的人只能生活在一个环境里。

不过，在那个时期，不管是汉朝还是罗马，其广阔领域内的文明并不一致。通常来说，不同的地区之间有时会存在很大的差别。罗马帝国的领土广袤博大，殖民地众多，但他们都讲拉丁语，宗教意识中只侍奉罗马神。可在一些罗马后来征服的城邦里，虽然人们已经接受罗马的领导，可在一段时间内，他们依旧保持着自制，因而自由地信奉自己民族的神。比如希腊、埃及、小亚细亚等地区，人们很少讲拉丁语，希腊语则保持着始终不变的重要地位。还有扫罗，他原本为塔苏斯人，后来变成犹太人，最终又变成一名受罗马统治的居民。只不过，他既不讲拉丁语，也不讲犹太语，始终使用希腊语写作、与人交流。甚至是帕提亚王朝，虽然和罗马相距很远，可人们广泛使用的也同样是希腊语。而在北非、西班牙的一些地区，人们在很长时间内保持着讲迦太基语的传统。又比如另一个之前比罗马更早问世，而且一度非常繁荣的城邦——塞维利亚，它与罗马的兵营距离非常近，不过几英里路。可是，那里的人民却代代使用闪米特语交流，他们所信奉的便是闪米特女神。包括罗马帝国的皇帝塞弗拉斯，他于公元 193 ~ 211 年统治罗马帝国期间，所讲的也是迦太基母语，直到学习外语时，才学会了说拉丁语。传说中，这位皇帝的姐姐一直就没有学过拉丁语，当她对为自己服务的罗马奴仆下达命令时，总是讲腓尼基语。

不过，一些之前比较小的城邦、寺庙因没有自己的文化，或者比较薄弱，最终还是被罗马同化，像高卢、达契亚、不列颠等地方，就最早成为被帝国同化的地方。罗马帝国在这样的地方进行城镇建设，供奉罗马神，推行罗马传统习俗，推广拉丁语。现在的西班牙语、意大利语、法语以及罗马尼亚语，都是以拉丁语为母语演化而来的。这就足以告诉我们，拉丁语以及罗马的风俗，在当时传播的是多么广泛。后来，连非洲西北部地区一半以上的人都开始使用拉丁语，只剩下希腊、埃及保持着自我传统，当然，这也包括东方的中国。不过，有一些在罗马受教育、学习的人，同样将希腊语视为必要的学习，在他们眼中，希腊文明比拉丁文明要更重要。

在罗马帝国这个庞大、混杂的国度，贸易与生产的方式都相对要复杂一些。对于安稳生活的人们，农业是生活的主题。我们已经说过，居于意大利的农民，曾经一度是罗马共和国的重要支撑。但是，因为布匿战争，农民的位置转嫁给了奴隶。在希腊，耕种的方法多种多样。有些地方，每一个自由的市民都要劳动，比如阿卡迪亚；而在有些人眼中，劳动却是最下贱的行为，只有奴隶才能操作，比如斯巴达人。当然，这一切都变成了过去，大部分希腊化的国家等级制度分明，奴隶阶层清楚，一些战俘成为专门进行耕种的农奴，他们的语言不同，彼此之间无法交流。也有一些奴隶的后代，他们没有文化，也不认字，在他们的思想中，从没有过争取权力的念头，也没有反抗压迫的意识。这些人的数量很多，但却从来没有成功地进行过起义、暴动活动。除了公元前 1 世纪，斯巴达克斯奴隶组织暴动，不过，这次暴动的人群都是些受过训练的角斗士。罗马帝国的共和国阶段，以及帝国初期，意大利的农奴过着惨无人道的生活，他们晚上要被锁起来，半边头发也被剃光，这让他们逃出去也极容易被人发现。不仅如此，他们没有妻子，每天受主人的非人虐待，有些主人甚至会将奴隶的手脚砍掉，或者残忍杀害。主人不将他们当人看待，只要高兴，就可以将他们卖去竞技场，然后与那里的动物进行厮杀。有哪一个奴隶起来反抗，将自己的主人杀了，那么，这一家的所有奴隶都将被钉到十字架上，活活钉死。雅典以及其他一些希腊地区，奴隶的生活稍好一些，但也同样很不幸。在这些奴隶心中，前来侵袭罗马的野蛮人并不是敌人，相反，更是他们获救的希望。

在那个时代，社会大多数行业中都有奴隶的身影，包括需要团体共同操作的工种，比如冶金、开矿、修路、划船等工作，都是由奴隶进行的。另外，国内所有服务性的工作，都由奴隶完成。不管是城市还是农村，身份自由的穷人，工作是为自己的，他们可以挣到工钱。通常，他们会做工匠，或者监工等。因此，这种为了报酬而工作的团体，与奴隶成为同时存在的两个个体，并带有竞争性质。不过，我们并不明确，在那时的罗马帝国，会有多少人是为报酬而参与劳动的人。不同时期，不同地方，这一人群与奴隶的比例可能相差非常大。其实，奴隶也不只是一种，有的是白天工作，晚上锁起来的；但有的则像自由的穷人一样，可以结婚成家、可以耕种、可以靠手艺挣取财富，只不过，他们要向自己的主人按时交纳租金。

在这些奴隶当中，还有一种是武装奴隶。这就是公元前 264 年，布匿战争开始的时候出现的。当时的伊特鲁里亚人，会让自己的奴隶与其他奴隶进行搏斗，以娱乐自己的生活。这一活动很快在罗马普及，并且非常时尚。罗马的所有有钱有势的人家，都会组建自己的角斗士队伍。有时他们会与人进行角斗，但更多时候，则要承担主人保镖的角色。不仅如此，有一部分奴隶是接受过良好教育的。这发生在罗马共和国的后期，罗马人征服了拥有高度文明的地区，而这种地方受过教育的战俘便被带回罗马，成了有文化、有知识的奴隶。一般情况下，罗马贵族家庭的孩子需要家庭老师，而这些有文化的奴隶便要为他们当老师，教导孩子们文化知识。对那时的贵族们来讲，家里养一个有文化的奴隶，就如同养了一只听话的宠物。在这样奴隶制的环境中，现代文学变得越来越吹毛求疵。有的贵族会特别买年幼的聪明奴隶，为的就是让他学习，以后再卖出去，自己从中获取可观的收入。所以，抄写员、技工、珠宝匠这些行当中，就有很多人是奴隶。

当然，罗马从贵族团体统治的共和时期，一直到帝国受到瘟疫持续而崩溃，总共持续了400年，在这一段时间内，奴隶的地位也在不断地变化着。公元前2世纪，战俘是奴隶的主体，所以，他们完全得不到人的待遇，大家可能想不到，所有残暴的虐待几乎都能发生在他们的身上。到了公元1世纪，文明让罗马人开始改变对奴隶的态度。而且，这时战俘的数量已经变少，奴隶的身价也比之前高了很多。奴隶主们很清楚，只有对奴隶好一些，才能让自己收获更多财富，才能让自己的美好生活更稳定。同时，在这种意识下，社会道德舆论也蔚然成风，正义发挥了一定的作用。发展起来的希腊精神与古罗马残酷产生碰撞，让后者有所收敛，如此一来，奴隶主就不能再随便让自己的奴隶去与动物们厮杀了。奴隶开始拥有自己的财产，可以得到金钱形式的奖励以及报酬。一定程度上，有些奴隶的婚姻也得到认可。有些农业生产是不需要大量奴隶操作的，只有收获或者播种的季节，这些奴隶才被需要。所以，农业地区的奴隶主就会将奴隶变为农奴，让他们按自己的意愿去耕种、收获，但奴隶一定要将自己收入的一部分上缴主人，或者在特定的时间去给主人劳动。

当我们知道了这一事实：公元前2世纪～前1世纪，罗马帝国其实就是奴隶制的国家，拥有自由与尊严的人，只占这个庞大国家的极小一部分数量。那么，我们也就很容易理解，它最终为什么会走向崩溃了。在那一时期，罗马帝国的家庭生活非常少见，而促进思索与学习的家庭则更加少之又少。学院、学校，不但少得可怜，还都分布在很远的地方。自由的精神、意志几乎就不存在。整个罗马虽然拥有了伟大的建筑遗迹，平坦又开阔的道路，以及严格的权力制度和法律。但是，这所有的一切，都是以打击思想、扼杀智慧、残暴欲望为基础的。少数拥有国家统治、财富的人，其内心时刻充满着动荡与不安。来自文化、艺术、文明的快乐以及自由心情，在这样的环境中，完全被根除。这让整个国家到处都是效仿与剽窃，所谓的艺术工匠多不胜数，过时的学者只会趋炎附势，这让庞大的罗马帝国在经历了 400 年的时间之后，没有产生任何可以令人引以为傲的文明，它连一个只有 100 年历史的雅典小城邦都没法相比。因为罗马帝国的治理，雅典文明没落了，亚历山大城的科学研究也消失了，包括处于那个时代的所有人，其精神也在一天一天地萎靡下去。

第三十六章
罗马宗教

基督教出现的前200年时间里，人们的内心是处于煎熬之中的，特别是罗马帝国这个庞大的国度。当时，国内贵族、权贵者不可一世、目中无人，所有穷人、平民都受到剥削与压迫，这让国家根本没有忠诚可言，更没有安静、安稳的美好生活。处于不幸中的人，时刻在他人的蔑视中呻吟着。而那些社会上层的权贵者，则时时想着如何寻找刺激取乐，其内心同样不得安宁。在很多城市中，人们最喜欢的事，莫过于去竞技场，在那里，血腥的表演让他们莫名兴奋。在那里，被与野兽关在一起的奴隶，正拼力与动物进行厮杀，他们的身心充满着凄凉与悲怆。通过考察可以看到，罗马城内发掘的古遗址中，圆形的竞技场就是最富当时特征的建筑。罗马人民就这样生活在血腥与厮杀中，他们的生活得不到安宁。从对宗教的变化中，我们也可以看出这种状态。

自游牧民对原始文明进行侵略开始，那些被奉于寺庙的旧神就开始被不断改造，或者最终消失。人类几百年的历史中，农业者的暗白文明就占据着人们的精神与生活，并让人们以寺庙为中心定居。慌恐、活人祭、神秘力量，无不深深烙印于人们的大脑。当然，这些对今天的我们来说，是非常荒诞、不可信，甚至不合理的。但在当时，这样的神祇会在他们的梦中出现，因此，他们毫不怀疑其存在。那时的埃及、苏美尔等国，当征服者统治他人城邦之后，其信奉的神就会随之改变，或者将原来的名字换掉。不过，人们对其敬畏、拥护的心态却保持不变，和对原来的神祇没什么两样。也就是说，人们梦到的神祇虽然不同于从前，可这样的梦却依旧进行着。譬如，当时苏美尔人或者闪米特人在本质上差别就不大，他们都对古苏美尔人信奉的宗教保持虔诚，而埃及，历经多次变化，但宗教却始终如一。不论是托勒密统治埃及，还是恺撒征服埃及，其宗教神祇、仪式等都保持着原来的特点。

一般情况下，当两个民族之间生活习惯、宗教风俗相似时，征服者多会将两个民族的神祇或者是寺庙进行融合，以改善人们的冲突。但若两个民族所信奉的神出现本质上的相同，但并不是同一个名字的情况，人们以及祭司就会自动将其视为同一个神。像这种对神祇进行结合的现象，被后人称为“泛神崇拜”。公元前 1000 年左右，就是这样一个时代。在一个地域内，一个大家认可的共同神祇，将其他地方的神祇取代。等到希伯来人提出正义之神——上帝时，人们毫无违和感地接受了。

但事实是，很多神灵的差别是非常大的，它们根本没法融合。于是，人们就会编出一些神祇之间的关系，进而将其联系起来，以达到结合。比如，希腊人征服爱琴地区后，将人们所信奉的女神“嫁”给男神，这样就产生了联系，并得到结合。而将动物或者星象类的神进行拟人化，也是当时人们常用的手法。另外，城邦被人征服之后，本地人所信奉的神，经常会被征服方看成自己所信奉之神的对手。此类事非常多，在神学史上，像这样混合、同化神灵的事随处可见，甚至有很多不合理化的事发生。

在埃及最终得到统一，多城均归于埃及统治时，这种泛神崇拜达到顶峰。那时的人们将丰收之神——奥西里斯视为主神，认为他在人间的化身，就是统治国家的法老。传说，丰收之神曾经好几次死去后又生还，因而在人们眼中，他不但主管丰收，还是不死之神。人们将落下去又升起来的太阳，甚至将把卵产于地下，然后用孵化出来的甲虫，专门比喻为丰收之神。但后来，人们将信奉的母牛神西匹斯，也就是女神伊西斯嫁给了丰收之神奥西里斯。在丰收之神死去之后，女神伊西斯为他生下一个儿子——荷鲁斯。人们将荷鲁斯视为黎明与鹰之神，他长大之后，再次幻化为自己的父亲——丰收之神。而女神伊西斯的雕像，就变成了抱着婴儿站在月亮上的形象。应该说，这些神话并不符合正常的逻辑关系，全都是人类利用自己的想象联系在一起，并一代一代流传下来的。当然，在埃及除了这三位神灵，还有象征黑夜或者食人的其他神，比如黑暗之神、胡狼头神阿努比斯等。

所有的宗教制度都是产生于人们内心需求的基础之上的。也就是说，埃及那些在我们看来并不合理，甚至比较庸俗的神灵，对当时人们的灵魂起着恰到好处的慰藉和安抚作用。在埃及人眼中，人的灵魂是永生的，因此，宗教就会以灵魂不死来保持自己的存在。与曾经的宗教特征相比，永生是埃及宗教最显著的特点，特别是他们的国家在后来被外族统治，宗教在政治中失去控制能力，埃及人追求灵魂不死，以寄希望于后世来改变现状的现象就更为强烈。

希腊统治埃及之后，亚历山大城一度成为人们宗教信仰的中心，事实上，这里也是所有希腊人的宗教中心。托勒密在这里修建了赛拉庇斯[1]神庙，将赛拉庇斯、荷鲁斯、女神伊西斯一起供奉在里面，并将三神视为一体，即：三人为一个神，只不过有三种面貌。不仅如此，赛拉庇斯还被人们视为希腊的宙斯，甚至波斯的太阳神、罗马的朱庇特神。这种泛神现象在所有拥有希腊势力的地区传播，一度到达过印度北部，甚至是中国西部。灵魂不死，来世获得补偿，是所有生活于困苦中的人们最愿相信的。他们将赛拉庇斯看成拯救人灵魂的神，人们用这样的颂歌对他进行称赞：死神降临时，赛拉庇斯仍旧庇佑着我们。女神伊西斯的拥护者也很多，信奉她的人将她称为“天之女王”，在她的雕像前，有无数贡品，有不断燃烧的蜡烛，以及将头发剃去，发誓终身侍奉于她的祭司。

当罗马帝国兴起，西欧世界的大门被打开来，这种有关神灵信奉的宗教思想也同时传了进来。罗马军队所到之处，赛拉庇斯—伊西斯寺庙不断被修建起来，而士兵嘴里对神灵的颂歌、灵魂永生之信念，也被传进荷兰、苏格兰。当

[1] 赛拉庇斯：为丰收之神奥西里斯和阿庇斯相融合的称谓。

然，有一些宗教是保持着与赛拉庇斯神灵相对立态度的，冲突最大的是崇拜太阳神的宗教。崇拜太阳神的教派最早开始于波斯，对太阳神进行祭祀，是以牛为主的，还包括一些现在已经失传的仪式。太阳神似乎在时间上比赛拉庇斯要出现得更早，它可以让人们想起最早日石文化中出现的血祭。在太阳神宗教遗址中，可以看到一头牛，而牛的腹部有一个正流淌鲜血的伤口。太阳神教徒们认为，鲜血是新生命的诞生，所以很多教徒都会将鲜血涂在自己身上。新的教徒要加入太阳神宗教，就要在祭祀时，站在祭坛下，让牛的鲜血淋到自己身上。

太阳神宗教与赛拉庇斯宗教在罗马早期是一起被宣传的，它们的仪式相同，对驯服和教导奴隶保持忠诚的目的也相同。它们的目的都是求得个人长生与拯救，所以，它是个人的宗教。不过，最早时期的宗教与它们不同，那是整个社会的宗教，他们信奉的神先属于国家，其后才是个人，而且所有的奉献与牺牲都是为了国家的，是一种公共事务，绝不等同于个人职责，对于所有人来说，宗教活动是为了所有人，人类对它有着切实的需求。但当时已经被罗马统治的希腊人却将宗教与政治进行了分离，并在埃及旧有习俗的指引下，最终成为私人的宗教。

这些新兴起的宗教虽然是以追求永生为目的，却让人们失去了对国家应有的情感和忠诚。不过，它无法将原始宗教取代。罗马帝国的早期，其统治下的很多重要城市都有神庙，供奉的也都是朱庇特罗马神，当然，他们还要将恺撒视为神，并供奉起来，这是恺撒在埃及法老身上学来的。在这样的寺庙进行祭祀，其政治意义深刻，它可以表现个人对于国家、神灵的忠诚度。但对伊西斯女神进行祭祀的人，却可以向女神诉苦，可以向女神乞求救赎。

当然，那时很多地方也有自己的地方神，甚至是比较奇怪的神，比如在塞尔维亚，人们就对维纳斯女神保持敬畏，这是古迦太基人信奉的神灵。而且，我们有理由相信，在很多隐蔽的庙宇中，罗马奴隶及士兵们还会将太阳神供奉起来。这也不排除去过犹太教堂进行礼拜，对《圣经》进行诵读，无限忠诚地信奉正义之神的人。

犹太宗教与罗马帝国的宗教是相对的，他们之间有着不可调和的冲突。因为犹太上帝不接受任何偶像式的崇拜，犹太人不会为罗马统治者祈祷，甚至因为信奉上帝，而不肯对罗马军旗保持应有的崇敬。

在释迦牟尼还没有出生的时候，中国已经有了苦行僧。不论男女，他们加入到苦行僧的行列，就会将自己个人的家庭、财富、享乐全都抛开，通过苦行、禁欲等行为，来寻找精神上的力量，从而将人世的烦恼和不平摒弃。虽然释迦牟尼本人并不赞成苦行，但他大多数的徒弟，一生都会坚守非常严肃的修行生活方式。在希腊，也有这种与佛教相近的宗教，有一些人为了修行，甚至会采取自残的方式。禁欲修行是犹太人最早运用的，约开始于公元前 1 世纪的时候。也有的人会隐居起来，脱离社会，独自过神秘而安静的冥想人生，艾赛尼教就是这样一种宗教。其实，在公元 1 世纪～ 2 世纪这 100 年的时间里，所有人几乎都对通过排除世俗享乐而远离人世苦恼的思想深信不疑。靠着旧习、祭祀、法律等建立起来的旧信仰以及旧意识全都消失了。当人们面对着在奴隶制度中产生的不安、不公、不平以及骄傲、无视等现象时，其内心是极度厌恶并压抑的。很多人就为了让内心得到安宁，最终对苦行、禁欲等行为产生笃信。也正是因为如此，很多罗马人要去伊西斯女神面前痛哭，很多人将原来的信仰抛弃，到充满黑暗、野蛮的地下生活。

第三十七章
耶稣与基督教

奥古斯都·恺撒称帝于罗马帝国的第一年，在犹太，耶稣这个基督教的救世主便诞生了。基督教，注定要对罗马帝国官方产生重大的意义。

从方便的角度来说，将历史与神学分开研究更为有利。在很多基督徒眼中，耶稣就是由犹太人早期信奉的“正义之神”幻化而来的。研究历史的学者对这种认知可以持中立态度，或者保持不认可、不否定的观点。但耶稣虽然为神，却保持着人的样子，那就一定可以将他看作人来进行研究。

耶稣是一位先知，约在30岁时开始四方传教，其传教方式与犹太人先知的方式相同。他的名字早在提比留统治时代就已经出现了，但未传教之前的生活，我们无从得知。

对耶稣这个人的了解，我们可以从《四福音书》中得到答案。《四福音书》是在耶稣死去多年后才有的，其中包括其他基督徒在书信中提到的耶稣的故事。有很多人都这样认为:《马可》、《马太》、《路加》是出现比较早的福音书，而《约翰福音》则因具有太多希腊神学的特征，被视为对希腊神学的渲染。不过，很多学者都认为,《约翰福音》中出现的耶稣言辞及为人是最真实的。《四福音书》拼在一起，可以为我们展现一个生动、清晰的耶稣形象，虽然书里记载的有些事那么让人不可相信，但凡是看了这4本书的人，都会这样认为：这个人真的存在过，这些故事应该是真实的。

这就如同释迦牟尼的样子被佛教徒想象为盘坐的姿势，并镀以金身是一个道理，耶稣为人清瘦的形象和不挠的精神，其实也是人们通过基督教进行艺术想象、塑造而来的不真实形象。实际上，耶稣早期只是一位贫困的老师，他每天奔波于犹太国内，靠着他人的救济生存。但在后人为他制作的画像中，耶稣完全改变了形象，不但皮肤干净、发际整洁，而且穿着整齐，身姿卓然，并且始终保持着静止，如同在空中飞行的样子。就凭这一点，那些不能分辨后人出于崇敬而将真实形象进行改变或者认为其事迹进行了夸张的人，就有理由将耶稣看作虚假而不存在的虚幻人物。

如果我们将人们赋予耶稣的各种装饰都去掉，那么一个鲜活、热情，充满人情味，甚至会为真理而生气的形象就会出现在大家面前。他在告诉大家一个简单又非常深邃的道理：天国就要来了，上帝是所有人类的父亲。可以这样说，耶稣身上有着很浓郁的个人魅力，他的这种魅力已经吸引了很多追随者，并让这些人开始变得勇敢、正义。耶稣的出现，让贫困者、病弱者产生了活下去的勇气。不过，他自身可能体质并不好，因为当他被钉于十字架上后，没多长时间便死去了。传说，当他背负十字架，被带往刑场的时候，曾经在路上昏厥。他真正成为一名传教士，并开始传教时，年纪在 30 岁左右。为了让人们知道自己的教义，他在自己国家奔波了 3 年，最后到达耶路撒冷。在那里，他被人告发，说有建立异端王国的野心。于是，他因此受到审判。最后，他与两个偷东西的人一起被钉上十字架，可两个小偷还没有死，他却早早地离开了这个世界。

耶稣的教义是一种富有改革性质的教义，它让人们从思想上得到醒悟，并随之产生变化。当时的人对这种意义还不能完全理解，或者是在了解了一部分教义之后，对这样大胆、有违于现状的教义感觉到前所未有的害怕，从而不敢践行。这种感受非常正常，因为耶稣的教义，就是让人向前、勇敢的教义，它让有勇气的人从内向外产生变化并最终达到改变。大家若想了解这一教义，就要去读一遍四福音书。在本书中，我们所要介绍的，只是耶稣教义对当时人们思想带来的冲击与思考，甚至是因此而引发的斗争。

在犹太人心中，世界上只有一个神，那就是正义之神。不过，他们同时认为，上帝很擅长交易，他与犹太人的祖先亚伯拉罕订立了契约，同意这个民族最终统治世界。对此，犹太人深信不疑，可是，耶稣的出现将这一契约摧毁了。这让犹太人感觉到失望，甚至是愤怒。耶稣告诉大家，上帝不会与人类交易，天国里，没有谁比谁更好，也没有任何特权，他是所有人的父亲，如同太阳一样公平、公正。不仅如此，世界上所有的人都是兄弟，不管这个人是罪人还是你的儿子，他们在上帝眼中，都是自己的孩子。另外，耶稣在善良的撒马利亚人寓言中，对只知道颂扬自己民族，却对他人以及其他民族进行诋毁的人不屑一顾。同时，他在劳动者寓言中，对乞求神给自己额外的不同于他人的优待的想法非常嫌恶。他告诉人们：上帝对所有到达天国的人都是平等的，不会因为什么理由而产生差异，上帝对于人类的仁爱，根本无法进行衡量。因此，耶稣用丧偶妇女捐钱以及埋银子的寓言，对人们进行引导：人人都应该为人类献出所有的能力。他特别说明，想要进入天国的人，没有任何特权，也别期望得到额外的好处，更不存在一丝一毫的借口。

不过，犹太人对自我民族浓烈而偏执的热爱让耶稣生气，包括他们对于家族意识的忠诚度。耶稣试图通过上帝广博的仁爱，来将犹太人心中的偏执和种族情结进行清除。在耶稣看来，天国才是人类唯一的家，上帝就是建立这个家的家长。《圣经》中有这样一段："耶稣站在人群中说话，此时，他母亲与兄弟站在人群外，等着要与他交流。于是，有人去将这一消息告诉耶稣，可耶稣却对来报告的人说：'我的母亲是谁？我的兄弟又是谁？'说着，他指着身边所有的信徒，大声说：'看，这些人就是我的母亲，就是我的兄弟，只要是按着上帝的意愿来行事的人，都是我的兄弟、母亲。'"[1]

耶稣通过人人平等，大家都是来自于一个大家庭的观念，对犹太人偏执的爱国精神以及只忠于自己家族的心态进行抨击。同时，他对人与人之间巨大的贫

---

[1] 这一段出自《马太福音》第12章。

富差距也进行谴责，认为人不应该只追求个人的财富，每个人都来自天国，而所有的财富也都是天国的。人类唯一正确的生活观念，就是个人拥有的一切以及一生所有的作为都是服从上帝的。对于将个人财产进行保留的行为，他不止一次进行问责。

其中就有这样一段："耶稣与自己的信徒走在路上，突然有一个人跑过来，跪在他的面前，说：'完美的主啊，我要怎么做才能永生不死呢？'耶稣回问：'我为什么是完美的呢？在这个世界上，除了上帝是完美的，没有一个人堪称完美。你要的答案，圣诫已经告诉你了，不要害人，不要偷抢，不要说谎，不要奸淫，不可有负于他人，对父母孝顺。'那个人对耶稣说：'主啊，我从小就是这样遵从圣诫的。'耶稣满眼悲悯地看着那个人，又说：'你只做这些还不够，回家去之后，将你所有的财富都散发给穷人，然后，背上十字架与我一起传教，将来进入天国你还会拥有这些财富。'那个人听完，非常伤心，悲伤地离开了，因为他舍不得将这些财富都散发给穷人。"

"耶稣看看自己的信徒，然后说：'有钱的人想要进入天国，实在太难了。'大家都不理解，好奇地看着耶稣，他又接着说：'有钱的人，如果想要进入天国，其难度比骆驼从针眼儿穿过还要难。'"[1]

与此同时，耶稣预言，进入天国的人，都将围绕于上帝的身边，但同时，他也在预言中对之前宗教中出现的如同与上帝签订契约一样的行为表达了严重的不满。在他很多记录下来的言论中，都可以看到他对那些一心一意遵照传统旧习而一生虔诚之人的苛责。《马太福音》第 7 章，第 1 ~ 9 节这样记录："法利赛人与文书问耶稣：'你的信徒们，为何违背古训，手都没洗干净就吃面包？'耶稣却说：'由此看来，约书亚认为你们虚伪的预言是真的，这如同写在纸上的契约一样真实。'"

"他们只在嘴上崇拜我，

可他们的心与我距离遥远。

[1] 这一段出自《马太福音》第 10 章。

他们把别人的奴役视为规则引导人，

这样敬畏我也没用。

他们抛开了上帝的圣诫，却只顾着按旧习行事，就如同洗碗洗杯一样。你们这是在回绝上帝的圣诫而践行自己的旧传统。”

对于耶稣的这些教义来说，并不只是追求对社会、对道德的改变，其中有些地方非常明显，他对政治有着自己的倾向。确实如此，按耶稣所说，天国这个世界，并不是人类所处的世界，而是存在于人们内心的，那里没有皇帝。但同时也很清楚地告诉人们，不论天国在哪里，人们在自己的心中将它建成什么样子，其外在世界的改变与更新，也就会变成什么样子。

不管听教义的人是不是听全，又或者听者又聋又瞎，但教义中明显的、对于世界进行改变的决心已经显露无遗。耶稣教义受到反对，以及他被人告发并进行受审的经过，也已经很明确地表达了当时那个时代之人的看法。耶稣可能非常直接地将这个决心讲了出来，非常坦率、真诚，他想要改善人类的生活，想要改变、融汇所有人的生活。不过，追随他的信徒似乎并没有领会他的意思，他们在犹太人种族精神的世界中，被犹太人所信奉、追求的那个国度，即推翻希罗多德以及罗马帝国而建立起新的传说中的伟大国度的这一梦想所迷惑了。这让他们完全领悟不到耶稣的真实意愿，虽然他已经说得这样直接与明白。在这些人眼中，耶稣的教义，其实就是通过这样故作神秘的方法，去实现光复耶路撒冷王国的意图。耶稣在他们眼中，不过是又一个变身统治者的帝王，他不运用战争，而使用了这种带有巫术的宗教，并且对这宗教赋予了人类并不存在的美好。《马可福音》中有这样一段记录：西庇太的两个儿子——约翰和雅各，来找耶稣，说：“主啊，不管我们提出什么样的请求，都请你答应。”耶稣问：“你们想要什么呢？”他们便说：“带着我们进入你的荣耀当中去，让我们坐在你的左右两侧。”耶稣回答：“我用的杯子，你们可以用，我受的洗礼，你们也可以受。但谁坐在我的左右，并不由我来决定，这个位置应该谁坐，最终就会赐给谁来坐。”耶稣身边的其他门徒听了，开始对雅各与约翰产生不满。耶稣便将他们叫到跟前，说：“你们应该明白，外族的人们被君主统治着，被大臣控制着，但你们却不一样，在你们面前，谁愿意称大，那就要甘愿做你们的仆人，而谁愿在众人面前称王，就必须要做所有人的仆人。作为人子，并不是接受他人服务的，而是要一心去为他人服务，用自己的生命为他人进行救赎。”

耶稣的这些话，对于想要通过苦修而获得命运改变的信徒来说是一种打击。他们不敢相信，为天国服务这份苦差事，便是自己获得的所有报酬。当耶稣被钉死在十字架上，他们有过短暂的失落。不过，他们仍旧相信，以耶稣在天国的荣耀，他将很快凭借一种神奇的方式再次复活，并来到这个世界上，最终坐到耶路撒冷帝王的宝座上去。在这些人眼中，耶稣一生的经历就是一种计谋，包括死亡也是他所运用的一种手段。

在耶稣信徒们的眼中，耶稣实在不同寻常。可以相信，当时那些拥有财富与权势的人，在耶稣的教义中，必定感觉到害怕，会感觉到自己现在的生活总有一天因为他而发生变化。可能，对当时的祭司、帝王以及拥有财富的人来说，他们比那些追随的信徒更了解耶稣。耶稣宣传教义，就是想要把这些人辛苦积累起来的权力、财产，通过宗教的手段都暴露出来。这个人如同精明的道德猎人，要将这些深深藏匿的权势者从原有的舒适状态中赶出去。那个所谓的天国，是没有任何个人财富的，也没有优先权、没有荣耀、没有一切特权。就连那些追随他的信徒，也因得不到特别的对待而有所不满。祭司们已经深深明白，自己与耶稣，除了你死我活的对峙，绝无其他方法相容。军队中的士兵对这些他们完全无法理解的教义惊诧不已，这力度已经超越了他们所有的军事训练，所以，他们只能不断地笑着，以掩饰惊诧的感受。在他们心里认为，应该用荆棘编织一顶王冠给耶稣戴在头上，再给他穿上紫色长袍，将他装扮成罗马帝国统治者的样子，对他进行体无完肤的嘲讽。因为在他们眼中，耶稣的教义，就是让人过一种不可理解的可怕人生，那需要他们将过去旧习抛弃，需要他们自我克制，不再追求所谓的幸福……

第三十八章 基督教派的发扬

通过《四福音书》，我们可以对耶稣的为人以及他宣传的宗教进行全面了解。但是，在这本书里，我们却很难将耶稣的教义了解透彻。因为耶稣教义的信仰大纲全部被写进了《使徒书》中，这是他与自己亲随之间来往的系列信件。

对于基督教义的建立，圣保罗是不能不提的名字。这个人从来没与耶稣见过面，更没听到过耶稣对教义的宣传。他最初的原名也不叫圣保罗，而是扫罗。耶稣被害之后，扫罗的大名因对基督徒进行大肆残杀而闻名。不过，一段时间之后，扫罗突然开始对耶稣教义信奉不已，并皈依基督教，将自己的名字也改成了保罗。保罗不仅精力旺盛，智慧更是出众，他对基督教派的运动一直保持极高的激情与兴致。其实，除了基督教，保罗对当时比较盛行的犹太教、太阳神教以及亚历山大教派都非常熟悉。他甚至将这些教派中的很多观点和术语，融入基督教中去。虽然说他对耶稣信奉、传扬的基督教义所做出的光大与发扬并无太大贡献，但他非常明确地告诉了大家教义的最终目的，那就是耶稣是受到神认可的救世主，他是犹太人的首领，他的死，就是为了让世界所有人得到拯救。

不同的宗教，在同一时段得到发扬与繁荣时，它们总会在其他教派中借用一些宗教的仪式以及特色。拿中国佛教为例，它与老子的道教宗义并不相同，但在仪式以及祭祀方法、寺庙发展等方面则几乎一模一样。因此，基督教在发展过程中，也同样承袭了太阳神教以及其他教派的仪式，比如信徒落发为僧、建立祭坛、唱颂诗歌，甚至是沿用了很早之前其他宗教就运用的祷词等。这种做法，一点也没有让基督徒产生不满。当一个宗教朝向繁荣，大力发展时，必定要适应与其他宗教的并存。而每一个教派都要致力于发展自我教派的扩展，因此，很多人总会在不一样的宗教派别中变来变去。当然，有些宗教难免会受到国家统治者的特别关注。其中基督教所遭受的质疑与倾轧就格外多，几乎超过了任何一个宗教。因为基督教保持着犹太人的宗教态度，对罗马统治者拒不接受。哪怕忽略耶稣教义中的变革性质，只是这种对罗马帝国的排斥，就足以让它成为带有反动性质的教派。

保罗一直在宣传这样一种认知：耶稣会像奥里西斯那样，最终再次复活，从而成为人类不死的神。当基督教得到不断发展，耶稣和上帝的关系成为热点，神学家对此的争论也越来越激烈。其中，阿里乌斯派觉得，耶稣虽然也是神，但与上帝的地位却相差悬殊。而撒伯里乌派却不这样认为，他们觉得，上帝就是耶稣在天国的身份，而在人间则是耶稣，也就是说，耶稣与上帝是同一个人。这一点也不矛盾，一个人可以有父亲的身份，也可以有其他身份。除此之外，“三位一体”派的说法更为怪诞，在他们眼中，上帝一身兼具 3 个角色，也就是说，圣父、圣子、圣灵就是一个人，他们都是耶稣。阿里乌斯派的看法，在一段时间内，被人们普遍接受。但在人们不断地战争、争论下，后来基督徒都接受了一个看法，那就是“三位一体”说。这一思想，在亚他那修信经[1]里得到了全面的论述。

在此，我们不想对各神学派的争论谈论太多，因为这些争论远没有基督教义那样有名。这样看来，耶稣教义真的让人类思想有了全新的提升。基督教所倡导的上帝是天父，世界所有人都是兄弟，他们的人格都是天父居住的地方，其神圣无与伦比等认知，对后来的人以及政治、生活都产生了极大的影响。当基督宗教得到不断发展，世界上出现了一种新的尊重，那就是福音书中极力提倡的人应

[1] 亚他那修信经，亚他那修创作于 4 世纪的信经，信经中非常全面地讲述了三位一体的教义。

该反对压迫。这就像很多不认可基督教的人说保罗一度说服奴隶去遵从被奴役一样，都是真实的。而且，基督教非常清楚地提出，用人与动物进行竞技的做法是极度损害人之尊严的行为，要坚决反对。

耶稣死去200年后，他的教义在整个罗马帝国传播开来，而基督教徒变得越来越多。罗马统治者对这一教派所宣传的教义有些能够容忍，但有些则视为反叛思想。公元2世纪～3世纪，基督教受到一些小的压迫与打击。至公元303年，戴克里成为罗马帝国的皇帝，他下令对所有基督徒进行严厉的惩罚。因此，基督教会的财产被充公，他们宣传的教义、圣经全部被烧毁，国家法律也完全不对基督徒进行保护，这让很多基督教徒被残杀。对于烧毁基督圣经与教义等书籍的事，我们应该进行着重说明。戴克里之所以这样做，说明他已经意识到了，这种以文字宣传的书面材料，有着极大、极强的团结信仰者的作用。这些用书籍进行传播的宗教，包括犹太教在内，是有着文化基础的。它们可以一直持续下去，就在于人们通过阅读便能更理解宗教的观念这一便捷性。而那些过去的宗教则不同，它们没有这种宗教的智慧。事实上，基督教学术传统的保存，在野蛮人入侵西欧国家时，起到了很重要的作用。

不过，罗马帝国的迫害，并没让基督教停止发展。在罗马国内，很多行省里都有人数可观的基督徒，这其中包括很多官员。所以，在这样的地方，残害基督徒的命令并没有得到实施。公元311年，加莱里乌斯成为罗马皇帝，他下令赦免基督徒。公元324年，君士坦丁称帝于罗马帝国，他本身信奉基督教，在临死前接受了基督教的洗礼，成为一名真正的基督徒。在他的授命下，那些在其他统治者眼中表示神圣的符号被统统抛弃，而在军队使用的旗帜上和士兵使用的盾牌上，全加入了十字架这一元素。

没过多久，罗马的官方宗教就变成了基督教，各种活动得到名正言顺的举行。这让其他宗教大量消失，有些则被并入基督教派。公元300年时，亚历山大城的朱庇特罗马神已经被皇帝取消了，至公元5世纪，基督教成为罗马帝国唯一的宗教。

第三十九章
蛮族入侵和罗马帝国的分裂

公元3世纪，罗马帝国不断受到野蛮民族的侵略，这让国内生活与道德都逐渐衰退。在这一时期内继承王位的罗马皇帝，都有着穷兵黩武的习惯，他们时常因为军事需要而随便迁徙首都。意大利的米兰、塞尔维亚的西锡尔米乌姆，以及同一境内的尼什，甚至小亚细亚的尼科美底亚，都扮演过罗马帝国首都的角色。而罗马城距离这些地方都非常遥远，这让它因此走向没落。当然，罗马帝国的很多地区在这一时期还是相对和平的，人们并不需要随时将武器带在身边。军队，始终是罗马帝国最高权力的支撑，皇帝们因为对军队的把持而变得专制、独裁，与波斯一些地方的国王没什么分别。戴克里时期，曾穿过东方国家皇帝穿着的衣物，头上戴着贵重的皇冠，目空一切。

罗马帝国建国以来，其边境是沿莱茵河与多瑙河建立的。但现在，日耳曼人、法兰克人来到了莱茵河岸，与此同时，汪达尔人、西哥特人、东哥特人、阿兰人也占领了匈牙利北部地区。包括蒙古人，同样朝着欧洲袭进，匈牙利人非常凶猛，他们不断将阿兰人、东哥特人向西驱逐，同时向他们索要贡品。

亚洲境内的罗马边界，也因为萨珊王朝[1]的侵略而不断向内缩小。这是一个波斯地区新兴起的王朝，充满着战斗的活力，在接下来的300年时间里，他们都

[1] 萨珊王朝，建立于公元226年，结束于公元650年，是前伊斯兰时期的最后一个波斯国家。

是罗马帝国在这一地区最大的敌人。

读者只要对着欧洲地图粗略地看一下，就会发现罗马帝国的弱点在哪里。多瑙河位于塞尔维亚与波斯尼亚之间，形状如同U形，而不到200英里的地方，就是亚得里亚海陆地。罗马帝国对于当时海上的航行并没管理到位，正是这块陆地，一直成为联系东西方世界的重要交通枢纽。野蛮民族就是对这里展开了凶猛的进攻，当它被攻占之后，罗马帝国便不可避免地被分成了东、西两个部分。

假如，这时的罗马帝国战斗力足够强大，那么失去的达契亚完全可以夺回。但事实是，这样的战斗力，对罗马帝国已经不复存在了。当时恰值君士坦丁称帝，他虽然有几分聪明，可以将哥特人赶出巴尔干地区这一重要战略基地，但他却没有将自己国家的边界扩展到多瑙河的对岸去。他对国家内部问题看得太重，总想利用基督教的力量让帝国重新强大起来。于是，他命令人们在达达尼尔海峡地区的拜占庭修建新的首都，并要将它视为罗马永远的首都，所以，他给这个地方以自己的名字命名——君士坦丁堡。可是，直到他死去，这个城市还没有建完。另外，君士坦丁曾经将多瑙河西岸的一块土地给受哥特人侵略的汪达尔人居住，这样一来，汪达尔人的队伍便成了罗马帝国的军队。不过，军队的指挥权还在汪达尔人手中，因此，它从未被罗马同化。

此时，君士坦丁皇帝日夜为罗马帝国重组而操劳，一直到死去为止。而就在他死后没多久的时间，哥特人便带着自己的侵略大军攻破了边界，差一点就打进君士坦丁堡。公元378年，哥特人与罗马军在亚得里亚堡开战，并获得胜利。于是，他们如同汪达尔人定居于多瑙河西岸的土地一样，在现在的保加利亚定居下来。表面上，他们是罗马帝国统治下的民族，但实际上，他们是凶悍的侵略者。

公元379 ~ 395年期间，狄奥多西继承罗马皇帝之位。这时的罗马帝国看上去还是完整的，但是，汪达尔人此时已经接管了罗马在意大利以及潘诺尼亚的部队，哥特人则将罗马巴尔干的部队收归于自己旗下。狄奥多西去世之后，他的两个儿子分别独立，其中大儿子阿卡丢斯占据君士坦丁堡，得到哥特人的拥护，称为东罗马。而二儿子胡诺留斯则在罗马城登基，得到汪达尔人的拥护，称为西罗马。两个兄弟以争夺唯一继承权为借口，开始了帝国内部的战争。公元410年，哥特人的首领阿拉列带着人马将罗马城征服，并将大量财富席卷一空。罗马建城800年，这是第一次受到外族的入侵。

公元前5世纪的前50年时间，各野蛮民族都以抢夺罗马帝国为主。对于当时的世界局势，我们并不能说得非常清楚。帝国曾经兴盛的那些城市，现在依旧归帝国所有，比如意大利、西班牙、法兰西等。只不过，它们现在已经与过去完全不同。这些城市的兴盛已经不见，人口越来越少，住在城中的人充满着危机与消沉感。当然，那些城市官员完全不管这些，他们照常打着皇帝的名义，对人民进行压榨。宗教也保持着，而侍奉的神职人员却都碌碌无为，他们知识有限，只能凭着迷信与恫吓来糊弄人们。不过，有些没有受到侵略的地方，很多雕刻、书籍等艺术品得到了保持。

在罗马帝国的农村，其衰落惨状更加严重，到处都是萧条与凌乱。因为战争，原本种植作物的田地变得荒芜，农民只能沦为强盗。野蛮民族在罗马的土地上横冲直撞，几乎没有人出来反抗。这让他们在罗马本土拥有了自己的地方，并成为统治者，有时甚至还会得到帝国官方的官职。这些野蛮民族，如果懂得文明，哪怕开化并不完全，也会对自己占领的土地还以包容，或者让自己族落的人与当地人通婚，进行合理交流，甚至学习当地语言。但是，这些野蛮民族都来自于农业民族，他们对于城市这样的地方一点都不喜欢。所以，他们将罗马当地人赶走，用自己的语言取代当地的拉丁语。当然，他们所使用的语言，最后也都发展成了现在的英语。

因为篇幅有限，对于各民族对罗马的侵略，在此就不一一讲解了。我们可以通过一个例子来展示当时野蛮民族对罗马帝国的不断征战：汪达尔人最早在日耳曼地区居住，他们后来到了罗马的潘诺尼亚定居，这些大家都知道。至公元425年，这个民族穿过高卢以及比利牛斯山，进入了西班牙南部。他们很快发现，其他民族在这里开始建立自己的国家，并获取官职，比如西哥特人。于是，公元429年，汪达尔人便从西班牙，通过海上航道，一路到达北非，并于公元439年，将迦太基据为己有，同时创建了属于自己的海上舰队。成为海上霸主之后，他们于公元455年对罗马城进行掠夺。而现在的罗马城，还完全没有从阿拉列的征服中复原。从这时起，汪达尔人便成了真正的海上之王，西西里、萨丁尼、地中海等很多岛都受他们的掌控。他们成了海上国家，舰队规模与被罗马消灭的迦太基不相上下。至公元477年，汪达尔人的海上帝国进入最鼎盛时代。不过，他们并不是罗马唯一的侵略者。好在，当时间进入到下一个世纪，那些被侵略的土地，最终又被君士坦丁大帝成功夺取回来了。

汪达尔人只是对罗马进行侵略的其中一个民族，相类似的民族及行为还有很多。很快，一个与这些野蛮民族无关，但比他们更凶猛的种族也来到了欧洲。这个民族就是鞑靼。这是西方世界出现过的，最为凶悍、最富战争活力的黄色人种民族。

第四十章
匈奴人和西罗马帝国的毁灭

匈奴人的入侵，可视为人类历史又一个新阶段的开始。其实，一直到基督教盛行的时代，他们与北欧都没有什么过多接触。最早，蒙古人种和欧罗巴人种的混血拉普人就生活在北方的森林以及冻土地带，后来朝着拉普兰德迁徙，但从没有成为过历史的主流。若干年以来，不论是闪米特人还是雅利安人，包括暗白民族，都几乎没有受到过蒙古族以及黑色人种的侵略。他们始终如同奇迹一般在历史中持续着，当然，这不包括埃及和埃塞俄比亚。

后来，匈奴人开始向西方入侵，这主要由两个原因引起。第一，当时中国的汉朝逐日壮大，边界不断扩展，这让他们的生存空间受到影响；第二，当地的气候复杂多变，而另外一些地方则水草丰美。因此，这让匈奴人产生了迁徙的想法。当然，如果再加入一个原因的话，那就是罗马帝国开始衰退的走势。罗马帝国在共和国后期开始，那些统治者、贵族，包括军人，就使得国家实力不断下降，这让匈奴人看到了机会。所以，匈奴人向西入侵，除了来自东方的压力，更有西方因为压迫而产生的自我败落。

公元 1 世纪，匈奴人到达俄罗斯东部边境。不过，他们一直没有成为这片地区的统治者，一直到时间进入公元 5 世纪，匈奴人的时代才真正到来。最早进入意大利的匈奴人，是当年被汪达尔人雇佣的一支军队，他们在汪达尔人离开潘诺尼亚之后，将此地据为已有。

公元5世纪20～50年代，匈奴人阿提拉成为非常受人瞩目的统治者。对于这位领袖的领导能力，我们并不太清楚。但他善于领导自己的民族，还将日耳曼民族征服。因此，他的领地区域便从莱茵河一直沿展到中亚。他在匈牙利平原上建立了自己的基地，还派了使节出使中国。同时，他在这里也接待了君士坦丁大帝派来的使臣——普利斯克斯。后来，普利斯克斯特别写了一本《出使记》来讲述阿提拉的国家。阿提拉率领的部落，其生活方式和雅利安人有相似之处，普通人多居住在帐篷或者小屋内，而领袖的住宅则被栅栏包围着。在领袖家里，经常会举行各种宴会、表演。不要说荷马史诗中的人物，就算是亚历山大手下的马其顿人，在这样的地方也会感觉比住在君士坦丁堡豪华、舒适的宫殿内轻松快乐得多。

之前，希腊人入侵爱琴地区，那里的文明因此受到冲击。其实，阿提拉带领的匈奴人来到地中海，同样也对罗马的文明产生了很大冲击。历史总是这样，在不同时间，相同地区不断重演。匈奴人深深热爱着自由的游牧生活，这种热爱超过了以野蛮著称的希腊人。所以，他们在城内四处掠夺、抢劫，却从不肯停下来过安稳的生活。

有几年时间，阿提拉一直与狄奥多西大帝过不去，他的人马在罗马帝国的土地上不可一世，甚至到达过君士坦丁堡城下。据说，阿提拉只是在巴尔干半岛这一地区，所征服的城市就已经超过70座。为此，狄奥多西大帝不惜重金来收买他，当然，也曾暗中派人对他行刺，只是没有成功。到了公元451年，阿提拉改对讲拉丁语的区域进行侵略。很快，高卢、北高卢都被他洗劫一空。同样为侵略者，但已经定居下来的西哥特人、法兰克人等与罗马军队联合，一起反抗阿提拉，并在特鲁区将其打败。这是一场非常惨烈的战争，当时至少有15万～30万人死去。

这虽然暂时打消了阿提拉朝高卢地区继续进攻的计划，但并没有减弱他队伍的力量。第二年，阿提拉便进入意大利，并迅速将帕多瓦城、阿奎拉城烧毁，最终掠夺了米兰。

这样一来，米兰、帕多瓦城等地区的大量难民开始向着亚得里亚海的岛上搬迁，并在那里开始建起现在闻名于世的威尼斯。事实上，当时间进入中世纪，威尼斯已经成为当时最大的贸易中心了。

公元453年，阿提拉与一个漂亮的女性结婚，但在举行婚宴庆祝的时候，他却忽然死去。因为他的死，这个不可一世的掠夺团体土崩瓦解。很多匈奴人与周围的雅利安种族相融合，单独的匈奴人从历史舞台上退出。不过，因为他们疯狂的侵略，西罗马帝国也迎来了灭亡。阿提拉死后，汪尔达人带着雇佣军，开始了统治罗马20年的历史，在这一段时间内，先后有12个罗马大帝被扶上帝王舞台。公元455年，汪尔达人洗劫罗马城，至公元476年，雇佣兵的首领奥多亚克将西罗马大帝罗慕路斯·奥古斯都废除。接着他便向君士坦丁大帝传报：西罗马帝国再也不会有皇帝了。于是，西罗马帝国从此在历史中消失。公元493年，哥特入侵者的首领狄奥多里克宣布自己成为罗马国王。

到现在，中欧、西欧的整个地区，各入侵的民族领袖，都开始为自己冠以国王、公爵之类的官衔，并拥有自己的土地。他们虽然表面上称臣于罗马帝国，却拥有独立权，与罗马皇帝保持着貌合神离的现状。而且，这样的入侵者，在当时多达几百甚至上千个。西班牙、高卢、达契亚等地，拉丁语的地位虽然被方言所取代，但还可以通用。而在莱茵河、不列颠等处，则以日耳曼语为主语了。只有那些接受过拉丁语学习的人，以及比较高级的神职人员，才继续运用着拉丁语。若不是基督教传教士以及修道士始终以拉丁语传教，可能它已经消失在历史中了。那时的所有地区都不够安稳，想要财富不受损失，就要用强大的武力来保护自己。城堡被不断进行修筑，而道路却被破坏。公元6世纪，西方世界完全被黑暗覆盖，真正步入分裂之中。

庞大的罗马帝国是怎么走向强大的？又是如何走向了毁灭的？它强大的本质，其实就是最早靠着人民的团结而来的。回看罗马帝国的扩展时期，以及帝国创建的初期，人们的公民意识如此强烈，每个人都为自己拥有罗马公民的身份而自豪。所以，他们对罗马法律所赋予的权利从不置疑，而且愿意为法律的实施做出必要的贡献。那时的罗马权威，如同一个德高望重者的权威一样，其力度远远超过国家边界的浩大。可是，当时代进入布匿战争时期，这种公民意识不断被减弱，罗马帝国的领土虽然在不断扩展，可公民的权利早不能和过去相提并论。

对罗马帝国来说，它终究是一个比较原始的群体，它不推行教育，也不和人民传达政策内涵，不让人民参加国家决策。总而言之，罗马从来没有有效地与人民达成过共识，更没有一个用于传达政治阶层消息的平台。不论是苏拉还是马略，这些野心家都在想着如何把持权力，但从不顾公民感受。任何一个国家，一个统治者，当离开了公民的认知、意愿时，其灭亡也就不可避免了。因此，罗马帝国的存在得不到任何人的支持时，它最终就只有灭亡。

不过，罗马帝国虽然在公元 5 世纪走向了灭亡，但他所使用的拉丁语却因自身的权威和传统，使之生出新东西，那就是以拉丁语为核心的天主教会。当罗马消失，天主教依旧存在着。因为它让人们的精神以及意愿得到唤醒，它以书籍的方式进行传播，传教士体系不但庞大而且团结，这让它的力量远远超过了军队、法律。在公元 4 世纪～ 5 世纪期间，罗马正朝着灭亡迈进的时候，基督教却普及了欧洲所有地区，连同入侵的野蛮民族，也被它所征服。当年，阿提拉攻到罗马城，城内的基督教总主教便站在城前，他没有军队，仅仅是道德的力量便足以让他将这支野蛮的队伍阻挡于城外。

罗马教皇、主教都认为自己是基督教的领袖，罗马已经没有了皇帝，他们只能将这一称号包括权力冠以自身。最高大祭司的头衔就被罗马教皇所拥有，这是罗马曾经最高的首席祭司职位，也是皇帝才享有的一个非常传统的称谓。

第四十一章
拜占庭帝国与萨珊王朝

同西罗马相比，以希腊语为主语的东罗马在政治上更为坚韧。公元5世纪，占据罗马发源地、以拉丁语为主语的西罗马消失，而东罗马却没有受到这场灾难的波及。当时，阿提拉也曾与东罗马大帝狄奥多西二世产生过战争，而且甚至进攻到君士坦丁堡的城下，但东罗马最终幸免于难。而努比亚人的萨珊王朝在对埃及北部进行侵略之后，南部以及亚历山大城则没受影响，同时，小亚细亚大多数地区也都没受到侵略。

公元6世纪，罗马西部的人民生活在暗无天日之中，但东罗马则因为希腊势力而得到良好的复兴。查士丁尼一世[1]身上流淌着斯拉夫人的血液，其组织能力超强，野心也非常大。而且，他非常幸运地娶了狄奥多拉为妻，这个女人曾是当地非常有名的演员，其能力与她的丈夫几乎相当。查士丁尼一度想要将东罗马帝国恢复到从前的状态，这让他消耗了很多国力。他与汪达尔人抗争，将北非夺了回来；与哥特人对抗，将意大利很多土地都夺了回来，连同西班牙的统治权，也一并夺了回来。可是，他对军事与海上的建设却投入有限。他更注重文明建设，他建立了大学，修筑了圣·索菲亚大教堂，对法典进行编撰。只不过，为了让自

[1] 查士丁尼一世，东罗马帝国的皇帝，出生于公元527年，卒于公元565年。

己建立的大学独一无二，他将已经存在了1000多年的雅典学院关闭了。

从公元3世纪开始，波斯的萨珊王朝便是东罗马最大的敌人。这两个国家之间一直处于战争状态，并为此付出巨大国力。在公元1世纪时期，小亚细亚、埃及、叙利亚这些引起两国纷争的地方，一直保持着很高的文明程度，人民的生活也非常富足。可是，在经历了长时间的战争以及因战争而带来的税赋之后，这些地方开始走向衰退，甚至最后只有为数不多的农民才住在这种地区。其中，除了埃及南部，其他地方都满目疮痍。不过，此时亚历山大城和君士坦丁堡一样，一直维持着已经被削弱的贸易。

这两个国家因为敌对与不知变革，国内的哲学、政治、科学完全消失。雅典最后一批哲学家们，曾因为强烈的精神坚守和对文化的敬畏，始终保存着那些曾经的文献以及文学作品。这种情形，一直持续到国家出面镇压。不过，就当时的情况来说，不论是谁，都不敢大胆承认自己对文学作品及传统保持坚守，甚至不能保持独立的思维。这样的政治，让社会、人民生活更加混乱不堪。当然，这也不排除人类智慧不进则退的现实。应该说，这时的波斯与东罗马都已经不具备帝国的容量，他们利用新兴起的宗教来限制人们内心的自由。

当然，不论是哪个国家，在当时都是宗教国家。他们对神保持崇拜，称帝王为神，并围绕在他身边。亚历山大就被人们看成神，而罗马皇帝则将自己的雕像进行供奉，人们只有对他的雕像进贡、燃烧香火，才被视为对国家的忠诚。这也就是说，罗马的皇帝也是将自己视为神来看待的。不过，这种宗教供奉的方式在本质上并不是真正的宗教行为，它不能真正烙印于人们的心里。当一个人愿意为神去死，并为神进行祭祀，这只能说是他自己的事情，与其他人并没有多大关系。而新的宗教出现，特别是基督教，它所要求的，则是人的内在精神。它要求人们对宗教的形式保持牢记，并一定要在内心坚守虔诚的信仰。很快，人们对信仰本质展开争论，认为新兴起的宗教都有着信仰的本质。

在君士坦丁堡，争斗、怪诞的神学处处显示，各种邪恶行为也肆意发生。这样的生活充满着刺激与惊险，但绝对没有美满、祥和。只要野蛮民族不来入侵，萨珊王朝就与君士坦丁进行斗争。这让两个国家处于战争中的地带一片荒凉，毫无生机。但实际上，两个国家就算没有战争，或者结成同盟，也不是入侵的野蛮民族的对手。当匈奴人来到这片土地，他们先后与两个国家都达成过同盟关系。公元 6 世纪，两个国家的第一世统治者相互对抗，至公元 7 世纪，就变成了他们的继承者之间的对抗。

继查士丁尼一世之后继位的赫拉克利乌斯，在其称帝之前，萨珊王朝统治者科斯洛埃斯二世实力更强一些。他对东罗马耶路撒冷、大马士革、达卡尔西等城进行攻击。至公元 619 年，他成功占领埃及。而这时，赫拉克利乌斯成为东罗马皇帝，他对科斯洛埃斯二世的攻击发起反击并于公元 627 年将其打败。第二年，科斯洛埃斯的儿子卡瓦特通过阴谋将父亲杀死。这时，两个国家之间开始了一段并不持续的和平时间。

但很快，两个国家又一次展开对抗。但谁也没有想到，这次两国持续多年的战争，却因为一场意外事件的到来，而就此画上休战符。

当时，赫拉克利乌斯正在叙利亚展开一场秩序重建的活动，有一天，他收到了一封来信。这封信是先被送到大马士革的边界哨所，然后才转到他手中来的。信是一个自称“真主的使者穆罕默德”的人发出来的，信中的语言也是闪米特人常用的阿拉伯语。穆罕默德在信中说，赫拉克利乌斯应该成为人们唯一的真主，人们应该只信奉他、侍奉他。相信，赫拉克利乌斯是看不懂这封信的，除非有人翻译给他听。所以，他当时看完信说了什么，并没有人进行记录。

而与此同时，萨珊王朝的卡瓦特也收到了这样一封信，内容几乎相似。这让他大为震怒，直接将信撕碎，并将送信人赶了出去。

送信的人跑回穆罕默德所在的小镇——麦地，将这件事告诉他，这当然让穆罕默德很不高兴，于是他对着天空说：“既然如此，主啊，就请你将他的王国拿走吧！”

第四十二章
中国隋唐文明

公元 5 世纪 ~ 8 世纪期间，匈奴人一直保持着对西方的入侵活动。阿提拉的部队只是一个前锋，他死之后，匈奴人先后将匈牙利、芬兰、保加利亚等地征服，并定居下来。这些匈奴人的后代一直没被当地文化同化，直到现在，他们还保持着自己与土耳其相似的语言。其实，匈奴人对波斯文明、印度文明以及雅利安文明都有着很重要的影响，这如同之前雅利安文明对闪米特文明、爱琴文明一样，影响深远。

在中亚，土耳其人已经开始定居，而在波斯，同样有着土耳其雇佣兵、政府职员，他们正式占领亚洲从中国边境到里海的这一区域。这个时候，帕堤亚人早已经被波斯文化同化了，而匈奴人也将雅利安人取代。

起源于公元 2 世纪末期的那场瘟疫，让庞大的罗马帝国消亡，同样也将中国的汉朝毁灭了。后来，中国经历了一段时间的分裂，也不同程度地受到了匈奴人的侵略。不过，这种情形很快得到扭转，其复兴的速度与全面性远远超过欧洲。公元 6 世纪末期，隋朝让中国再次统一。而当赫拉克利乌斯统治东罗马时，唐朝则取代了隋朝，让中国重新进入一个昌盛时代。

公元 7 世纪 ~ 9 世纪，中国成了世界上最文明、最安定的国家。在汉朝时，中国领土是向北扩展的。而进入隋唐时代，他们却将文明带向了南方。当时的中国领土已经与今天面积相差不多。整个中亚，中国的势力完全被突显出来，边界直接与土耳其相连，甚至越过土耳其，扩展到了里海、波斯。

这时的朝代与汉朝完全不一样，这是一个充满生命力的朝代，更是一次文明的伟大复兴。国内重要的宗教、哲学以及人类思想都发生着改变，人们在技术、艺术以及生活方式等方面都有了很大的进步。他们发明了茶文化，发明了造纸术，更发明了印刷术。在这段时间内，欧洲与中亚的人口不断减少，住所也简陋狭小，还时时受到外来者的侵袭。而人口众多的中国却生活井然，日子舒适。西方的神学将人们笼罩于黑暗之中，中国人的精神却变得越来越通达，越来越充满开阔与追求。

公元 627 年，唐太宗登基。也就是这一年，赫拉克利乌斯刚刚打了一场胜仗。唐太宗在自己的国家接见了东罗马派来的使臣。东罗马之所以要派使臣到中国的唐朝，就是想要挖掘波斯国背后的盟友，以发展自己的力量。公元 653 年，波斯也开始与中国来往，他们将基督教徒派往中国传教，向唐太宗皇帝宣传教义。当时，唐太宗持开放态度，但仍对翻译成中文的《圣经》进行了审核。接着，他告诉波斯的传教士：这个宗教可以在中国传教，他们也可以在此修建自己的修道院、教堂。

至公元 628 年，穆罕默德的使者跟随商船从阿拉伯来到中国的广州，并最终受到唐太宗接见。

唐太宗和东罗马、萨珊王朝的统治者不一样，他用外交礼节来与各国派来的使臣见面。同时，他对自己国家之外的宗教保持了极大的兴趣，甚至还在广州专门帮助这些人修了一座清真寺[1]。现在，这座清真寺依旧屹立在中国的土地上，它已经成了世界最古老的清真寺。

---

[1] 清真寺，指今天广州的怀圣寺。

第四十三章
穆罕默德和伊斯兰教

当我们对公元 7 世纪初期的世界形势有所了解以后，可能就会有下面的断言：几世纪以后，欧亚大陆将被蒙古民族占领。当时，西欧的波斯帝国和拜占庭帝国依然纷争不断，丝毫看不到任何结成同盟或建立秩序的可能。而这时的印度国力日渐衰退，开始四分五裂。可是，中国的人口迅速增长，好像总数已经超过了欧洲人口总和，国力也日渐强大，对外扩张的步伐越来越快。中亚的土耳其异军突起，开始学习中国的发展经验，以便早日完成扩张。公元 13 世纪，太平洋沿岸一直到多瑙河的广阔领域都被蒙古大汗成吉思汗所占领。除此以外，拜占庭、波斯帝国全境、埃及和印度的大部分地区都在土耳其世世代代王朝的统治下。因此，预言有可能会变成现实。

不过上面所说的预言，把阿拉伯地区的荒凉的沙漠地带（这里事实上隐藏着能量）给忽视了，而且小看了欧洲拉丁语地区的振兴力量。从远古时期开始，孱弱的游牧部落就把阿拉伯半岛当作避风港，远离纷纷扰扰的战争，被忽略也是情理之中的事。尽管这样，上千年来，还从来没有民族在这里建立过国家。

可是后来，贝都因人突然发展壮大，在长达 100 年的时间里令人刮目相看。他们开始把自己的文化和语言传播开去，在向外扩张的过程中，他们也把世界上一种崭新的文化带进来了。他们创立了一种直到现在都活跃的宗教。

穆罕默德娶了一位麦加城富商的遗孀，他广泛宣扬阿拉伯宗教，慢慢变得家喻户晓。40 岁以前，穆罕默德只对宗教辩论感兴趣，知名度并不高。那时的麦加城在人们的眼中是一座异教城市，“麦加黑石”在那里颇受人们敬仰，这块圣石在阿拉伯世界名声斐然。对于现在的朝圣者来说，麦加依然是他们渴望的圣地，可是当时生活在阿拉伯半岛的居民基本上都是犹太人，居住在这个半岛南部的人们的宗教信仰是犹太教，叙利亚还有他们的基督教教堂。

几百年以后，像《圣经》里的希伯来先知一样，40 岁的穆罕默德会预言了。他先是对自己的妻子传播“唯一真主”的思想，之后又把善恶有报的理念传播开去。毫无疑问，他的思想受基督教和犹太教的影响颇深。一些信徒聚拢在他周围，和他一起在大街上宣扬他的理念，公开对偶像崇拜的理论表示反对。麦加市民却极其讨厌穆罕默德的所作所为，可是他们又不想因为对这些朝圣者的厌恶而让麦加失去了兴盛。对于穆罕默德来说，这些只会鼓舞自己更加坚定地宣扬自己的思想。他说耶稣基督和亚伯拉罕是自己的先行者，而神灵选出来的最后一位先知就是他，他的任务就是对宗教进行完善，而这也是神灵的意思。他还创作了很多自诩是天使授意的诗歌，还对外宣传自己做了一个很奇怪的梦，在梦中，他被带上了天国，聆听了上帝的教诲。

当穆罕默德的传教影响力越来越大时，他的同胞们也越来越仇视他了。幸亏他在麦地那还有很多信徒，他和他最忠诚的伙伴兼弟子艾卜·伯克尔，听说那些穆斯林同胞要加害自己后，快速转移到信仰自己的教义的麦地那，麦地那人非常友好地接待了他们。麦加和麦地那因此发生了冲突。经过谈判，麦加答应信奉“唯一的真主”，认可穆罕默德是先知。可是那些忠诚的朝圣者，依然把“唯一的真主”当作信仰，坚持要到麦加去朝圣。穆罕默德在遵守朝圣的秩序下，在麦加拥有了“唯一真主”的地位。公元 629 年，他终于堂堂正正地回到了麦加城，并成为麦加的君王。之后，他派使者去拜访世界各地的统治者，重点在于宣扬宗教思想，其中就有卡瓦德、赫拉克利乌斯和唐太宗。

公元 632 年，穆罕默德与世长辞时，他已经统治了整个阿拉伯。因为他的那股宗教热情，他口述了一本有关伊斯兰教训谕和阐释的《古兰经》。

阿拉伯人从穆罕默德那里接受到的伊斯兰教信仰，有着非常强大的启发和力量。总的来说，这种信仰涵盖三个方面：一是，坚定不移的“一神论”，即是说不能有其他信仰，不能出现交叉的神学，要对真主的统治和真主的圣父身份矢志不移。二是，发展成了全知性的宗教，为了防止血祭再一次发展起来，他传教的思想中不再有祭祀牧师和神庙。穆罕默德为了避免人们以后对自己进行神化，采取了多种举措，在《古兰经》中就规定了这样一条，麦加朝圣这种仪式性活动是有限的。最后，伊斯兰教弘扬平等，指明所有的信徒不管是什么出身，什么人种，什么地位，在真主面前，大家都是真诚的好兄弟。

正是因为伊斯兰教拥有这些特点，才发展成为人类事物中颇具影响力的力量。

第四十四章
阿拉伯文明的发展

后面发生的征服故事，是足以让整个历史都为之惊诧的。公元634年，东罗马人与阿拉伯人在约旦河支流展开战争，结果东罗马大败。东罗马大帝赫拉克利乌斯此时正处于疾病当中，完全没有精力处理政务，这让整个帝国的国力在战争中慢慢耗尽，他只能任凭自己辛苦征服的耶路撒冷、大马士革、安提俄克等城市被阿拉伯人夺走。此时，他身边的很多人开始信奉阿拉伯宗教，包括一些官员。很快，阿拉伯的队伍朝波斯进攻，不过，在波斯人中出现了一个非常善于打仗的领袖。他们便由这个领袖带领着，与阿拉伯军队在卡第西亚混战了3天。最终，波斯还是被打败了。

于是，波斯国成为阿拉伯人统治下的国度，他们迅速将势力朝向东边的中国边界扩展。而西面则不断向土耳其扩充，埃及完全没有抵抗，就成了阿拉伯人的天下。阿拉伯人开始顺着非洲北部沿岸一路向西班牙挺进，公元710年，他们征服西班牙；公元720年，他们进入比利牛斯山；公元732年，他们到达法兰西。不过，在法兰西他们受到了强有力的阻击，最终又退到比利牛斯山境内。这些来自阿拉伯的侵略者，在埃及拥有了自己的舰队，这让东罗马的首都君士坦丁堡受到严重威胁。他们于公元672～718年期间，多次对君士坦丁堡进行侵袭，不过，这座坚固的城池让他们始终没能侵略成功。

对于阿拉伯人来说，最大的弱点在于缺乏政治思想，所以，他们的国家虽然一度从西班牙到中国边境，而且在大马士革建立了首都，但都注定不能得到巩固。从建立军队的最初，宗教信仰的差异就足以让他们内部不稳定。当然，我们并不关心这个国度的消失，因为他们在文明方面的发展才对我们更有影响。当阿拉伯人开始侵略，他们的文化也随之被世界各地所知晓，这种传播远比希腊文化传播快得多。中国西部的地区完全被他们的文化影响，旧有的观念灭亡，新的认知快速生长。

同时，阿拉伯精神在波斯也迅速传播着，这让当地的拜火教、基督教、摩尼教都受到了影响，甚至还与盛行的希腊文献开始有所接触。与此同时，阿拉伯人发现了埃及存在的希腊文化，发现了活跃于西班牙的犹太传统。后来，他们又与中国佛教文化相接触，并学会了中国的造纸术、印刷术；这也包括他们对印度哲学、数学的接触和学习。

因为多地文化的接触，阿拉伯人信奉的宗教教义中最早的充满自傲与狭隘的思想，全部被消除。每侵略到一个地方，阿拉伯人便会不断学习当地的优点。进入公元 8 世纪，所有被阿拉伯统治的地方都建立了教育基地。公元 9 世纪，受阿拉伯人统治的西班牙学者已经开始与撒马尔罕、巴格达、开罗等地的学者进行交流学习。此时，犹太精神也受到阿拉伯的影响，并被同化。其中有一个时期，不同的闪米特族人在一起工作时，就会用阿拉伯语交流。而且，当后来阿拉伯帝国崩溃，这样的现实依旧存在，并在公元 13 世纪变得非常普及。

这样，当初希腊人开创的事物积累与批判学因为闪米特种族的再一次复兴而得到了传承，而那些曾经被搁置于亚历山大城的科研种子，也在经历了漫长的等待后，得到萌芽、生长、结果的机会。这一时期，人类在医学、物理、数学等方面都得到空前的发展，而罗马数字完全被简单的阿拉伯数字代替，并一直沿用到现在。“0”这个数字，就是在那时被第一次使用，而来自阿拉伯语的“化学”、“代数”也出现了。连同那些星座的名字，比如“牧夫座”、“毕宿五”等，也被发明了出来，从这些名字身上可以看出阿拉伯人想要统治天宇的决心。不管怎么说，阿拉伯人的思想，注定将要在未来中世纪的欧洲得到复活。

最早，化学家被阿拉伯人称为炼金术士。那时他们的思想还没得到完全开化，对这种提炼的方法始终保守机密。因为他们一开始就明白，这种提炼发明术会让他们在未来拥有巨大的好处，同时对世界上所有人产生重要影响。随后，他们创造出了冶金的机器，也改进了技术，比如染色、蒸馏、合金、光学玻璃、香精等。不过，有两个项目是他们没能攻克的，那就是“点金石”和“长生药”。简单说来，这两个项目就是制造金子以及让人保持生命永生的药物。慢慢地，阿拉伯人发明的这些化学方法被传到了基督教人群中。这些事物的神奇让它很快被人们接受并传播，从而使其成为一种社会性的，人类共同合作的科学。当然，阿拉伯人也明白了大家相互学习、交流的好处，而最后一批被称为炼金术士的人，至此就成了历史上最早出现的实验科学家。

在炼金术士不断寻找“点金石”与“长生药”的过程中，他们发现了我们现在所使用的科学实验，这种发现，为人类改变命运、探索世界，提供了不可阻挡的力量。

第四十五章 拉丁语基督教的发展

值得引起我们关注的是，在距离公元7世纪1000多年以前，雅利安种族是中国西方所有文明地区的统治者。而进入7世纪～8世纪，他们所能控制的地域却越来越小了。亚洲境内，匈奴人的势力已经扩展到匈牙利，除了东罗马的君士坦丁堡，便再没有雅利安人的一点地盘了。曾经的非洲全境以及西班牙大部分地区，全脱离了雅利安人的统治，在这片古希腊世界的领土上，他们只剩下君士坦丁堡这一小座城市。而那些关于庞大罗马帝国的回忆，如今只能出现在基督传教士所讲的拉丁语中。与雅利安人形成明显区别的，则是闪米特民族。这个在1000多年前消失的民族，一下又于1000多年后重新得到了复兴。

不过，此时北欧人仍旧保持着活力。虽然他们的势力范围只在欧洲中部以及西北部，而且，此时他们的政治及其观念都处于混乱当中。但是，这没影响他们逐步向前，也没阻挡他们建立全新的社会秩序，这让他们在默默无闻中，将自己的力量提升到比之前更强大的程度。

我们知道，处于6世纪的西欧，完全没有中央政府进行地域统治，整个地区被不同的地方独立管理。这样的格局注定不会持久，因此，一个有关权力的新成果在这样的封建制度中诞生，那就是混乱政治状态下的结盟与合作。这种成果，在今天的欧洲政治中，仍然留有印痕。确实，不管在哪里，单独的个人是没有足够的安全感的，他们必须通过某些东西来换取他人的保护与帮助。通常情况下，他们就会找一个比自己有能力，足以保护自己的人来取得结盟或者合作。但他们必须要对这个人上交财富与必需的军需物资，这就是换取自己安全的条件。那些领土小的地区就以这样的方式，在拥有广大领土的地区处，得到了联盟的安全感。当时各个城市以及宗教中心，都建起了联合关系。当然，一般情况下，想要得到他人对自己的有效保护，就需要自己保持绝对的忠诚。这样如同“金字塔”一样的权力制度联合，从上向下发展，同时也可以由下向上变化。开始，总有冲突与暴力产生，但很快，最有权力的上方建立了稳定关系的法律。这个联盟越来越大，最终就成了一个大的王国。公元 6 世纪的初期，法兰克王国就成立了，也就是现在的法国、荷兰。再后来，伦巴第、哥特等王国也先后出现。

当阿拉伯人组织的军队在公元 720 年，从比利牛斯山发起对西欧的侵略时，最终发现了这个由查尔斯·马特尔统治的法兰克联合王国。不仅如此，公元 732 年，查尔斯·马特尔还带着自己的部队，将阿拉伯人打败，这就让法兰克王国最终成了匈牙利至比利牛斯山这一区域的真正王者。查尔斯的手下有很多高地、低地德语系族的小国，同时也有拉丁语系的种族。后来，他的儿子丕平将克洛维斯其他后代全部杀死，保证自己坐上法兰克王国国王的宝座。而丕平的儿子查理曼登基之后，意识到了自己统治地区的庞大，这让他产生了复兴拉丁皇帝之位的想法。于是，他带人将北意大利征服，重新统治了罗马。

假如我们能站在世界历史的角度来看待当时欧洲的发展，就可以从民族历史的基础上，看到讲着拉丁语的罗马帝国是何等的伤痕累累。很多人因为那些并不存在的优势，用 1000 多年的时间，在这片土地上不断消耗欧洲的能量。从这一时期的发展中，我们能总结出几个千年来冲突不断的原因，而这几个原因，就如同一个人走向偏执的疯狂，使得欧洲完全失去思考的理智。第一个原因，那就是统治者想要称帝于罗马的贪婪。这在查理曼身上就能看得出来，他的王国是由多个不同小国组成的，其中有封建的日耳曼国度也有野蛮民族。当时，莱茵河东、西两岸都有日耳曼人，西岸的日耳曼人已经会运用各种拉丁化的方言，也就是后来的法语，但东岸的日耳曼人却从没被拉丁语同化。为此，两个日耳曼民族之间便因为沟通不畅而产生不可避免的分裂。当然，导致这两个民族加速分裂的，则是查理曼的去世。他死之后，他的儿子们开始对帝国进行瓜分。这是那之后欧洲历史明显的特点：一方面各王室成员为了权力争斗，另一方面又是日耳曼与法国的敌对。在那一时期，所有登上皇帝宝位的人都想要将早已经快要灭亡的罗马征服，并堂而皇之地为自己加冕。

让欧洲混乱不断的第二个原因，就是罗马教会对王位继承问题的决定。教会最高权力人其实就像罗马皇帝，他既约束国家君主，也管理宗教众祭司，为了平衡各方的利益，他对罗马进行全面掌握。虽然教皇并不掌管军队，但他的祭司队伍分布于所有他掌控的拉丁语系世界。对于他来说，也许不能让人的身体受到约束，但在他的手里，却握着人们信奉的天堂、地狱大门的通行证，他决定着人类灵魂最终的归宿。因此，这让那一时期的君主开始为平等而争，然后再为特权、为教皇皇冠而争。罗马教皇通常都是老者，他们有心无力又诡计多端，甚至大胆妄为。他们在位时间都不会很长，平均下来也就是两年时间，但他们总想让所有人都臣服于自己的手下。

当然，这种皇帝、教皇、诸侯之间的对立，不足以让欧洲进入整体混乱。其中，查理曼这个占领了君士坦丁堡，却仍旧说着希腊语的皇帝才是关键所在。他一直想要让罗马帝国复兴，可他却只站在讲拉丁语的一方。这样，拉丁语系国家与希腊语系国家就形成了明显的裂隙，这让他们相互对峙，连同为基督教但分讲希腊语和拉丁语的教徒之间，也产生了对立。当时，罗马教皇为自己命名：圣彼得。据说，这个名字是基督第一个信徒的名字，也是继承者的意思，他管理着所有基督教的教主。不过，这遭到了皇帝和各族长的否定，他们都不承认这个名字。同时，对于“三位一体”圣灵之说，在经历了很长时间的斗争之后，也于1054年灭亡。在此之后，讲拉丁语的基督徒与讲希腊语的基督徒就一直保持着这种差异，公然对立。这样的对立再加上其他的问题，就不可避免地对国家力量进行了削弱。

当基督徒们出现对立、分裂时，又有3组对立组织出现。原来，生活在北海以及波罗的海的北欧部落都是诺曼人，他们不信奉基督教。所以他们开始在海上进行侵略行为，让西班牙的基督教国家受到影响。很快，他们顺河水而上，到达俄罗斯的南部，在南流区域开出新的航道，开始专以海上抢劫为生。同时，他们建起了俄罗斯公国，这也就是最早期的俄罗斯人了。他们凶猛善战，曾经差点儿将君士坦丁堡攻克。在公元9世纪，英国低地日耳曼国家，他们信奉基督教，国王埃格伯特将罗马皇帝查理曼视为老师。公元886年，俄罗斯人征服了英国大部分土地，并最终于1016年将英国全部占领。与此同时，另外一支诺曼人在公元912年侵入法国北部，并建立了自己的诺曼公国。

埃格伯特的继承者克努特失去了英国，但还拥有丹麦与挪威的地盘，可惜，最后还是很快被别人占领了。而这个国家之所以这么快就被征服，最主要的原因，就是国家主权因继承者们不断争斗引起的。试想一下，这样的国家如果长期持续下去，会是什么样的状态呢？对于诺曼人来说，他们有着极强的战斗力，而且内部团结，一艘帆船就足以让他们跨越冰岛、格陵兰岛等地。因此，他们成了第一个登陆美洲的欧洲种族。不仅如此，西西里岛也被他们征服，连罗马也遭到他们的掠夺。这个民族从美洲向俄罗斯，一路北上，展现了当时让人难以置信的海上力量。

除此之外，在欧洲拉丁语的地区，包括日耳曼东部，还住着很多土耳其人以及斯拉夫种族。在他们当中，人数最多的要数匈牙利人。这些人是在公元8世纪～9世纪来到这里的，曾经接受查理曼的统治。但查理曼一死，他们就马上成立了自己的国家。他们承袭着祖先的生存方式，每年夏天都要到欧洲进行侵略。公元938年，这批匈牙利人就到达过法国，并穿越北意大利，重新返回自己的国家。如此一路烧、杀、抢、掠，所到之处无不遭殃。

而撒拉逊人此时也开始向罗马冲刺，他们的海上力量已经非常强大。在当时，只有那些来自里海或者西方的诺曼人才是他们的对手。

对于查理曼和他身后的那些野心家们来说，虽然国家四周充满挑战与危机，可他们仍旧要坚持将复兴罗马的闹剧进行到底。其实，查理曼死去之后，这个思想一直存在于西欧国家的政治之中，而且占重要的地位。亚洲境内的罗马国家，即说希腊语的君士坦丁堡，其国力逐年衰减，全部范围除了君士坦丁堡这座城市之外，就剩周围不足数英里的地盘。这种陈旧、缺乏改革、没有创新的局面，在查理曼之后的1000年时间里，一直是欧洲政治的主调。

查理曼的大名在欧洲历史上是极为有名的，只不过，他的为人似乎并不怎么好。他本人并不认字，也不会书写，对于知识又缺乏尊重。他只是在吃饭的时候，才习惯让人为自己朗读书籍。不过，他喜欢就宗教问题与别人展开讨论。因此，他经常将很多学者召到自己冬季的行宫中，与他们进行开放的畅谈，从而增加自己的知识。夏天的时候，他则多数会发动战争，那些匈牙利人、撒拉逊人、日耳曼人等族都是他的目标。对他想要称帝于罗马帝国的想法，到底是出于他刚征服北意大利时所产生的贪婪，还是因为君士坦丁堡教皇利奥三世的游说，现在无人知晓。

查理曼称帝时，就为是否应该由教皇为自己加冕这件事，还演出了一场有趣的闹剧。那是公元800年，当时恰值圣诞节。查理曼以征服者的身份访问了圣彼得大教堂，就在这时，教皇在其他人完全不知情的情况下，突然对查理曼进行加冕。传说，查理曼正在教堂看得兴趣盎然，教皇却将早准备好的王冠取出，直接戴到了查理曼的头上，并当场高呼“恺撒”、“奥古斯都”。与此同时，周围的人全都鼓掌庆祝。但查理曼本人却对这件事一直不能释怀，他觉得教皇的权力已经越出了自己的权力。因此，他后来告诉儿子：以后登基，不能让教皇行使加冕的职责，王冠应该由自己戴到头上才对。也就是从这时起，这个想要复兴的帝国一直处于皇帝与教皇对立的状态中，而且长期持续。不过，查理曼的儿子路易并没有听从父亲的告诫，他登基之后，是完全服从于教皇的。

路易死后，这个想要复兴的帝国开始分裂。其中，说德语的法兰克人与说法语的法兰克人之间进一步扩大对立。而皇帝的继承者奥托是一个撒克逊人，他于公元919年，在主教、德意志大会上当选为皇帝继承人。并于公元962年来到罗马，接受了王冠加冕仪式，成为罗马帝国的新皇帝。撒克逊人的国家，在11世纪被日耳曼人征服，那些保持着法国方言的诸侯与官员，并不愿继续受这位德意志皇帝的保护。同时，不列颠的一些国家也不认可罗马帝国的统治。包括法兰西国王、诺曼底公爵等其他封建贵族，都完全保持独立。其中，法兰西王国于公元987年成立，统治者为卡佩。卡佩及他的后代领导这个国家，一直到18世纪才结束，而这期间，他们一直是个非常小的国家。

1066年，英格兰遭受了挪威的入侵。与此同时，诺曼公爵威廉一世也开始对英格兰进行攻击。开始，英格兰将威廉一世的拉丁诺曼人军队打败，可在黑斯廷斯战役中又反胜为败。这让英格兰完全无法与纳维亚人、俄罗斯人以及条顿人建立关系，只能保持与法兰西的接触，并持续进行战争。在此后的400多年时间里，英格兰人被推入法兰西的政治斗争中去，为此消耗了非常大的国力。

第四十六章 十字军东征和教皇统治

有一个比较值得大家回味的史实，那就是查理曼在位时期，曾经与伊斯兰教的继承者哈隆·阿尔·拉希德有过来往。当时，阿拉伯人的都城已经建到了巴格达，哈隆·阿尔·拉希德向罗马派去了使者，而且他为这位罗马大帝带去了礼物：大象、水钟、帐篷，以及几把圣墓大教堂的钥匙。这几把钥匙意义深远，它意味着耶路撒冷已经对罗马大帝发出了邀请。正是这几把钥匙，将君士坦丁堡旧罗马与查理曼的新罗马帝国推向战争，因为，这两派人都想要成为这个城市的主宰者。

另外，伊斯兰的礼物也告诉我们，处于9世纪的欧洲正被终日不断的战争所搅扰，而阿拉伯国家却在美索不达米亚、埃及的土地上，迅速壮大并发展着，同时，它的文明程度早已经超越了当时所有欧洲的国家。在新兴起的阿拉伯帝国，艺术、文学、科学都得到了充分的发展，人们完全不相信迷信，其思维活动也活力十足。哪怕是正在进行战争的北非、西班牙人也同样拥有向上的积极动力。几百年以来，欧洲一直陷入深深的黑暗之中，而来自阿拉伯以及犹太国的人，已经在研习亚里士多德的哲学以及开发那些被放置不用的科学种子。

阿拉伯人领土的东北部由土耳其的种族占领着，但他们早被阿拉伯人的宗教同化，只不过他们对宗教的信奉，相比阿拉伯人、波斯人更为纯粹。当阿拉伯人在公元 10 世纪时期开始削弱自己的军事、政治能力时，土耳其人得到了快速的崛起。土耳其人与阿拉伯人之间的关系，和曾经巴比伦人与米堤亚人的关系有一定的相似性。当时间进入 11 世纪，土耳其塞尔柱突厥人统治了整个美索不达米亚地区，虽然他们将自己看成阿拉伯人的保护者，但现实是这些阿拉伯人只不过是他们的战俘以及工具。很快，突厥人统治阿美尼亚，紧接着开始征服君士坦丁堡的旧罗马国。1071 年，君士坦丁堡的队伍与土耳其人在梅拉斯吉特展开战争，强悍的土耳其人很快就将这个亚洲土地上的小国家给打败了，君士坦丁堡对岸的尼西亚要塞成为土耳其的囊中之物。

这让当时统治君士坦丁堡的迈克尔七世非常害怕，这些年来，他们一直处于战争中，前不久还与前来侵略的诺曼人以及土耳其另一部落的贝奇尼格人进行斗争。现在，眼看突厥人就要杀过来，他只能开始求助外援。不过，他并没有向那个在西方土地上称帝的罗马皇帝求救，而是向拉丁系的基督教教皇格列高利七世发出求助信。与此同时，他的继承人亚克修斯·康姆尼纽斯也同时写信给乌尔班二世教皇，其焦虑、着急的心情非常迫切。

这次求救信发出时，拉丁教会与希腊教会早已经对立了 25 年，人们依旧非常清楚地记得当时他们之间所产生的斗争。当拉丁教会收到了君士坦丁堡的来信后，无异于找到一个对希腊教会居高临下的天赐良机。同时，这也有力地帮助拉丁教皇解决了当时基督国家的两大现状：第一现状就是低地日耳曼人与北欧人不间断的斗争，特别是法兰克人与诺曼人的斗争；第二现状则是当时社会个人之间无休止的争斗，这让社会一直处于动荡之中。正是鉴于这些有利条件，教会组织了一支十字军，开始向居住在东方耶路撒冷的土耳其人进攻，这就是有名的十字军东征。同时，教会四处宣传，要求所有基督徒都停止内战，他们说，十字军的组建，就是为了将被异教徒占领的耶路撒冷圣墓大教堂夺回来。其中，基督教会中出现一个叫彼得的人，他四处发表演讲，几乎在整个法国、德国境内，大力进行战争动员。彼得当时没有穿鞋子，衣服也是粗麻的，就靠一头毛驴代步，他的背上还背着一个大大的十字架。不论是在教会还是大街上，又或者是人多的市场中，他都极力演说，他将土耳其对基督教所犯下的种种罪行告诉人们；将基督徒在土耳其人那里受到的羞辱告诉人们。这种演讲方法，在基督教早已经有几百年的历史，它让彼得驾轻就熟，也让整个西方为之哗然。于是，一场前所未有的，以基督教国家为主的抗争热浪成功酝酿出来。

从人类出现开始，这样仅凭一个观念，就能充分将广大人民疯狂的热情调动起来的事还是第一次出现。在这之前，任何一个国家的历史上都没有过。当然，这不包括一些与此有些相似的小事件，譬如希伯来人从巴比伦被释放回国之后的民族精神、阿拉伯人在团结作用力下的行为，都是与此次基督教煽动众人相类似的小事件。其实，之所以会这样，与教徒自身对宗教的紧密态度相关，不论是哪个宗教，其领导者在教徒心中都是以安慰者出现的，他们大公无私，像神一样。而在此之前，那些通过牺牲、祭祀的宗教，则是一种民众对自我内心不安的寄托。这与当时的基督徒、犹太教、伊斯兰教等新兴宗教完全不同，这些新宗教的主旨，更强调个人本身，让信奉者成为真正的人。

这是欧洲历史上第一次出现的平民活动，而且规模之大前所未有。虽然，想要将它看作民主的开始，有些过于牵强，但近代民主最早出现确实是在这个时期。过不了多久，我们就可以看到民主意识在人们心中的产生，并且对社会、宗教都具有极大的冲击。

但不管怎么说，因为这种平民运动的民主尚为第一次进行，其结果难免让人感慨。这支由普通百姓组成的大规模队伍情绪高涨，甚至等不及确定一个可用的领导者，便急忙向着耶路撒冷出发了。他们是真正的由百姓组成的十字军，他们真的进行了东征。最早出发的两支队伍到达匈牙利时，不分青红皂白地便与刚刚改信基督教的马札尔人展开了厮杀，因为他们误将这些人看成了异教徒，结果当然是自己也被对方所杀。而第 3 支出发的队伍也犯了这样的错误，他们在莱因兰杀了很多犹太人，到匈牙利后，最终被打败。最后，只有彼得自己带领的两支队伍真正到达了君士坦丁堡。可是，在他们刚刚渡过博斯普鲁斯海峡的时候，就受到了突厥人的突击，结果惨死多半。就这样，第一次发起的平民十字军东征，匆匆而来又匆匆而去，完全没有取得成绩。

1079年，军队组建的十字军再次东征，并成功渡过博斯普鲁斯海峡。这支队伍充满着英勇的诺曼人的气质，其领导能力和战斗精神都比第一次强很多。他们很快攻克尼西亚，然后一路向安提俄克进军。没多久，这座城市便被他们征服。1099年6月，这支十字军到达了耶路撒冷，并展开为期一个月的激烈战斗。据说，当时在战争中死去的人不计其数，地上血流成河，士兵的尸体堆积如山，每个参加战争的人全身都被溅满了血渍。至7月15日傍晚时分，十字军终于突破所有抵抗，成功进入圣墓大教堂。他们全身沾满血迹，杀的人不计其数。当他们站在耶稣像前时，个个激动得难以抑制，流着泪跪于教堂进行祷告。

可是，这件事并没有让拉丁教会与希腊教会取得和平相处的局面。原因就是十字军是拉丁教会的，而生活在耶路撒冷的希腊主教认为，如果让这些疯狂的战争者来统治耶路撒冷，那结果可能比突厥人统治更糟糕。这样，这支十字军就变成了突厥人和耶路撒冷中间的队伍，他们与这两个方面都要进行斗争。不过，最后君士坦丁堡取得了小亚细亚多数地区的统治权，他们对耶路撒冷以及叙利亚全都派出了拉丁王侯进行治理，从而让这两个城市成为突厥人与拉丁人缓和矛盾的地方。不过，君士坦丁堡此时兵力不足，对叙利亚最重要的城市埃德撒有所忽略。到1144年时，这个城市被伊斯兰教征服。因为埃德撒的失守，才铺就了十字军第二次东征的基础。就在1147年，法国、德意志国王在耶路撒冷拉丁统治者的邀请下，开始第二次十字军东征。不过，这一次他们并没成功攻下埃德撒，只是将里斯本征服，让安提俄克的安全得到了保障。

1069年的时候，库尔德人萨拉丁将埃及征服，紧跟着，他便组织阿拉伯队伍对基督徒发起战争。至1187年，他成功将耶路撒冷攻克。这让法国、英国以及罗马帝国找到了联合的机会，他们第三次发动十字军东征。同样，这次东征也没将耶路撒冷收回来。1202～1204年期间，拉丁教会突然调转矛头，在恩里科·丹多洛的提议下，他们带领十字军向君士坦丁堡的基督教进军。很快，君士坦丁堡被他们攻克，恩里科·丹多洛在此成立了拉丁帝国。而帝国领袖就由鲍德温一世担任，他宣布希腊教会与拉丁教会统称拉丁基督教。这种统治一直持续到1261年，直至君士坦丁堡被希腊人征服才结束。

在公元12世纪~13世纪期间，基督教教皇的权力达到最高峰，其力度完全与10世纪的诺曼人以及11世纪的突厥人一样。这样，想要达到拉丁教会与希腊教会的统一就更加轻而易举。

在这段时间里，基督教非常普及，在欧洲的很多地方都有传播。而此时的罗马，却正处于前所未有的耻辱与黑暗当中。所有的作家都不会对10世纪时期接任教皇之职的约翰十一世、约翰十二世进行认可，他们在当时已经达到无恶不作的地步。不过，那些教徒却依旧保持着对教会的忠诚以及应有的朴素，多数以上的修女、教士都在自我约束中规范生活。正因为教徒这样忠诚的坚守，教会的力量才一直持续不衰。在历史上，比较出名的教皇有格利高里一世、利奥三世、格利高里七世、乌尔班二世。其中，利奥三世曾在出其不意的情况下，给查理曼这位罗马新帝王进行了加冕。而乌尔班二世则组织了第一次十字军东征，还与格利高里七世一起，开创了皇帝受教皇统治的教皇最高权威时代。那个时候，不管是耶路撒冷还是西西里岛，又或者是爱尔兰，教皇都是国家最高统治者。在此可以为大家讲一个事实：当法兰西皇帝亨利四世犯下错误时，格利高里七世就对他进行了惩罚，要求他穿着极薄的单衣，光着脚，站于雪地里，这样一直站了三天三夜。另外，1176年，皇帝弗里德里希去威尼斯后，便亲自在亚历山大三世教皇面前下跪，并声称要终生忠诚于教会。

在11世纪的开始，教会之所以权力高涨，就是因为人们内心的坚守与良知。不过，这并没有让教会因此而保持自身众望所归的威严。进入公元14世纪，教徒们开始不再相信教皇，也不想听从他的指挥，这让他的权力不断降低。那么，是什么情况导致了这种结果呢？

首先，教会利用人们的忠诚而大量集聚财富。教会与人不一样，它世代相传，永远不会死去。那些没有继承人的教徒，都会把自己所有的财产留给教会支配。同时，所有的犯罪者也会通过捐赠财富的方式来赎罪。这样一来，国家四分之一的土地都变成了教会的，在当时，欧洲很多国家都是如此。这也让教会对财富的积累越来越疯狂。至 13 世纪，已经开始有这样的说法：神父、牧师并不善良，他们只为自己捞钱。

这种状况让国王与贵族们很不满意，他们很快意识到，自己国家的土地并没有被拥有军事力量的统治者所把握，而变成了神父、修女们的个人财产，而这些人，很多都不是本国人。在格利高里七世担任教皇的时候，他已经与国王因为“圣职任命权”发生过很激烈的争执。假如当时任命权由教皇来行使，那么，这个国家的人民将不再听从国王的命令，不仅如此，国土还会大量流失。同时，那些牧师要求国家对人们免收税赋，但却要向教皇缴税。哪怕人们已经向国王缴纳了足额的税款，仍旧需要向教会交付自己财产十分之一的税款。

在 11 世纪，所有信奉拉丁基督教的国家，其历史记载中都这样写着：国王因为“圣职任命权”而与教皇进行争夺，但最终胜利的永远都是教皇。教皇说，他有权将王室成员开除出基督教，也能让人民不对王室尽义务，连同国王的继承人也有权进行确立。不仅如此，包括国家的教籍都在教皇的掌控之内，没有教籍的国家，除了必要的洗礼以及救赎、手礼之外，其他宗教职能会被迫停止。这样他们国家的牧师将无法进行礼拜，更不能主持婚礼、葬礼。就因为如此，在整个 12 世纪，教皇都如愿以偿地控制着整个王室。这样的权力，原本只是特殊场合的特别用法，却被教皇视为自己的权职，随便滥用，导致它最后没有了效力。12 世纪末期，法国、英国、苏格兰就都被教皇开除教籍。不仅如此，教皇随便动用十字军对不尊重自己的王室进行征讨，这让十字军再也找不回从前的精神。

假如教皇只是与王室有所纷争，但与人民同心同德的话，那他们的统治应该不至于失败。可问题是，因为教皇不可一世的行为，他手下的主教们也有了不同于他人的盛气凌人。在 10 世纪之前，主教是可以结婚的，所以，他们和普通人之间是良好、互动的亲密关系，将其看作民众中的一员，一点也不过分。而到了格利高里七世统治教会时，他认为神职人员不应该与普通人保持这样亲密的关系，而应该一心与罗马相依为命。因此，他制定教规：主教不得结婚；这让教会与百姓们的关系从此产生了隔阂。在那时，教会有着自己内部的法庭，他们不但能审理神父的罪行，连同修道士、十字军士兵、孤儿、学生甚至是寡妇都有权进行干涉。而且，那些和婚姻、遗嘱、誓言相关的事，异教徒的事，都归教会法庭处理。特别是百姓与神职人员产生争执时，必须要听从教会法庭的宣判。而对于神职人员来说，不论在什么时期，都不必承担国家义务，这些义务都是百姓应该做的事。这样，百姓对于神职人员的心态以及仇恨就在积累中被逐渐增大了。

但教会对此视而不见，他们已经忘了自己权力的来源就是百姓坚守的良知。原本，教会与宗教热忱是要相结合的，教会却在无所顾忌地打击着人们的这种热忱。当人们对教会产生疑问时，他们永远以教条来作为答案。面对道德问题，百姓与教会是站在一起的，但面对教义问题，教会则永远将百姓推开。当时，阿尔比教派在法国西部非常受欢迎，他们觉得，所有人的生活与信仰都应该是朴素的，如同基督一样。这种表达让英诺森三世教皇非常生气，于是，他调遣十字军对其进行打压，并想通过杀、烧、凌辱等极为残酷的手法，对其进行严惩。而圣·方济各认为，大家都应该过简单、艰苦的生活，要始终乐于帮助他人，如同基督一样，教会因此对他们进行了鞭笞、收押等迫害。后来，教会曾在 1318 年的时候，将 4 位方济各会员直接烧死。另外，由圣·多米尼克（1170 ~ 1221 年）创立的多明我会属于正经教派，这个教派曾经得到过教皇英诺森三世的认可，而教皇就是在这个教派的帮助下，成立了教会法庭，专门对想要自由或者不信奉基督教的人进行迫害。

教会利用自己的权力，对人民过度残害，对财富过度索取，将百姓的自由全部控制在自己手中。可这些被打压的恰恰是教会赖以生存的来源，如此，我们也就不难对教会的未来做出判断：哪怕没有外部力量的攻击，宗教内部日渐高涨的贪婪也会让它最终毁灭。

第四十七章
王室成员与教会的纷争

罗马教会为了保证自己在基督教国家的最高统治权，不断进行着斗争，而在斗争中，却彰显出一个最大的弱势，即教皇选举方法的不足。

教皇如果要在这些基督教的国家推行一种永久的平和，并绝对顺从于他管理的规则，无疑需要超强的、经久不衰的最高权力。但想要达到这样的权力，必须要保证在 3 个方面得到满足：首先，教皇应该精力充沛，年轻力壮，这是非常关键的。其次，教皇应该拥有国王一样的继承人，以达成对教会事务的处理、商榷。最后，教皇选举应该采用无争议，但绝对清楚、稳固的方法。但现实很可惜，罗马教皇的选举远远不能保证这 3 个条件。比如说，对于参选教皇的选举权根本没有明确的要求，为此，当时罗马皇帝还与教皇一度产生争执。后来，格利高里七世为教皇选举人确定了一个条件，那就是必须是红衣主教才行。同时，他就皇帝对教会的权力进行了降低处理，让皇帝对选举只拥有在文件上批准签名的权力。可是，关于教皇继承人这件事，他并没有处理。他之所以这样做，就是怕红衣主教因此进行斗争而导致教皇职位的缺失。不过，事实是，很多时候教皇这个位子都处于缺失中，有时可长达一年以上时间。

从历史记录可以看到，16 世纪之前，因为规定并不明确，教皇选举经常面对各种问题。更早之前，这种教皇选举就已经产生了争执，甚至曾经有在同一时期出现多位教皇的闹剧发生。那时，遇到这种不可调和的问题时，教会总会向皇帝或者公众求救。另外，每当教皇去世时，教会总会涌现很多问题，从而因此混乱不堪。有时，接任教皇之位的人与刚刚去世的教皇并不和睦，他便会想尽一切办法，让死去者无法保持生前尊严。也有时，新上任的教皇是一位老态龙钟的长者，刚成为教皇没几天便一命呜呼了。

正因为教皇选举中出现的这些不足，让法国、英国、德意志等王室成员看到了控制教皇选举的时机。他们开始想办法对选举进行操纵，从而让对自己有帮助的人去坐这个有至高权力的位子。随着教皇的权力越来越大，地位越来越高，因它而起的争执也就越来越多。在这样的情形下，如果新当选的教皇毫无能力，则是比较正常的事，若这位教皇极富才华，就要让人感觉不同寻常了。

英诺森三世就是这样一位有才能又富有幽默感的人，他在这一时期成功成为罗马的教皇。成为教皇时，他还不到 38 岁，他年富力强，带着手下的主教们与当时罗马同样年轻的皇帝弗里德里希二世开始你争我斗。在历史上，弗里德里希二世被人们称为“奇才”，他与教皇的争执可视为教会与皇室对峙的一个转折点。可以这样说，弗里德里希在这场争执中败给了教皇，因此，在他统治下的王朝逐渐走向衰退。当然，罗马教会与教皇也因这件事而名誉扫地，从此，他们的影响力变得越来越小。

弗里德里希的父亲就是亨利六世，而他的母亲则是西西里岛统治者诺曼王的女儿。1198 年，4 岁的弗里德里希继承了西西里岛诺曼王的位置。而对他进行监护的，正是英诺森三世。弗里德里希从小在宫廷长大，受的是阿拉伯教育，阿拉伯人在教导过程中，将自己所有的观念都传授给了这位年轻的国王。也就是说，阿拉伯人对他的影响极为深远，所以，弗里德里希是一个基督徒，更是一个伊斯兰教徒，这两种思想的结合让弗里德里希非常不幸，因为他总这样想：宗教其实就是骗人的。无疑，在信仰主导人类思维和生活的时代，这种想法极为大胆。可是，更大胆的是，弗里德里希对这种看法直言不讳，全都说了出来。他的这些言论，全被当作是对宗教的亵渎，让人们记了下来。

当弗里德里希慢慢长大，他与英诺森三世之间的对立就变得格外明显起来。英诺森三世为了控制弗里德里希，不断提出一些过分的要求，在他登上皇帝之位的时候，英诺森就这样让弗里德里希保证：对德意志境内的异教徒坚决进行镇压，而且不再继续保持自己南意大利以及西西里岛的王位。英诺森之所以这样让弗里德里希对自己保证，就是因为在他眼中，这个年轻的皇帝力量太强，已经强到足以威胁自己的权力。与此同时，那些德意志境内的主教也都提了要求，也就是必须减少人们的各种税赋。对这些条件，弗里德里希全都应允，只不过，他根本就没想过兑现这些条件。之前，英诺森三世就曾要求法国国王对阿尔比教派进行过残酷的打压，并让整个国家与异教徒之间产生了战争。现在，他同样让弗里德里希用这样的手段，去对异教徒进行打压。然而，他并没有如愿，因为弗里德里希心里并不想这样做。可以这样说，朴素的阿尔比教派如果是教皇眼中不可饶恕的异教徒，那弗里德里希则是比他们更加不能饶恕的另类。所以，当教皇要求弗里德里希派人马去与伊斯兰教徒进行斗争时，他只是不断应允，却从没有行动过。

弗里德里希虽然成了德意志的皇帝，却一直住在西西里，在他看来，这里比任何一个地方都适合自己。这也就表明，他当年答应英诺森的所有要求，一件也没有兑现。至 1216 年，英诺森三世满怀着对这个皇帝的憎恶离开了人世。

很快，新一任教皇雷诺里乌斯继任，但他对弗里德里希同样束手无策。至 1227 年，格利高里九世坐上教皇之位，他发誓，要让这个德意志皇帝向自己称臣，不管要付出什么样的代价。于是，他将弗里德里希的教籍开除，不让他进行任何宗教礼拜。但这对于弗里德里希而言，并没什么大不了，因为他心中一直对阿拉伯宗教更有兴趣。格利高里九世见并没什么作用，便再次向人民发表公开信，极力谴责弗里德里希的这种行为，说他亵渎了神灵，要对他进行严重的惩罚。对这一事实，弗里德里希也进行了回击，他给欧洲基督教国家的所有王侯写信，第一次对教皇与皇帝之间的争执进行了说明，并着重就教皇想要统治整个欧洲的野心进行揭露与批评。同时，他还针对教会为自己聚敛财富的行为进行大力抨击，提议所有王室成员都应该联合起来，与教皇进行斗争。

可是，当弗里德里希对教皇进行完抨击之后，却决定完成12年前英诺森提出的要求，即发动十字军，对异教徒进行讨伐。1228年，他正式带人马出发。这注定是一次带有可笑意味的远征，当他的人马来到埃及，并没有立刻对伊斯兰教派进行打击，而是与伊斯兰教的继承者进行面对面谈判。因为两个人对基督教都心存疑虑，这让谈判非常和谐。最终，两方签了一份协议，那就是将耶路撒冷交由弗里德里希来管理。这场东征，是与众不同的东征，没有厮杀，也没有伤亡，更没有屠杀，整个经过，如同朋友之间的交流。不过，这时的弗里德里希已经不是基督徒，当他统治耶路撒冷时，并没有教皇为他举行加冕仪式，宗教色彩淡漠。在所有主教都极力回避的情况下，弗里德里希自已将王冠戴在了头上。很快，弗里德里希回到意大利，他马上将教皇的队伍赶出自己的领土，还强迫教皇必须恢复他基督教徒的身份。在当时，百姓对教皇的旨意早已经不再热衷，他们对于弗里德里希皇帝的行为也没有特别的反感。

1239年，弗里德里希刚恢复不久的教籍，因为与教皇之间的矛盾，再一次被格利高里九世开除。为此，弗里德里希以牙还牙，做了很多让教皇面上无光的事。这种皇帝与教皇之间公开的争执，一直持续到格利高里九世死去，新的教皇英诺森四世继任为止。而且，在这段时间之内，弗里德里希还曾经写了批评教会的公开信，言辞非常犀利。他不但指责主教们妄自尊大，而且贪婪成性，对宗教完全没有尊重，同时进一步指出，教会的衰退，根源就在他们对财富的搜刮。所以，他又一次对所有欧洲基督国家的王室提议：应该没收教会的财富，让教会名誉得到恢复。就在这个时候，这种想法牢牢种在了所有王室成员的心中。

至于弗里德里希老了之后的生活，我们没必要一一讲述。因为他的很多特别行为并没多少意义，相反他的日常却很不同寻常。想要证实这一说法，只要将他的王宫生活片断进行连接，就可以得出答案了。弗里德里希本身是个喜欢外在好看事物的人，对生活非常讲究，有人就因此说他不现实。另外，弗里德里希好奇心很强，对于新鲜的事物都有探索的欲望。在他的宫内，除了基督教学者，更随时可见伊斯兰教、犹太教的学者。他一直倡议本国人学习阿拉伯人的文化，并将阿拉伯的代数、数学等知识主动引荐给基督教的学者。他曾组织很多学者，对亚里士多德的书籍以及阿韦芳埃斯所做的注解进行翻译。在 1224 年，他分别创建了那不勒斯大学和萨勒诺大学，同时还为人们建了一个动物园。他自己对动物非常了解，特别写了一本放鹰的书籍。在那时，用意大利语写诗，弗里德里希绝对是第一人，他曾在自己的宫内创作了很多有名的诗歌。他对知识持包容、接受的态度，被当时一位著名的作家称为“现代人”。

因为教皇与法国王室的冲突，教皇权力的衰退也被进一步显现出来。弗里德里希还没有去世时，德意志已经被分裂了。而法国国王如同其他受教皇加冕的皇室一样，一直将自己视为教皇的支持者、保护人、争执人 3 种身份。因此，教皇一度对法国王室非常支持。因为有教皇的帮助，法国王室诸侯先后在那不勒斯、西西里建立自己的王国，并且开始期望罗马帝国的复兴。不过，弗里德里希死后，并无人可继承他的位子，只好在另一个称作哈布斯堡家族的人中，选了鲁道夫来继位。如此一来，哈布斯堡王朝开始了。教会就此开始在法国与德意志两个不同皇室家族中不断转变，支持谁，完全看教皇自己的喜好。1261 年，希腊人迈克尔八世将君士坦丁堡从拉丁人手中抢回来，继而开始全新的希腊时代。开始时，他与教皇之间达成过假意的和解，但很快，这种和解便被推翻。当时亚洲拉丁王国连续被迈克尔征服，教皇权力在东方彻底消失。

1294 年，博尼法斯八世成为罗马教皇，他是意大利人，内心充满传统的罗马意识，对法国格外仇视。1300 年，博尼法斯举行了一场隆重的庆典，号召所有教徒向罗马朝圣，教会则趁机捞取好处。后来，J.H. 罗宾逊这样说：“百姓们捐来的钱财堆成了山，教会完全无力打理，只好让人用耙子收集人们撒在圣彼德墓前的金钱。”可是，这场庆典却并没什么特别的意义，它只是捞钱的借口。1302 年，教皇与法国国王的争执进一步升级。1303 年，国王派纪尧姆・德・诺加雷直接冲进教皇宫殿，将博尼法斯教皇捆绑于床上，当面进行责骂和羞辱，然后才将其抓走。当时，博尼法斯教皇正在酝酿开除国王教籍的事。两天后，教皇被释放，可刚回到罗马，便又被阿西尼家族的人给抓走，又一次变成了囚犯。在这样的反复惊吓中，博尼法斯已经失去了高高在上的权威，面对他人的羞辱和囚禁，很快在抑郁中死去。

阿纳尼人无法接受王室对待教皇的这种做法，他们将教皇的尸体抢回去。其实，阿纳尼人之所以这样做是有理由的，首先，博尼法斯教皇就是阿纳尼人，其次，法国百姓对王室这种行为给予了支持。因为国王在想要粗暴对待教皇的时候，曾特别召开会议，分别请了教会人员、平民百姓以及贵族成员，进行民意调查。不论哪一地区，平民百姓都表示支持国王的这种做法，由此可见，罗马教皇在人们心中已经沦落到了何等地步。

进入14世纪，昔日威风的罗马教会再也不见了，而新的教皇则直接由国王进行指定，克勒芒五世这个法国人成了新时期的罗马教皇。不过，他并没有住进罗马教会，而是将整个教廷搬去了不受法国管理的阿维农镇。而后来继任的教皇，也一直住在那里，直到格利高里十一世上台，教廷才被迁到罗马梵蒂冈。而且，就算这样，教会的红衣主教依旧是法国籍，他们与阿维农镇一直保持良好的关系。在格利高里十一世死后，乌尔班六世成为教皇继承人。但红衣主教们对这个决定并不认可，他们将克勒芒七世推上教皇宝座，从而开始了阿维农镇教皇与罗马教皇的对抗，这被人们称为“教皇分立”。至此，罗马教皇住在罗马，负责那些忠诚于自己的国家，比如匈牙利、德意志、英国、波兰等。而阿维农教皇则住在阿维尼翁，法国、西班牙、苏格兰、葡萄牙等支持者由他负责。两位教皇分别将对方从基督教籍中开除，并对其进行诅咒。

这时的欧洲人，已经开始重新思考宗教这件事了，这当然一点也不奇怪。

前面我们已经说过，圣·多明我会教派与圣·方济各教派是新兴教派的代表教派。所以，他们就按自己的思想，对基督教进行有选择的信奉。虽然这两个教派都曾被教会镇压，但还是吸收和利用了教会的态度，不过，他们反对教派势力的培养。大约100多年之后，就有一位牛津大学的博士——威克理夫，在自己晚年时期，对教会进行公开的批评。他专门组织了一些生活清苦的祭司，成立以自己名字命名的威克理夫教派。他带着自己的教徒在英国传播教义，还将《圣经》翻译成英文，就是为了让百姓对教会以及他本人的对错进行分辨。应该说，威克理夫比圣·多明我会教派和圣·方济各教派都要能干，很快，不论是上层社会成员还是平民百姓，都开始追随他。当时的罗马教会对他非常憎恨，并对他进行囚禁，不过，直到他死去，都拥有绝对的自由。只是，那些将天主教推向灭亡的人却不肯放过威克理夫的尸体。其中，康斯坦茨教派就在1415年发布法令：将威克理夫的尸骨从土中挖出，并进行焚烧。至1428年，罗马教皇就命令弗莱明主教去执行这一法令。这一行为不但对个人没有尊重，也严重亵渎神灵，而罗马教会却狂热地进行着，一丝不感觉有违教义。

第四十八章 蒙古人崛起

公元 13 世纪，就在罗马教皇为了提升自己的权力，不断与王室进行无端的争斗时，亚洲历史上也正开展着一些更为重要的事件。一度处于中国北方默默无闻的蒙古人，突然在世界政治中出声，而且取得很多足以超越历史的成就。最初，他们不过是一个游牧部落，一直像自己的祖辈——匈奴人那样生活着，每天居于帐篷内，主食马奶、牛羊肉。他们从中国的统治中独立出来，与土耳其人相联合，并在喀喇昆仑建起了自己的大本营。

这一时期，中国昌盛的唐王朝也已经处于衰退中了，国家正面临着分裂。而在这片土地上，最终成为主流的国家有 3 个，一个就是在应天府(今河南商丘)设立首都的（南）宋，另一个则是将中都（今北京）设为首都的金国，第三个是西夏国，它们居于中国中部地区。公元 1214 年，蒙古人的领袖成吉思汗先对金国展开征服，很快攻占了中都（今北京）。接着，他带领人马对西方的波斯、印度、南俄罗斯、西里西亚等国进行征服，最远曾经一度到达了基辅。成吉思汗去世之前，他所建立的元朝已经非常壮大，从太平洋到第聂伯河都是他的领地。

窝阔台汗继承了成吉思汗的王位，与成吉思汗相比，他所发起的征服有过之而无不及。窝阔台汗善于治军，中国发明的火药被他用到了军事装备中去，特别研制出一种小型的大炮，这让他很快将金国扫平，成为亚洲的霸主。1235 年，窝阔台汗以迅雷不及掩耳之势攻入俄罗斯。至1240年，俄罗斯的绝大部分领土被他征服，包括基辅，当然，波兰也没能幸免于难。第二年，窝阔台汗的人马在西里西亚省，将德意志、波兰的联合军全部消灭，这让德意志统治者弗里德里希二世溃不成军，完全没办法抵抗他的大军。

后来，伯里为《罗马帝国兴衰史》一书进行注释时，这样说："直到现在，读了欧洲的历史，才真正明白，1241年将匈牙利与波兰打败的蒙古队伍是如此强悍，他们的优势绝不仅仅是数量，更有完善的指挥战略。不过，这个事实到现在还没有被人们认识到。很多人仍旧只认为他们可以取胜不过是人数众多，本身并无任何战略性，所依靠的不过是蛮力而已。相信，这种观点现在仍旧存在……

"蒙古军队快速且及时地在维斯瓦河部署力量，并很快扩展至特兰瓦西尼亚，这种速度与能力已经超过了欧洲所有的军队，所有欧洲的部队指挥官都无如此远见。应该说，从弗里德里希二世开始，至今所有的将领都没法与窝阔台汗相比。不仅如此，我们应该清楚，蒙古人进攻之前，已经非常了解当时波兰、匈牙利的国内格局了。也就是说，他们拥有非常完备的情报组织，而被他们攻击的国家却一点儿也不自知，还自以为是地认为对方并不了解自己。"

不过，蒙古军队征服利埃格尼兹之后，就没办法再向西扩展了。因为，当时那些再向西的国家属于丘陵或者林地国家，这让蒙古人无法施展自己的作战行动。于是，他们很快向南方攻击，并将匈牙利看成定居城市。他们对与自己有着亲缘关系的马扎尔人进行大量屠杀，就像当年马扎尔人屠杀其他人种一样。通过匈牙利，他们很可能会继续向南、向西持续征服，只不过，此时窝阔台汗突然去世。同时，蒙古族内发生了王位继承的争端，这样一来，那支所向披靡的部队被召回了东方。

从此之后，他们的主要力量都集中在亚洲境内。到13世纪中期，他们将宋朝征服。1251年，蒙哥成为蒙古族的首领，他将中国的统治权交给弟弟忽必烈来打理。至1280年，忽必烈才真正建立元朝，并成为皇帝，被称作元世祖。元朝持续时间并不长，至1368年被取代。而就在这一时期内，蒙哥的另一个弟弟旭烈兀统治了叙利亚与波斯，他们对当地宗教恨之入骨，攻入巴格达之后，便展开了残酷的大屠杀。同时，他们将那些修建于很早之前的农田浇灌系统进行破坏，这些一度让苏美尔保持繁荣、昌盛的农田设备，就这样被毁于一旦。也是从那时开始，美索不达米亚慢慢变得荒芜了，现在，那里只有很少数的居民。很快，蒙古军队打入了埃及境内，不过，在 1260 年，旭烈兀被苏丹打败。

这次失败代价过于沉重，让蒙古人受到的影响很大。至此，土耳其境内的蒙古部落开始独立建国，那些住在亚洲的部落则皈依佛教，像中国人一样开始生活，而欧洲境内的蒙古部落也被当地居民同化了。这时，明朝在中国得到发展，而且一直到 1644 年才灭亡。而俄罗斯人却一直保持着向蒙古人进贡的习惯，直到 1480 年，莫斯科大公发起反抗，俄罗斯的现代基础才得到确定。

进入 14 世纪，蒙古军队在帖木儿的治理下，得到了暂时的精力复苏。帖木儿是成吉思汗的后代，他一直想在土耳其斯坦西边建立属于自己的国家。最终，他在 1369 年成为“大可汗”，而叙利亚到新德里这片土地，全变成了他的统治范围。帖木儿生性野蛮，是所有蒙古侵略者中最具破坏性的，而他的国家也在他尚未去世之前便快速消亡了。1505 年，帖木儿的后代贝柏尔带着自己的枪炮队，对印度进行征服。贝柏尔是个冒险家，而他的孙子阿克巴也很激进，并继他之后，成功完成了对印度的征服。阿拉伯人将蒙古人建立的王朝称为“莫卧儿王朝”，而这个王朝的首都就在新德里，印度很大一块地区都受这个王朝统治，一直持续到 18 世纪才结束。

蒙古人在 13 世纪征服世界的时候，将奥斯曼土耳其人从原来的土地赶去了小亚细亚。而这些土耳其人却在那里迅速得到复兴，他们最终不但有了自己的政权，而且将马其顿、保加利亚等地区征服，因他的不断征服，著名的君士坦丁堡变成了蒙古统治范围以内唯一没被攻陷的一座孤岛。

1453 年，奥斯曼土耳其人的国王苏丹穆罕默德二世再次向君士坦丁堡进攻，因为他们有大量的枪炮，这座城最终没得到保全。这件事在欧洲反响强烈，人们甚至再次想起著名的十字军，不过，十字军早已成为历史。

到 16 世纪，奥斯曼王国已经成功将北非、埃及、巴格达等地区征服，还在地中海拥有了强大的舰队。他们甚至曾经攻打维也纳，连罗马的皇帝也要给他们定期进贡。在整个 15 世纪，人们只有谈论两件事时才可以忽略欧洲基督国家的不断衰退。一件是 1480 年建立起来的莫斯科公国，第二件则是西班牙重新回到基督教徒手中。这里曾经一度被阿拉伯国家统治，这也是最后一个西班牙境内的信仰伊斯兰教的国家。

从那之后，一直到 1571 年，基督国家才重新夺回海上主动权，并将强大的奥斯曼土耳其人打败。

第四十九章
欧洲国家的苏醒

公元 12 世纪开始，种种迹象都显示出欧洲的国民拥有恢复理智的勇气以及充足的空闲时间。也正因如此，欧洲才开始逐渐恢复对生活的思索，这就像希腊早期科学家对科学的研究或者像卢克莱修的思考一样。产生这种复苏的原因很多，而且比较复杂。其中，最首要的原因，则来自于当时个人争斗被禁止，特别是在进行完东征之后，人们的生活条件有所提升，内心也更安定，这包括人们在东征过程中所产生的精神变化。另外，欧洲的贸易开始慢慢走向繁荣，生活在城市中的人们有了悠然稳定的空间，而此时教会对人们文化水平的关注普及到了普通人，这也是促进欧洲人思想改变的重要原因之一。公元13世纪～14世纪期间，欧洲多个国家更进入快速发展之中，比如巴黎、威尼斯、伦敦、汉堡、里斯本、威斯比等城市。繁荣的商业发展，来往不断的游客，人们聚在一起或谈生意，或观风景，同时更交流了自己的思想。人们面对教会与皇室之间的争斗，开始对教义本质产生质疑，对教皇的权威也产生了不确定。

我们很清楚，阿拉伯人用自己的方法影响了欧洲人对亚里士多德学说的认知，这如同当年弗里德里希将阿拉伯文化带给欧洲人们一样。不过，对于欧洲人理智的苏醒，犹太人也功不可没，因为他们一直对教会的权威有所怀疑。另外，当一度让人视为神秘的炼金术在各地开始传播，人们开始暗地里各自进行起成功的实验来。

这时，并不是只有受过教育的人、有独立精神的人才开始苏醒，生活在这片土地上的每一个人几乎都开始苏醒了，这是人类空前仅有的现象。虽然教会仍旧努力压抑人们的想法，可是，只要有基督教义宣传的地方，人们的精神就会开始复苏，他们将个人良知和上帝公义相联系，于是在需要的时候，这种对权威、教条的批判勇气便油然而生了。

其实，在 11 世纪的时候，欧洲已经开始流行哲学讨论，比如牛津、巴黎等知名的大学。而一度在中世纪流行的“经院学者”又一次被推到公众眼前，他们对语言的价值及意义进行讨论，这让人们相信科学时代即将到来。牛津圣方济各教派的修士罗杰尔・培根，因为自身独特的智慧，被人们称为“现代实验科学之父”，这一称谓的荣耀性质，让他成为当时仅次于亚里士多德的人。

罗杰尔・培根用大篇幅的言论，对当时人们的无知进行批评与讽刺，他说那时的时代充满了愚昧和无知。在那个时代，这样的说法是如此大胆且让人不敢相信。因为那个时代与现在不同，现在，任何人都可以表达对这个世界的看法，说它愚蠢、刻板、教条、欺骗……但都不会产生生命危险。可生活在罗杰尔・培根那个时代的人，却一直与屠杀、疾病、饥饿的威胁联系在一起，人们对信仰完全无条件相信，对怀疑它的人全部报以仇恨。所以，当罗杰尔・培根说出这番言论时，就如同在暗黑的夜空划过一道闪电，它不但将时代进行了批判，也对人们给出了正确的见解。他对积累知识、科学实验进行激情而热烈的倡议，就如同当年亚里士多德对自己的学说进行传播一样，他反复大声说着：“实验，实验，再实验！”

不过，罗杰尔・培根是直率的，他甚至连亚里士多德这样的智者都公然顶撞。这是因为，人们并没有面对事实的勇气，却只一味坐于房间内阅读拉丁语版的亚里士多德著作。罗杰尔・培根愤然地说着：“在我看来，亚里士多德的书籍应该全部烧掉，因为它只会让人们更加消磨时间，产生荒谬，丝毫没有增加知识。”相信，假如亚里士多德仍活着，看到人们对他的作品充满敬畏，却只一味阅读用糟糕的拉丁语翻译的版本，也会对罗杰尔·培根的话表示赞同。

当然，为了避免当时被监禁甚至更可怕的压迫事件发生，罗杰尔·培根也不得不装出一副认可正统教育观念的样子。但在他的作品中，他却一直对人们进行唤醒："看看世界的发展吧，不要再困于教条与权威的压迫之中了！"他认为，人之所以无知，主要是 4 个原因，即：自以为是、遵循旧习、敬畏权威、偏激固执。在他看来，人们只有将这 4 个方面都一一克服，社会才会重新充满生机与朝气：

"桨手将被机器的动力所取代完全有可能，这样的大船只要一个人就能行驶，不管是宽阔的河流还是汪洋大海，它航行的速度都会远远超过多人划动的船只。而那些可以将牛、马取代的汽车也会被发明，提供动力的就是机器，我觉得，老旧的镰刀战车早该退出战场了。另外，飞行器的出现也完全有可能，它只要一个人对机器进行操作，便能让人们像鸟扇动翅膀那样，自由地在空中飞翔。"

在当时，罗杰尔·培根已经讲述了很多想象出来的科学成果，不过，一直到 300 年后，人们才开始对那些有着超凡力量却一直不被重视的科学进行实验研究，才让这些设想成真。对于这种结果，罗杰尔·培根早有思想准备。

不过，阿拉伯文明绝不仅仅只为欧洲世界带去了炼金术与哲学，他们还将造纸术也传了过去。不必解释太多，欧洲的理性苏醒与纸张的出现息息相关。这种技术最早由中国人发明，时间大概需要倒退回公元 2 世纪左右。公元 751 年，阿拉伯人将前来征服自己的中国人打败，这时，他们在战俘中发现了造纸的工人，于是，阿拉伯人很快就从他们身上学会了造纸。阿拉伯语书写的很多纸稿至今可见，而它们就来自公元 9 世纪。最后造纸技术进入欧洲，大概是因为基督教国家将西班牙收回之后，他们在希腊人那里看到了造纸厂才开始的。不过，很不幸，这种技术在西班牙的发展呈倒退状，直到时间进入到 13 世纪，欧洲才真正生产出了品质不错的纸张。再后来，意大利的造纸技术突飞猛进，称雄于世界。14 世纪，德意志国家也懂得了造纸，至这个世纪末期，用纸张进行书籍印刷赚取财富的商业才盛行开来。相比而言，印刷术就出现得水到渠成了，因为这种发明非常简单。这时的人们已经开始理性地生活，人们的思想不再是一对一的单途径传播，而改为丰富知识的大量灌输。

印刷术的发明，让《圣经》成为世界上最大量出版的读物，当然，学生使用的书籍也降低了价格。这样，可以通过书本传播的知识得到有效扩散。这种书籍比手抄书阅读起来更方便，数量也更多，让人理解起来更简单便捷。大家再不必像读手抄本那样，总因为看不清的字迹而不断花费精力去想象。如此，阅读成为轻松、快乐的事情，人们越来越愿意走进书内畅游。这样的书本再也不是有钱人用来装饰房间或者学者收藏起来的东西，普通的百姓也一样可以阅读大量知识，它们使用日常语言印刷而成，完全不是糟糕的拉丁文。可以说，进入 14 世纪，欧洲文学才得以正式开始。

直到现在，我们一直都在讲阿拉伯对欧洲人们精神的苏醒所产生的影响。下面，我们就要看看蒙古人对欧洲人理性的苏醒有何作用。其实，欧洲人对于地理知识的认知就来自于蒙古人的激发。当大可汗忽必烈建立了自己的帝国，西欧国家与亚洲展开良好互通。那时，所有的国家道路都是畅通的，所有国家的使者都会去喀喇昆仑王宫，不论是罗马教皇的使者，还是印度的僧人以及欧洲、中国的工匠，又或者是阿拉伯的官员、各国的学者，都在这里聚集，这让不同宗教之间的多年宿怨也得到明显改善。因此，罗马的基督教会开始游说蒙古人改信基督教。不过这不太可能，蒙古人生来只信奉一种教，那就是被基督教视为异教的萨满教。历史上，我们已经看过太多关于蒙古人野蛮的行径，可似乎人们对这一民族的好奇心并不多。对这个民族来说，绝不是最富创造力的，可是，他们的文化传播却对世界产生了重要作用。这一点，从成吉思汗以及他的后人忽必烈的大概个性中可以得到证实。我们有理由相信，他们与欧洲那些谱写过庞大帝国或者充满政治智慧与精力的帝王相似，比如亚历山大，比如查理曼。

在所有到喀喇昆仑王宫来拜访的人中，威尼斯的马可·波罗是最有意思的，因为他把自己多年游历的故事写成了一本游记书。之前，马可·波罗的父亲与叔叔已经到过中国，他们的出现，让喀喇昆仑王宫的大可汗忽必烈印象深刻，因为他们让大可汗第一次知道了“拉丁人”。后来，正是在大可汗的请求下，他们才在1272年带着马可·波罗再次到来。因为大可汗需要一位博学的学者，以帮助自己对欧洲事务进行了解。

他们是从巴勒斯坦进入中国的，因为随身带有大可汗发的金牌与信物，所以，他们的通行丝毫没受到阻碍。他们在到达中国之前，先去了耶路撒冷，这也是应大可汗的请求，忽必烈委托他们带一点儿耶路撒冷圣墓前所点燃的油灯中的灯油给自己。取了灯油，他们又穿越亚美尼亚，到达波斯湾的霍尔木兹。不过，他们并没有坐船进入中国，而是翻越了波斯沙漠，从巴尔赫过帕米尔高原，再到和田，顺着黄河，最终才到了大可汗在燕京（今北京）的王宫。此时，大可汗正住在宫内，他非常热情地接待了这几个人。

大可汗对马可·波罗的到来，尤其感到喜悦，这个人不但年轻，而且非常聪明，甚至会讲流利的蒙古语。大可汗委任官职给马可·波罗，让他出使中国西南地区。马可·波罗在自己的游记中这样描写那时的繁荣景象：“路上随处可见为方便游客而建造的富有特色的旅店”，“花园、葡萄园整洁、好看”，“很多专门为僧人修造的庙宇”，等等。开始时，欧洲人对这种描写表示不可信，却又很快产生了丰富的想象。除了中国西南地区，马可·波罗对缅甸也进行了描写，说这个国家有庞大的战象军队，但最终被蒙古人用弓箭打败；另外，更有蒙古人对勃固[1]、日本等地区进行征服的介绍。马可·波罗曾在扬州做了3年官，这让当地人印象深刻，人们觉得他根本不是外国人，但与鞑靼人很相近。另外，马可·波罗很有可能被派去印度，在中国历史中，就曾经记载了一个叫波罗的人，于1277年，在中书省为官。当然，这只能证明马可·波罗的故事很可能是真的。

《马可·波罗游记》让欧洲人的想象力得到激发，而且影响极为深远。在欧洲的文学作品中，特别是15世纪的传奇故事里，很多地名都是《马可·波罗游记》中出现的名字，比如契丹、燕京等。

两个世纪过去了，有一个叫克里斯托弗·哥伦布的热那亚水手读到了《马

[1] 勃固：是缅甸中南部的一个省市。

可·波罗游记》这本书。于是，他产生了一个非常冒险的想法：从欧洲通过海路航行到中国。而直到今天，在塞维利亚还有一本被哥伦布加了旁注的《马可·波罗游记》。当时，哥伦布之所以会有这样冒险的想法，原因很多。

第一，在1453年之前，君士坦丁堡一直被看作最为公平的贸易枢纽，不管西方还是东方都这样认为。而热那亚人就在这里与他人进行贸易往来，但他们有一个强劲的对手，那就是“拉丁”威尼斯人。这些人与土耳其联合，对希腊人进行抵抗，至土耳其人征服君士坦丁堡，热那亚人在这个城市的地位就更不如从前了。

另外，“地球是个圆形的球”这一观点，在这时又被人们关注起来。所以，人们认为，如果真的是这样，那从西方一直航行，最后就应该能够到达中国。当然，还有两件事也让当时的人备感鼓舞，一件是人们发明了指南针，这时的水手完全不必靠着星象来确定方向了。第二件则是以诺曼人为代表的很多人已经对大西洋进行了开发。

不过，哥伦布的这个想法在当时还是受到了很多阻挠。因为他没有充足的物资，更没有自己的水手和海船。为了实现理想，他开始四处游说王室成员。最终，他在弗迪德与伊东海贝拉那里得到了帮助。于是，他将一切准备妥当，带着3条小海船出发了。当船在海上航行了两个月零九天的时候，他们来到了一块陆地上，这里也就是“旧大陆”人所不知道的“新大陆”。哥伦布在这里收获了无数的奇怪东西，比如鸟类、动物、黄金，甚至还有两个身上描有文身的印第安人（之所以说这两个人是印第安人，是因为当时哥伦布将新大陆看成了印度的一块陆地），他们一起回到了西班牙。直到好几年之后，人们才知道，这块陆地是世界的一部分，为美洲新大陆。

哥伦布的冒险让很多欧洲人开始产生航海的探险想法。1497年，葡萄牙人历时几年，从非洲一直到达爪哇。1519年，葡萄牙水手麦哲伦带着5条海船从塞维利亚出发，这些船中，有一条被称为“维多利亚号”，他们在绕地球航行了一圈之后，于1522年回到出发点，这让维多利亚号成为第一艘可绕地球航行的海船。不过，这次航行出发时共组织了 280 个人，但最终回来的只剩下 31 人。麦哲伦在航行到菲律宾海域时，被当地的土著人给杀死了。

当纸质书传播开来后，“地球是个圆形的球”这种认知终于被证实。那些充满新奇却又陌生的人、动物、植物、习俗，都让欧洲人的思想受到前所未有的冲击。那些一度被隐藏、不见阳光的古希腊名著很快被印刷成了书籍，成为人们研究、学习的对象，这些书籍给欧洲人的精神中融入了柏拉图、罗马共和时期盛行的自由与尊严。西欧国家因为罗马的征服而第一次有了秩序与法典，拉丁教会让这些东西在西欧盛行。但是，这个教会却不断打压人们对于创新、好奇的探索。现在，这种压抑人类思想的拉丁精神已经消亡。公元 13 世纪～ 16 世纪期间，闪米特人、蒙古人对欧洲的刺激，古希腊经典的再次问世，让这片土地上的人终于挣脱了多年的压迫，重新开启全新的精神、物质力量。

第五十章
拉丁教会的改变

当欧洲人的精神开始苏醒，拉丁基督教本身受到的冲击也很大。这种苏醒让它开始分裂，其中一部分消失，一部分被留下来。而存活下来的部分却被迫改变。

前面我们已经了解，在公元 11 世纪～ 12 世纪期间，基督国家一直处在拉丁教会的压制下，而进入公元 14 世纪～ 15 世纪，这种来自教会的力量慢慢消失了。同时，我们也了解了支持教会早期权威的来源，以及教会利用这权威而开始的集权与野心膨胀、弗里德里希与教会之间进行的各种对抗。另外，教会分裂后，教皇权势在政治与民众中开始消亡。而精神苏醒的反抗力量，正由此找到了突破口。

威克里夫[1]的教义，一度被人们广泛传播。1398 年，来自捷克的约翰·胡斯特别针对威克理夫教义进行专题演讲。很快，威克里夫的教义便突破学者阶层的认知，在普通民众中得到快速传播。1414 ～ 1418 年，基督教的所有拉丁教会在康斯坦茨举行会议，就内部分裂的问题进行讨论。约翰·胡斯也受到了邀请，他在得到皇帝承诺的生命安全之后，亲自参加。不过，这种保证并没什么用，他最

[1] 威克里夫：被称为宗教改革的先锋人物。

终还是被抓了起来，并被教会定义为异端邪说，然后于1415年用火刑烧死。教会这样的做法并没把人们压制下去，相反，这让约翰·胡斯的追随者展开一场针对拉丁教会的起义，这使得教会最终分裂。为了平复起义事件，康斯坦茨会议推举马丁五世为教皇，重新光复基督拉丁教会，他下令启用十字军，对约翰·胡斯的教派进行攻击。

不过，马丁五世对这个教派先后5次进行攻击，但没有一次成功。15世纪，一批无业人员组成的十字军蜂拥至波西米亚，对约翰·胡斯的教派进行征讨，就如同在公元13世纪对华尔多教派的征讨一样。但这并没有让约翰·胡斯教派害怕，反而是前来征讨的十字军，当远远听到该教派沉重的战车声响和嘹亮的战歌时，已经吓得完全不能前进，而这时，战争还没有开始。不得已，拉丁教会于1436年在巴塞尔召开了一次宗教会议，并与胡斯的教派签订其合法协议。至此，多种宗教仪式被拉丁教会接受。

进入15世纪，欧洲暴发瘟疫，这让社会产生很大动荡。百姓的生活因此贫困不堪，法国、英国民众因此展开针对贵族的起义。其实，在胡斯教派举行起义之后，德国农民已经多次进行起义，而且规模也一次比一次大，其中还带有浓重的宗教意味。另外，印刷术得到传播之后，也深刻地影响到了农民起义。当时是15世纪中期，印刷术已经传到了英国、意大利。卡克斯顿于1477年在英国建立印刷书籍厂，专门对《圣经》以及一些宗教书籍进行印刷。结果，《圣经》成了街头巷尾被广泛传播的书籍，几乎人人都可以阅读。欧洲民众对《圣经》的了解程度，是过去从没有过的。当教会因为分裂而自身不保时，当王室成员为减弱教会聚敛财富而斗争时，人们的大脑中，关于教义中自由、尊严的新思想便被快速灌输进去。

1517年的德国，马丁·路德修道士组织了一场反对教会的起义。他在教堂门前贴出一张《关于赎罪券效能的辩论》，用它来抗议教派的教义与仪式。开始，他用拉丁语写辩论，后来，他通过印刷的方式来传播，于是，德文版的《关于赎罪券效能的辩论》以及他的个人意见被百姓们所了解。这时，就像当年胡斯遭到压迫一样，有人开始策划对马丁·路德的暗害。不过，因为印刷术，马丁·路德的名字已经被当时德国王室中的很多人熟知，并成为他的支持者，这让他避免了受到迫害的危险。

在这种自由思想开始不断膨胀，但教会权力慢慢减弱的时期，统治者会为了保证自己的利益，而与罗马、罗马教会切断宗教关系。他们希望，自己国家的宗教可以受国家领导。于是，英国、瑞典、苏格兰、德国、波希米亚等很多国家都先后与罗马教会断绝关系，自此他们一直独立存在。

不过，统治者对于百姓的自由、道德似乎并不关心。开始时，他们利用百姓的力量，与教会抗衡，但当他们成功脱离教会，并建立了受自己控制的国家教会之后，他们就开始想要掌控百姓以及人们的起义活动了。但是，耶稣教义中的关于正义、尊严的力量，已经超过了人们对忠诚、世俗以及服从的力量。这些企图想要像拉丁教会一样掌控、压迫百姓的国家教会，无不再次面临分裂，并变成百姓与上帝之间单纯的，没有王室干预的小教派。比如苏格兰、英国这样的国家，就有很多人以《圣经》为信仰，但却绝不服从国家教会的规则。英格兰将这样的人视为“不奉国教者”，正是这些人，曾在公元 17 世纪～ 18 世纪，于国家政治中产生深刻影响。而英国，这样的群体也一度存在，并持续 11 年之久。

那些最终与拉丁基督教脱离了关系的北欧国家，其脱离过程便是我们所说的宗教变革。这种变革的力量，让拉丁教会自身受到严重影响。它们不得不重新进行组合，并为其注入全新的教义精神。在这种新变化的过程中，伊尼戈·洛佩斯·雷·卡尔德的名字不得不提，他是一名西班牙的年轻士兵，人们都叫他伊格内修斯·罗耀拉。这是因为，他年轻时作为士兵，经历了一些比较传奇的事情，又于 1538 年成为一名牧师，从而建立了耶稣会。伊格内修斯·罗耀拉将自己在军队受到的正义、大方的教导，直接融入宗教中去。教派成立之后，很快就成为规模最大的组织之一。他们将这一教派向中国、印度、美国等国家进行传播，这种做法让罗马教会不至于快速消亡。同时，他们将天主教的水平进行提高，不论智力还是良知都进行了开发。这一宗教的成立，让欧洲兴起的各个新教派都产生竞争的压力，从而努力改革。现在，我们所了解的这个富有进取心又充满活力的罗马天主教，其本质就是当时耶稣会的复兴产物。

第五十一章
罗马大帝——查理五世

在查理五世坐上皇帝宝座之后，罗马帝国的繁荣也随之到达巅峰。欧洲国家所有卓越君王中，查里五世是不能不提的，甚至，在一段时期内，他的大名可与查理曼看齐，被人们称为查理曼之后最优秀的帝王。

不过，查理五世的优秀并不是因为他业绩的突出，而是他爷爷马克西米利安一世所创造的功勋。历史总是如此，有的家族需要武力去获得权势，有的家族则要利用智谋夺得权势，而有的家族却是通过婚姻达成对权势的获取，比如哈布斯堡家族就是如此。马克西米利安最初依靠国家为数不多的地区开始发展，后来，他与自己的夫人结婚（夫人的名字我们可以忽略），从而获得了勃艮第与荷兰这些领土。后来，他的第一任妻子不久去世了，这让他手中勃艮第的大多数土地丢失。但是，很快他便策划与布列塔尼地区的王室联姻，可惜，没有取得结果。1493 年，马克西米利安成为弗里德里希三世的继承人，统治德意志帝国。于是，他又利用自己的婚姻，成功取得米兰公国的统治权。再后来，他让儿子与一位智力并不好的女性结婚，这个女性是西班牙国王费迪南德与伊莎贝拉夫妇的女儿，也就是支持哥伦布航行的夫妻。他们不但统治西班牙，西西里王国、撒丁岛、巴西、美洲西部都在他们的势力范围之内。如此，到了查理五世做皇帝时，欧洲三分之一以上的土地以及美洲一半以上的土地都成了他的领土。最初，在

1506 年时，他只拥有荷兰统治权。但 1516 年，费迪南德，即他的外祖父去世，智力不足的母亲完全听从他的主意，西班牙便因此落入他手中。至 1519 年，马克西米利安去世，于是，查理五世成了帝国的统治者，这一年，他只有 20 岁。

查理五世不但年轻，而且算得上英俊，他上唇饱满，下巴很宽，看上去又踏实又可靠。这让他的王朝充满了年轻、蓬勃、活力十足的朝气，这注定是一个繁荣、富有智慧的优秀时代。当时，罗马帝国的年轻君主不在少数，其中，弗朗西斯一世继承法国王位时只有 21 岁，而英国亨利八世登基时也只有 18 岁。不仅如此，当时土耳曼地区的统治者、印度地区的统治者，都非常有能力。另外，罗马教皇利奥十世也是罗马帝国皇帝之位的有力竞争者，他曾与弗朗西斯一世一起，阻挡查理五世登上皇帝之位。不过，查理五世出生在哈布斯堡家族，这一家族从 1273 年开始，便已经有了称帝于罗马帝国的传统。当然，查理五世也动用了其他买通关系的方法，最终，他成了罗马帝国的年轻帝王。

开始，因为太年轻，他经常被那些大臣所操纵。但很快，他将帝国之权集于自己手中，他开始察觉帝国权势的众多威胁，他的位子虽然高高在上，但因为其他人的威胁，这个位子并不稳固。

其实，从他登基的第一天起，德国宗教改革的困扰就已经存在了。当时，教皇对他登基持反对意见，按常理，他成为皇帝之后，应该对教皇进行疏远，从而支持宗教的变革。不过，他从小在西班牙成长，对于基督教，他和其他欧洲人一样信奉不疑。因此，他没有支持德国的宗教变革，这让支持变革的王室成员很不满，特别是萨克森州地区的王室成员，与他产生了直接的矛盾。查理五世发现，基督教很可能因此被分裂，并且两派对立存在，所以，他非常用心地努力过，想将这分裂进行弥合，结果都没有成功。就在这时，德国爆发了农民起义，这就是来自宗教与政治之间的冲突。这场起义让罗马东西帝国的局势变得更加复杂。西边是一直将查理视为对手的弗兰西斯一世，而东边则是野心勃勃的土耳其人。这两伙人竟然达成了一致，一起要求皇帝查理五世：必须命令奥地利将需要上交的贡品补齐。这时的查理五世虽然手中握有西班牙的统治权，可想要得到德国的支持却困难重重。特别是经济上的不足，滋生了更多的政治、社会问题。没办法，他只能通过借贷的方法来解决问题，但这一方法，后来让他后悔不迭。

最终，查理达成了与亨利八世的联盟，而且，这种做法本身对抵抗土耳其与弗朗西斯是不错的。他们将重要队伍放在意大利的北方，但他们的指挥官水平实在不足，完全以援军到来与否当作攻击与撤退的标准。

德国对法国进行征服，于马赛吃了败仗，结果退回意大利后，致使米兰失守，全部人马在帕维亚被困。不过，弗朗西斯的能力也不强，他一直围着帕维亚，从来没有真的将德军打败。在德军的支援队伍到来之后，弗朗西斯便被前后夹击，并被对方生擒活捉了。可就在这时，一直忌惮查理五世权势的教皇与亨利八世联手，调头攻向查理。他们的队伍都是来自米兰的德军，因长期没有军饷，士兵们完全反客为主，胁迫着指挥官对罗马进行了抢劫。1527 年，这伙人在罗马城内肆意掠夺，而面对这样的局势，教皇则跑去圣安杰洛城躲藏起来。最终，他只能用大量的金钱疏通德军。这是一场长达 10 年的混战，让整个欧洲因此陷于困顿。查理五世后来征服了意大利，并于 1530 年在博洛尼亚加冕，成为德国最后一位受教皇加冕的皇帝。

就在这一时期，匈牙利受到土耳其人的强烈进攻。1526 年，匈牙利国王被土耳其人杀死，布达佩斯失陷。1529 年，维也纳险些失守。查理五世对此特别关注，并准备对匈牙利进行解救。但是，他很快醒悟：目前对他来说，哪怕侵略者已经到了城下，他所要做的仍然是如何让那些帝国王室之间达成合作。这时的弗朗西斯依旧不肯合作，法国新的战争就此展开。1538 年，弗朗西斯占领了法国南部地区，但最终却迫于压力，和查理五世达成停战协议。随后，两个人合作，一起与土耳其人作战。但为了脱离罗马教会束缚的新教派们，在施马卡尔登结盟，他们与查理五世的部队进行抵抗。对此，查理五世只能先处理这些新教派造成的内部争斗，完全将与土耳其人的战争忽略了。可是，查理五世很快意识到，这场内战只是一个开始，帝国内部其他国家之间的领土、权力争执之间，正面临着失去理性的残酷对抗。这样的对抗有时如同一场阴谋，只在暗中进行；有时它又像一场战争，破坏性十足。这就像是一条被装满了利益、政治的麻袋，在众人之间来回翻滚，它一直持续到了19世纪，无数次让这一地区的发展走向衰退。

帝王拥有的帝国领导力，在查理五世这里似乎从未真正拥有过。他在当时算是优秀的人，可是，他却将这种各小国之间的争斗看成了单纯的神学问题，他认为只要通过国内议会就能解决，同时，他也曾对此发表过声明书、告白书。但事实是，这些并没有任何作用。而这些做法使那些对德国历史进行研究的学者，不得不在研究时增加对各种宗教协议、声明、和约等的阅读。其实，不论什么声明、协议，对当时的各国领袖都是空的，因为他们从没有一个人真诚对待过这些。对于百姓来说，这些宗教的斗争以及所谓公义、宗教知识，不过是领袖们的一种阴谋。英国统治者亨利八世在他即将继任英国统治者之位时，特别写过一本反对异教的书，这让教皇大为喜欢，特别赐予他“信仰卫士”的称号。不过，他现在想与一个叫安妮·博林的女人结婚，所以要与妻子离婚。后来，丹麦、瑞典、挪威纷纷加入新教派，亨利八世看到了国内教会的丰厚财富，于是在1530年转而也加入了新宗教。

1546年，关于新教派的战争在德国拉开，不过，此时的领导人马丁·路德已经去世。新教派被查理的军队打得溃不成军，此时面对查理五世的只剩下一个对手，那就是位于黑森州的菲利普。这个人曾经因为违反信仰而在监狱待了很长时间。此时，土耳其人已经得到好处而从匈牙利退兵了，而弗朗西斯也在1547年死去。这时的查理五世相对轻松，他开始为本地区的和平进行治理。但是，1552年，国内战争再次爆发，那些王公贵族联合在一起，对查理五世进行攻打，甚至将他抓住。就在这一年，查理五世不得不为了德国和平的表象而与那些新教派签订《帕骚和约》……

以上，是查理五世当政32年的一个大概政治情况。这其中，我们可以看到一件值得关注的事情，也就是这时的欧洲国家都在想方设法夺取最高统治权。而不管是哪一国的人，对已经发现的美洲新大陆，都表现出完全的忽略，连同与亚洲通航的新航线也不能引起他们的关注。而这一时期，美洲地区却正经历着重大的改变。西班牙的科尔特斯已经将墨西哥占领；皮萨罗渡也在 1530 年将秘鲁征服。但这些除了让西班牙收获可观的财富之外，并没引起欧洲任何变化。

查理五世在被迫签下《帕骚和约》之后，心态开始变得奇怪，他对自己这个帝国失望到厌恶，特别是一想到战争，内心就会烦躁不安。其实，查理五世的体质并不怎么好，而且又生性不爱动，后来还得了痛风病，非常严重，于是这让他萌生了退位的想法。最终，他的弟弟费迪南德统治德国，他的儿子菲利普对荷兰、西班牙进行管理。而查理五世再也不管国事，躲到树木茂盛的尤斯特修道院中修养，至 1558 年离世。

很多书里都记载查理五世内心孤独，对生活厌倦，甚至说他远离所有纷扰，就是为了心理上的平静。其实，查理五世从来没有孤独过，生活上也一点都不将就，他奢侈成性，哪怕离开皇宫，仍旧过着豪华的生活，身边的奴仆多达 150 人。而菲利普更是有名的孝子，他从不违背父亲下达的任何命令。

哪怕查理五世已经再没心情面对欧洲政治事务，但对生活中的很多事他却保持着良好的心态。普雷斯科特就说过："那些来自奎克沙达以及巴利亚多利德，甚至是嘉若瑟的国务大臣们，每天都会在信中提到查理五世的身体情况以及饮食，而这些，已经被大臣们视为阅读负担。可以想象，当大臣们面对严肃的政治事件时，却不时谈论与食物有关的事情，是多么不能忍受。信使在送信的过程中，总要特别绕一段路到里斯本，为的就是去亚兰迪拉对皇帝需要的食物进行采购。通常，周四时他们要把鱼带到皇帝的住处，以供转过天来的斋戒使用。对查理皇帝来说，他居住的地方鳟鱼不够大，不如巴利亚利德的好。而且，他一直喜欢海产品，每一种鱼都是他的最爱，在他的餐桌上，青蛙、鳗鱼、牡蛎等都是必需的菜肴。另外，鱼罐头也是他的最爱，特别是凤尾鱼，可惜，他没有在盛产凤尾鱼的国家，多带一点凤尾鱼回自己的居住处。还有，鳗鱼糊也是他喜欢吃的食物。"

1554 年，查理五世得到教皇的允许，不必按斋戒仪式生活，他可以在圣餐之前，先吃一些早餐。

不过，查理五世从没有阅读的爱好，只不过他与查理曼一样，总爱在吃饭时听人为自己朗读。而玩具、音乐、布道都是他打发时间的方法，在他的妻子离世之后，他全心都扑到了宗教上。所以，每到大斋期的周五，他都像修士那样，用鞭子抽打自己。而且，他很不喜欢自己居住地的新教徒，他甚至这样说："我要求那些大审判官和议会，一定要忠于自己的职务，对那些即将迈入罪恶的人，要将他们的罪恶之根砍断……"查理五世一直觉得对于犯罪者不惩罚、不宽容的做法是不对的，他相信："对已经犯罪的人进行宽恕，只会让他们再次走向犯罪。"因此，他让审判官按自己在荷兰的方式行事："对不听劝告的顽固者，执行火刑烧死；对已经知道错误并认错的人，则砍头。"

对于查理五世来说，葬礼是具有历史地位与作用的象征，他一直觉得，欧洲很多壮伟的事早已经死掉了，这需要人们对它进行埋葬并给出最终的结论。所以，在于斯特的每一个葬礼，他都亲自参加，当妻子去世一周年时，他甚至又为其举行了一次葬礼。不仅如此，他专门为自己举办了一次葬礼演练。

"教堂里挂满了黑色的幔帐，不计其数的蜡烛将四周照得光亮如白昼，那些修士、家族成员都穿着丧礼服，一起围在盖了黑色幔帐的灵柩四周。在修士们的痛哭中开始埋葬死者，人们默默为逝者祈祷，希望他进入天国的王宫。奴仆们伤心流泪，他们为死去的主人离开人世时的样子感动着，或者是对那种神情的无助而深表同情。查理五世就穿着黑色披风，像其他人一样拿着蜡烛，和大家共同参加了自己的葬礼。直到埋葬仪式结束，他将蜡烛交给牧师，表示自己的灵魂已经完全交由上帝手中了。"

这次葬礼演练结束一个多月之后，查理五世便真的死去了，罗马帝国也就此结束，他曾经统一的领土被儿子、弟弟共同分管。这个曾经伟大的帝国虽然一直持续存在，而且一直到拿破仑一世才结束，但整个过程都不过是在衰落之中残喘。罗马帝国那些已经入土的旧习，直到现在仍旧对政治有一定的毒害。

第五十二章 欧洲君主制、议会制、共和制的政治实验时代

当拉丁教会被分裂，罗马帝国的衰落也不可抑制。自从进入公元 16 世纪以来，欧洲的人们便一直在寻找一种更好的、有创意的，可以适应新社会的方法。回看人类历史，虽然国家不断更迭，语言、民族也不断变换，但以宗教、君主制度而保持的社会形态却始终最为稳固，人们的生活也因此而变得稳定。对于近代欧洲来说，朝代变化并不重要，这一时期，历史开始转入人们对政治、社会生活不断实验的过程中来。

自从欧洲进入 16 世纪，世界的政治都在不断变化，只不过，那种社会与政治相适应的格局并没有多少主观意识的变革。当历史条件变化加速，这种变革的适应是很不容易的。而且，这样不积极的变化、无意识的变革，远远不能适应历史的变动。所以，从这一世纪开始，历史中的社会制度与政治在某种程度上总体现着不平衡，其中美好只占少数，而更多的则是无事生非。所有人都在期待全新的、更多的可能性，从而有所选择地进入变化中的社会模式。

那种用征服而获得的更新状态，在人类历史中持续了上千年之久。到底是什么条件发生了改变，从而打破了这种原有的平衡状态呢？原因非常复杂，而且各有不同，当然这是事物的本质。但就其最主要的变化来说，可以总结出这样的结论：因为人们对事物认知能力不断增长，最初身为知识分子的小群体，现在的

规模已经越来越大，而在近 500 年时间里，传播的速度得到增加，这让受到传播而接受影响的人口越来越多。

不过，人类生活的变化，多数来自于人们精神层次的变化。这种变化与知识传播的影响相适应，并进行了微妙结合。人类对于日常生活以及最低愿望的满足，已经慢慢不能感受到幸福，他们开始向往更开阔的生活以及个体的自我展现。从那些世界普遍认可的佛教、基督教、伊斯兰教等各大宗教身上，就可以看出这相同的特征。它们利用旧宗教所没有的东西，使人们的精神层面受到影响。和过去那些通过迷信、血腥、祭祀等方式的宗教相比，这些宗教的影响与性质是完全不同的，于是，它们带动人们，开始对尊重、责任等问题产生意识，并慢慢从中得到发展。

文字书写的更进与运用，是人类政治、社会生活最为重要的进步表现，这让很多国家以及各种政治得到有效订立与施展。而运输工具则是政治、社会生活进步的第二重点。人们先是用马代步，再是向着骆驼、车辆、道路完善等的不断变化，最后形成的铁路更大大增加了人类各种事物的效率。第三个重点应该是货币的形成，这对人类经济、债务、贸易甚至是所有权都意义重大。而与这些重点相应的，则是国家领土的变化，人们开始不断想要扩张领土，这让地方神的信仰消失，而混合神、世界宗教的时代形成。如此，有关历史记录与地理知识也就水到渠成了。这使人们大开眼界，深深感受到自我知识的不足，于是对知识展开全面的渴望。

亚历山大城的科学研究曾经被无情地中断，日耳曼人、蒙古人、宗教争端、传播性瘟疫，都让人类政治、社会生活受到巨大重创。当文明再一次从这些纷争中跳出来时，奴隶制的生活形态便被改变了。而造纸术和印刷术为人类提供了知识传播的原材料，于是，科学、知识在各地得到逐步恢复。

进入 16 世纪，研究成为必然，很多设计、发明被推到公众眼前，它们对人类的生活产生重大影响。这些设计与发明囊括了生活的很多部分，让人们了解了人际、合作等重要因素。同时，其他的设计与发明也加快了脚步。不过，人们对这样的生活似乎没有做好接受的准备，这种感受一直持续到20世纪初那场罕见的灾难出现，人们的思维才得到新的变化。在这之前，人们对不断出现的发明与设计，并没合适的应对方法，包括历史学家也是如此。在过去的400年时间里，人们好像是一直处于沉睡期的囚徒：当让他们得以容身的监狱着火时，他们并没有害怕，而是将不断飞溅的火花以及声响当成梦的一部分，丝毫没有想过，这是生活即将被改变的前奏。

历史的发展是整个社会产生的故事，它不属于个人，所以，历史记录的最重要发明就变成了对人类沟通所起作用的发明。在16世纪，历史新鲜事物的重点应该是纸质印刷品的发行，以及航海罗盘的发明。纸质印刷品让政治活动产生变化，让教育、信息、知识等都变得更加快速、普遍。而航海罗盘则将地球的形状进行证实。另外，与这两样东西一样重要的，还有来自中国人发明的火药与枪支。在这时，它们已经被广泛运用到战争中去了。这种应用，将人们赖以安全的城堡摧毁，同时也将封建思想进行了清除。君士坦丁堡因为它的出现而被土耳其征服，秘鲁、墨西哥也因它的出现而成为西班牙的手下败将。

到公元17世纪，科学出版物开始增加，虽然这种出版物并不是太抢眼，可却让人们产生更多的创新思想。在那些曾经走在时代前端的伟人中，弗朗西斯·培根的名字尤其引人关注。他曾经是英国的大法官，也曾与哲学家吉尔伯特一起学习，可以这样说，培根可以做吉尔伯特的代言人。他对实验、观察最为提倡，曾经在一本《新大西洋》的书里，通过趣味的乌托邦故事来鼓舞人们，并将自己一心为科研而努力的决心表达出来。

后来，伦敦、佛罗伦萨都相继成立学会，而其他国家也同样成立了专门支持人们对科学进行研究、交流以及发表成果的机构。正是这些对科学进行研究的群体，长时间以来，为欧洲以及整个人类创造了很多发明。同时，这些群体将一度主宰人类思想的神学进行全面颠覆与批评。

虽然公元17世纪～18世纪并没有出现比纸质印刷品和航海罗盘更轰动一时的发明，但这一时期，人们对科学知识有了大量的积累和认知。所以，在时间进入到19世纪后，科学发明的硕果才获得大丰收。而这时，世界地图已经开始进行绘制，探险也出现了，澳大利亚、新西兰、塔斯马尼亚岛这3个地方最早在地图上出现。英国冶铁业在18世纪开始以煤炭为主要燃料，这让铁价得到有效降低，同时，人们也开始越来越多的使用铁铸造工具。另外，机械行业得到快速发展。

科学如同天堂生长的树木，不断茁壮地开花、结果。到19世纪，科学的研究硕果不断获得丰收，而这些硕果在日后依旧持续得到发展。最早出现在人们视野中的现代机械是蒸汽机、轮船，再就是与生活相关的铁路、钢铁、桥梁等。在这时，人们需要什么材料，就可以通过研究来获取。后来，被人们视为奇迹的、挖掘更多发明成果的电学，也被发现了……

我们说处于16世纪的人类社会及政治生活，就如同失火的监狱和沉睡的囚徒。在那时，欧洲人似乎还沉睡在想方设法延续拉丁帝国的美梦中不能醒来，他们心中，只有罗马帝国才是最神圣的。可是，这种想法被一些外在的荒诞所破坏，这就好像我们经常会做一些不受自我控制的梦一样。当查理五世的身影还在人们的梦境中出现时，亨利八世却与路德将这个梦撕成了碎片。

公元17世纪~18世纪，拉丁帝国的美梦最终变成了独立君主统治制度。这期间，每个国家的历史似乎都不能脱离对君主制度的创造与巩固，而且，每个君王都有扩展领土的野心。当然，这种想法或者行为总是遭到其他国家的抗议，随着贸易与工业时代的到来，这种想法也受到了国内商人、富人的反抗。所以，这种扩展君主地位及领土的想法并没取胜，它们之间，总是今天这个国家居首，明天那个国家称霸。而且，有的时候，这个国家的人民还在将国王奉为太阳与中心，可与他相邻的国家，却已经由商人阶级推动，让国家进入共和统治状态了。这种悬殊的对比，反映出这个时期的政体具有强烈的实验性质和浓厚的地域色彩。

当时的欧洲国家，大臣是国王身边重要的人物，如果这个国家是基督教国家，那主教则永远是国王不可缺少的支持者，他将担任着国家重要的职务。

在此，我们不会对那些频繁变动的国家政治进行全面讲解，只能大致讲几种情况。当时的荷兰，商人们开始信奉新教派，以共和党人自居，他们完全不再接受查理五世的儿子菲利普这个统治者的管理。此时的英国，虽然已经在亨利八世、伊丽莎白女王以及两位宰相的管理下，打下了君主专制的基础，但却因为詹姆斯一世以及查理一世而毁于一旦。其中，查理一世因为背叛国民，在 1649 年被砍头，从而让欧洲政治发生了大转折。于是，英国在 1649 ~ 1660 年这段时间，是以共和国制度存在的。当时的英王权威有名无实，经常被议会压迫。但到了乔治三世称王时，这种状况因他的不懈努力而有所好转。但此时的法国却成了欧洲境内成功实施君主制的国家，这除了国王路易十四的能力非凡之外，黎塞留与马萨林这两位宰相的作用也相当重要。

在欧洲的众国王当中，路易十四确实堪称典范。从权力方面来说，他非常能干，其野心也超过了对君王之位的热情。他利用现在仍然为人称道的外交政策，以及全力为国家树立的尊严，将国家推向破产。他最大的心愿，就是扩展法国领土，而且要将荷兰、西班牙都纳入自己的领土范围内。另外，他有着重建神圣罗马帝国的愿望，而且未来罗马帝国的皇帝就应该是法国的国王。在他看来，收买永远比攻打更实用。所以，英国国王、波兰贵族都在他丰厚的贿赂中甘心臣服，关于此，后面我们将会进行再次讲解。路易十四将国家所有的钱，都用在了收买、贿赂他人及国家上。不过，这并不影响他对于奢靡生活的追求，他的凡尔赛宫的宫殿大厅、墙面、喷泉等，无不受到世界人们的恭维与羡慕。

路易十四这种做法，成为欧洲政治及社会的一种潮流。那些独立国家的国王，无不大量运用自己可以使用的财富，对自己居住的宫殿进行奢华建造，而其他贵族也想尽办法修缮自己的城堡。这种行为大大带动了欧洲纺织及家具业的发展，那些精美的艺术品随处可见，比如雪白的雕像、金属制品、镀金制品、皮革制品，包括油画、音乐甚至是餐具、酒水。在这些奢华的装饰空间里，很多看上去奇怪的人在不断穿梭，这就是当时被称为“绅士”的人。他们总是穿着镶了花边的衣服，头上戴着闪闪发光的假发，脚上的高跟鞋艳丽至极，当然，他们必须要通过好看的手杖来维持自身平衡。同时，那些被称为“贵妇”的女性，将头发都梳成塔状，绸缎的长裙被金属支架撑起。在这些人当中，最吸引人眼球的，就是不断搔首弄姿的路易十四。他这颗法国的太阳，根本不会照向底层社会，他也看不到那些在黑暗中因痛苦而变形的面孔。

在君主制度与其他各种政治实验混合存在的时代，日耳曼人的政治始终达不成一致。不过，还是有一些王公贵族，对自己的宫殿进行了像路易十四凡尔赛宫式的修建。但是，日耳曼人在经历了与波希米亚、瑞典的 30 年战争后，在后来的 100 多年时间里，整个德国都因衰退而呈破碎状。通过 1648 年的欧洲地图就可以看出来，当时很多王国、公国都可以随便在这个国家存在，甚至有一部分土地已经被划在国家版图之外。我们能够看出来，当时瑞典已经侵入德国境内了。就在这样一片土地上，普鲁士于 1701 年建起的王国开始崛起，而且在战争中崭露头角。普鲁士国王弗里德里希也建好了自己的宫殿，他会在宫内讲法文，读法文书，一心想要与路易十四拥有相同的生活。

1714 年，英国国王乔治一世登基，这样，在欧洲又多了一个君主制度的国家。

此时，生活在奥地利的查理五世的后代，仍旧以皇帝自居，而生活在西班牙的后代也保持着对西班牙的统治。在东方，另一位自称皇帝的人出现了，他就是莫斯科大公——伊凡。1453 年，君士坦丁堡沦陷，伊凡便马上宣布，自己成为东罗马帝国的皇帝。同时，他将东罗马双头鹰的标志打造在武器上。至他的孙子伊凡四世时期，则开始以“沙皇”自称。不过，俄罗斯在欧洲人眼中一直被看成亚洲国家。直到 17 世纪的末期，俄罗斯的沙皇亲自带人参加了欧洲国家的事务，并在圣彼得堡建立了首都。至此，欧洲与俄罗斯取得联系。很快，他按路易十四的做法，在离首都不远的彼德霍夫为自己修建了克里姆林宫，整座宫殿的内部设计全由法国建筑师来主持，沙皇如同弗里德里希一样，在自己的宫内过着法式的生活。

而波兰此时仍处于混乱中，国家制度为地主制，君主完全由大地主们选举产生，而且权力也非常小。法国虽然很想让波兰独立，但最终却依旧逃不出被分裂的命运。那个时候，瑞士是共和制国家，而威尼斯则是共和国，德国与意大利都被分裂成多个小诸侯国。教皇此时虽然还如同从前一样权势盛大，不过，他们因为害怕各王公贵族反抗，所以对王室之间的纷争不再干预，更绝口不提各基督教国家利益相同这样的话。欧洲此时真的完全分裂了，政治理念再也不能统一，各国格局复杂多样。

不管是君主国还是共和国，所有的掌权者都想要将对方征服，因此，他们都采取结盟、联合的外交政策。现在，欧洲依旧处于这种政治策略的最后阶段，这一时代所产生的不信任、仇恨以及敌意还深深影响着人们的观念。对文化人而言，这一时代似乎充满着无聊的“八卦”，在这种“八卦”里，你可以看到一个国家因为一个女人而产生战争；两个国家的对抗仅仅因为宰相之间的一点忌妒，这确实让人非常厌倦，聪明的读者尤其如此。不过，有这样一个事实，那就是国家与国家之间虽然存在国界，但思想与知识却不受此约束，包括发明也同样自由。在 18 世纪，已经有很多对王室生活、社会政治带有质疑与批评的文学作品涌现出来，比如《老实人》这部作品，伏尔泰正是在这部书中，表达自己对当时世界的厌恶与反感的。

第五十三章
欧洲各国的新扩张

就在中欧一片混乱，并慢慢分裂时，以荷兰人、西班牙人、法国人、英国人等为首的西欧人则正在通过海上航行，将对外扩张的纷扰推上世界舞台。印刷术对欧洲政治观念的影响不断持续变化，而远洋轮船的发明，则让这种政治观念的影响更加扩大化。

最初，荷兰以及北大西洋的欧洲人之所以在海外建立定居点，就是为了方便贸易与采矿业发展。但西班牙人航海，则将美洲的新大陆归于自己旗下统治。葡萄牙人很快从中看到了好处，于是，在亚历山大六世这位罗马教皇的调动下，与西班牙人在 1494 年签署了一份《托尔德西里雅斯条约》，他们将新大陆进行了瓜分，约定中明确指出，佛得角群岛向西 370 里格[1]处为两国边界，西边是西班牙，东边是葡萄牙。但是葡萄牙对此并不满意，马上再向西面、南面扩展。1497 年，葡萄牙人瓦斯科达·伽马从里斯本出发，来到了印度的卡利卡特。1515 年，葡萄牙又派船队到达了摩鹿加群岛，并在印度沿岸建设武力巩固区，然后开展贸易。这样，印度的果阿、莫桑比克都成了葡萄牙的殖民地，包括中国澳门与东帝汶一带地区。

[1] 里格：为欧洲过去的单位名称，1 里格约等于 3 英里。

英国、瑞典、丹麦等没有分到美洲这块“蛋糕”的国家，直接将教皇的权威忽略，他们很快开始从西印度群岛以及北美着手自己势力区的建设。连一向对教会最为忠诚的法国，此时也将教会权威抛开，开始国家领土的扩展。如此一来，欧洲各国家因为在海外争夺势力区而产生了斗争。

从长远利益分析，英国可被看成是这场争夺战中最大的赢家。当时的瑞典、丹麦，因为德意志的混乱动荡，所以在这场争斗中没有花费太多心思。而且，瑞典还因为国王古斯达夫·阿道夫的挥霍，让国家实力衰退。荷兰人此时将瑞典占领的美洲土地占为己有，但为了防范法国的入侵，他们不得不与英国保持和平状态。在远东地区的争夺中，以英国、法国、荷兰为主，而在对美洲的争夺中，则以西班牙、法国、英国为主。英国因为有英吉利海峡，比其他国家有更大的优势，它当时被人们称为“银色航道”。另外，因为英国受到的拉丁传统约束较少，优势也就更大一些。

整个 18 世纪，法国一直都把主要精力放在对意大利、西班牙、德国的防控上，因此丧失了向东、西方扩展的时机。而英国在 17 世纪开始，就因为宗教、政治混乱导致很多人去美洲寻找定居点。所以，这让英国在美洲的势力得到发展，其人口迅速增加，从而加大了扩张的优势。1756 ~ 1760 年，英国先兼并了属于法国人的美洲殖民地，接着，英国贸易公司又取代了荷兰、葡萄牙以及法国在印度半岛的贸易地位。此时，蒙古人的帝国已经衰落，完全由英国一家处于东印度的贸易公司统治。由一个公司统治一个帝国，是件让人不可思议的事。

这家东印度贸易公司早在伊丽莎白在位时就已经成立了，最早只是几个冒险家成立的小公司，后来竟慢慢发展成了军队，并拥有武装船只。他们不再以商业贸易获得财富作为唯一目的，而是对印度这个国家，对英国王室领土扩张以及税收都开始干预。他们不以生意为主要目的，经常在海上进行海盗的抢劫行为，但从没有人对他们的行为进行干涉。因此，当这家公司的船只载满各种贵重物品回到英国时，并没有引起人们的好奇。

当入侵一块富有却无抵抗能力的土地时，入侵者完全不会想到自己正在做什么。对于他们而言，印度这个国度是不值得人怜悯的，包括宗教，也是神秘异教所遗留的产物。英国那些入侵者，回到国内最乐于做的事，就是相互指责对方在印度所犯下的残虐罪行。这让国内的人产生了怀疑，最后，议会以腐败罪对克莱夫提起控诉。迫于压力，克莱夫在 1774 年自杀。而印度，也于 1788 年对总督沃伦·黑斯廷进行弹劾。可是，经过长达 4 年的审理之后，他却被无罪释放，这成了世界历史上最让人匪夷所思的案件。在伦敦，英国议会拥有一家贸易公司，这个公司却控制着比英国领土、人口都要多的一个国家。印度在英国人眼中很遥远，甚至比较蛮荒。可曾经去印度冒险的穷人，多年后无不是带着丰厚的财富回到国内，并变身为“绅士”。这让英国人无法想象，那些有着棕色皮肤的人是如何生活的。不过，他们可不想在这上面多费脑筋，印度对他们而言，可用虚幻来形容。正因为如此，英国人明白，英国的贸易公司如何在那里进行统治与监管，完全不受他们掌控。

欧洲诸国在为了海外殖民地而不断斗争时，亚洲的两个地区也开始着新的征服。1360 年，满族人将明王朝征服，统治中国，他们的统治至 1912 年才结束。此时，俄国也开始极力扩张，并成为世界国家中不可忽略的角色。俄国既不属于西方，也不算作东方。他们的崛起对世界人类都有很大的影响。俄国人的扩张，主要依赖哥萨克人，这一民族是草原牧民，信奉基督教，他们如同西方与东方之间的一道隔离墙。最早，哥萨克人在欧洲东部生活，因此，他们在很大程度上与生活在美国西部的野蛮人相似。那些在俄罗斯犯了罪的人、农奴、受害者、流浪汉、异教徒等，都会因为不能在本地生存，而最终来到南部草原生活。为了活下去，他们不断与俄罗斯人、鞑靼人、波兰人进行斗争。后来，这些人又被收编入俄国的队伍，并定居在亚洲境内，从而成为日后能与蒙古人对阵的强大对手。最开始，他们一直在土耳其斯坦活动，后来却到达了中国的黑龙江。

公元 17 世纪～ 18 世纪，蒙古人的地位之所以出现衰落，很难找出真正的原因。在成吉思汗之后的两三百年时间里，最初主宰世界的中亚早就变得对世界格局毫无影响。在历史记录中，没有任何关于气候、瘟疫以及传染病的提及。有一些学者认为，佛教教义对中亚的衰退应该有所影响。也许，放眼世界历史，中亚的衰退可能只是暂时性的。但不管怎么样，从16世纪开始，那些鞑靼人、土耳其人、蒙古人便已经不再具备扩张自己领土的能力，最终变成了被俄罗斯及中国所征服的对象。

在17世纪的整整100年时间里，哥萨克人保持着向东扩张的脚步，并在适合耕种的地区定居。在他们的定居点之外，就是军事防线，这条防线是可移动的，防线通常向南变化，西面则住着凶悍的土库曼人。不过，在俄国东北的方向，从来没有对手，所以，他们一直将领土范围扩展到了太平洋。

第五十四章
美国独立战争

18 世纪的 50 ~ 70 年代，欧洲世界一直处于动荡分裂之中，此时所有的宗教意识与政治统一思想都被抛诸脑后了。书籍、地图、远洋轮船为各国带来的发展机遇，让人们大受影响，他们正完全以一种战争的混乱思维，对那些沿海地区垂涎不已。相比世界其他地区，欧洲人的优势似乎短暂而偶然，这让他们对国家领土的扩张行为完全不具连续性与计划性。他们只是凭着一时的优势，便对美洲那块新大陆进行占领，凡是没有人的地方，他们都可以瓜分。当然，有人居住的澳大利亚、南非、新西兰也成了他们的目标。

最初，不论哥伦布还是达·伽马，他们对印度、美洲等地的探险，就是为了开发贸易。所以，东方这块人多、物资丰富的土地，同样变成了欧洲人眼中的主要争夺地。他们在那些处于海外的殖民地中，赚取着丰厚的财富，只不过，他们最大的心愿是将这些财富带回到自己的国家。此时的美洲大陆，其生活水平包括生产都不先进，在欧洲人看来，直接挖掘真金白银比开展贸易、生产更实际。西班牙人先占领了美洲土地上的金、银矿山，于是，欧洲其他的矿工、淘金者、带有武装的商人，甚至是勘探者、农场主，便全都来了。他们寻找动物获取皮草，寻找定居点进行种植，同时寻找矿山。这一时期的欧洲，各国都在鼓动人们去美洲定居与发展。后来，人们怀着各种原因，最终在这片遥远的土地定居下来，这种过程就如同17世纪被迫去英格兰的英国清教徒的经历一样；当然，在18世纪，英国那些犯了罪的人以及孤儿们，也被这样大批地送去好望角生存。时间进入19世纪后，因为轮船的开发，欧洲人更为大量地开始朝澳大利亚、美洲等地迁移，这种移民热一直持续了几十年的时间。

用这样的方法，欧洲人得到了海外持久性的殖民地，而与之一起到达的，还有他们早已经具备的文明。这让他们在文明的帮助下，在新的地方建立起全新的社会。不过，这种建设与发展事先并无计划与预见，全凭一时冲动与随意。正因如此，欧洲国家们才对这种发展，完全没有思想准备。最初，他们将这些殖民地视为征服，更看成经济、领土的开发。可是，当这些移民经过多年的建设，以一种与本国社会生活完全不同的方式进行生产、生活时，他们才意识到了问题的存在。移民过去的人越来越多，他们的能力也越来越强，而远在海洋另一头的政府、法律都对他们不起作用了。这样一来，国家的统治者才明白：这些生活在殖民地的人，早已经不再是任由自己随便支配的人。

一直到19世纪，那些移民去往新大陆时，唯一的工具便是远洋轮船。而在陆地上生活的人，最有效的交通工具则依旧是骑马。所以，那些以马为主要工具的政治、统治者受到这一现状的约束。

18世纪的70年代，英国统治了美洲北部约三分之二的地区。此时，法国早退出了争夺这块“蛋糕”的纷争。除了巴西以及一些小岛还被葡萄牙、丹麦、法国以及荷兰、英国占领之外，西班牙人则几乎将整个美洲南部以及其他主要地区都统治了，比如加利福尼亚州、佛罗里达州等。而在缅因州以及安大略湖这些属于英国的殖民地，已经被证实再也不能通过轮船对移民进行控制了。

生活在安大略湖和缅因州的英国移民，其来源各有不同，他们有英国人，但也有荷兰人、法国人，更有瑞典、荷兰人。其中，生活在马里兰州的英国人信奉基督教，而那些生活在新英格兰的人则信奉新宗教。所以，后者对土地的开发以自我耕种和奴隶制为主，而前者则大量使用非洲黑奴对种植园进行打理。这些人想要从一个洲去往另一个洲，就需要坐轮船航行很长时间，乏味、单调让他们深深不满。当然，因为人口的来源以及生活的方式不相同，他们之间也不会产生联合的想法。可是，一向贪婪的英国政府已经习惯了压迫他们：按时缴税，在贸易面前，个人利益必须让位政府利益。同时，移民们也有担心，害怕当黑人奴隶越来越多时，有一天会不受自己的控制而产生暴动。可是，政府却完全无视这些不稳定因素，一心为了在奴隶市场得到好处而将大量黑奴贩运过来。

这时的英国是向着君主制政治前进的，国王乔治三世的很多做法，都让移民与政府的对抗不断上升。

后来，英国政府的一项立法，让移民与政府爆发了冲突。那就是为了保护英国在东印度的贸易公司而让美洲船主牺牲利益。1773 年，有些移民便乔装打扮成印度人，然后依据英国的新立法，将 3 船茶叶全扔进海里。在历史上，这次事件被称为“波士顿倾茶事件”。英国政府于 1775 年在波士顿抓捕了两名参加这次事件的领导人物，因此，移民与政府产生对抗，英国政府在波士顿的莱克里顿开了枪。不过，他们并没有就此进入战争状态，第一次战争是在康科德开始的。

但是，莱克里顿事件让美国革命就此展开。这其中有一年多时间，很多住在殖民地的英国人并不想与英国脱离关系。1776 年，美国各州开始联合，并发表了“独立宣言”。而此时，乔治·华盛顿的队伍曾经因为与法国人进行斗争，所以训练有素，他本人也因此成为独立的统帅。1777 年，英国派遣约翰·伯戈因出兵，他们想通过加拿大，直接冲击纽约。但在穿越加拿大时，他的队伍受到袭击，最终全部投降。就在这时，法国、西班牙开始对英国进行攻打，这让英国海上交通受到影响。1781 年，第二支去攻打美国的英国队伍又一次投降美国。进入 1783 年，美、英双方签订了和平协议，乔治亚州到缅因州之间，共计 13 块殖民地被统一，从而成立了一个有主权的国家，也就是美利坚合众国。而这时的加拿大，还完全听从于英国的指挥。

此后 4 年时间里，这些联合在一起的殖民地只能勉强维护美利坚合众国这个新兴起的政府，这让他们随时面临着分裂。不过，因为英国、法国的威胁，它们只能保持联合状态。至 1788 年，这个新政府终于出台了宪法，同时，为了稳定政府，特别选举出一位总统来对联邦政府进行治理。这种开始并不强烈的国家意识，最后因为 1812 年英国的又一次进攻而得到了改变。不过，美国区域广阔，当时各州之间存在不同利益，而且联系手法落后，这注定让它变成一个各州独立的国家。当时，美国的众议员与参议员需要到华盛顿参加国家会议，而去往华盛顿的路程，充满对生命的考验。同时，因为国家机构不完善，各种文化、教育的开展非常艰难。好在，面临的困难是真的，但人们团结对抗入侵的热情也是真的。不久，铁路、电报、蒸汽轮船出现了，这让美国时刻面临分裂的现状得到解决，各州的人们重新被联系到一起，美国开始朝着现代化国家迈进。

西班牙就在 21 年后，学着美国的做法，逐渐与欧洲的统治撇清了关系。只不过，因为西班牙殖民地太过广阔，境内沙漠、高山、森林密布，甚至有其他国家的殖民地，因此，这让他们最终变成了多个独立的小国家。而且，这些国家之间，最初会有起义发生，甚至还会有战争出现。

巴西没有仿效美国，他们通过另外的方法走向了独立。1807 年，法国军队在拿破仑的带领下，攻占了统治巴西的葡萄牙。葡萄牙国王只得去巴西避难，在这一段时间里，巴西一改依赖葡萄牙生存的传统，变身为葡萄牙必须依赖的国家。1822 年，葡萄牙国王的儿子佩德罗一世在巴西宣布独立。不过，这个国家不再是君主制国家了，巴西皇帝只得在 1889 年去往欧洲。于是，巴西如同美国一样，得到了独立并成功进入共和国制度时期。

第五十五章
法国大革命和君主制在法国的复辟

在英国丢失美洲的部分殖民地后，法国社会开始迎来大动乱。正是这场动乱的发生，才让欧洲人看清了一个事实：任何一种政治制度都不可能永远存在。

前面我们已经了解，法国一直实行君主制度，而且是欧洲各国家中最为完善的君主政体。这种制度，曾经让很多欧洲王室羡慕不已。不过，这种君主政体再怎么完善，依旧是以不公平为基础的。在表面上看，这个国家充满光彩与进取，可事实上，它大量挥霍人民的财富，很多人为此送命，王室贵族以及神职人员拥有免税的特权，国家财政因此全部倚重于中产阶级以及底层阶级，农民们因为沉重的缴税负担，几乎无法生活，而中产阶级虽然缴税，仍旧受到贵族的侮辱与压迫。就因为这样的现实，法国最终的命运自然躲不过解体。

1787 年，国王路易十六发现国家财政亏空严重，于是召集各阶层进行会议，研究如何解决负债问题。1789 年，各贵族、神职主教、人民代表于在凡尔赛宫举行三级会议。这与英国的议会相同，但法国自从 1610 年至今，还是第一次召开。这种做法看上去是给了受压迫的平民一次表达意见的机会，可是会议期间，平民阶层想要控制会议，于是与贵族和神职人员产生了争论。最终，平民阶层赢得了这一争论，致使三级会议成为国民议会。国民议会对王权提出与英国议会相同的限制，这让路易十六不能接受，因而完全忽略这一要求。为了镇压平民阶层，他召集了军队，但正因为他的做法，导致法国大革命爆发。

平民阶层在被压迫太长的时间后，终于赢来团结一致的反抗，这让君主政治制度摇摇欲坠。民众们将象征王权的巴士底监狱攻克，起义队伍很快席卷整个法国。在贵族们生活的东、西部地区，农民们将其城堡烧毁，地契销毁，连同大地主们，不是杀死就是驱逐。那一度不可一世的贵族制度，在短短一个月时间里便完全土崩瓦解。王室贵族们为了保全性命，纷纷跑去国外。民众们在法国的重要城市进行政府、军队、武装力量的建设，他们要与国王进行斗争。法国人民提议，必须重新建立与现代生活相适应的社会以及政治制度。

这个要求，对于国民议会来说，是前所未有的考验。最终，国民议会将那些不平等、带有压迫性的专制制度以及免税权、农奴制全部废除，贵族的称号和特权也被取消，一个君主立宪的政治体制在巴黎开始建立。路易十六因此从凡尔赛宫搬出，最终住到了杜伊勒里宫。

国民议会通过与国王长达两年时间的争论，建立了一个现代化的政府机构。虽然很多工种都是尝试性的，有些条令也在不久之后就被取消，但更多的、完善的措施得到实施。当然，这并不代表所有合理的措施都是有意义的。因此，刑法中的有些条款便被取消了，比如随意监禁、压迫异教徒、拷问逼供等。同时，有些地方也被从州划分为郡，比如勃艮第、诺曼底等。而军队也采用晋升制，只要努力，任何一个士兵都有晋升的机会。法院对审理制度进行修改与完善，不过，因为法官的任期并不长，所以这项措施并没有全部完成。另外，国家全权管理并没收教会财产，那些并不能为慈善与教育做出贡献的宗教组织全被解散，神职人员的报酬由国家统一发放。这种决定对生活在最底层的教士是有好处的，长久以来，他们都收入寒酸，完全无法与上等的教士相提并论。对于神父和主教的任职，也必须要通过选举来决定，这和过去罗马教会的规定完全不同，教会权威被这种规定彻底打破。应该说，国民议会这样做，就是想将国内教会进行改变，哪怕是形式上的改变。但是，这种改变让通过选举而来的神父和忠于原本体系的神父之间产生了极大的矛盾。

1791 年，国王路易十六集合自己的拥护者以及王公贵族，展开大反抗，这让刚刚建立起来的君主立宪制度夭折。此时，外国军队就在法国东部边境虎视眈眈，法国王室为了保全性命，开始想方设法外逃。但他们跑到瓦雷内时，被人们抓了回来，并带回到巴黎。这次事件让法国民众产生了极大的共和主义热情。共和宣言被提出来，爱国者认为，必须要与普鲁士以及奥地利进行斗争。1793 年 1 月，法国国王因为背叛人民而被判决死刑。

后面，法国进入一个相对特殊的时期。在这一时期，激起了法国人民前所未有的保护家园的激情，他们坚决不称臣，不妥协。国内拥护君主制以及反对共和制的人，都被人民进行镇压，而国外，所有想要革命的人都将法国视为保护者。法国人认为，不只是欧洲，全世界都应该实现共和制度。所有的年轻法国人都积极投入共和国的部队中去，那首如同烈酒一样催人奋进的《马赛曲》被人们到处传唱。法国的步兵队伍唱着这首歌，一次又一次取得胜利。至 1792 年，法国领土的扩张早已经超过了路易十四时代，不论是布鲁塞尔还是萨瓦，甚至是被荷兰人征服的斯凯尔特河，都被夺了回来。只不过，共和制的法国做了一件大错事，那就是在处死国王之后，他们将驻于国内的英国大使驱逐了。这种做法让英国非常不满，他们马上宣布与法国开战。之所以说这种做法是错误的，就是因为法国步兵、炮兵虽然强大，但在革命浪潮中，他们将很多拥有武装力量的贵族也赶跑了，这让国内的海军力量无法与英国抗衡。同时，英国国内原本支持法国民众行为的人，也因为这件事，而开始对法国产生敌视。

对于英、法之间的斗智斗勇的战争，在此我们不会详细论述。反正结局就是法国受英国战争的影响，对意大利进行征服的计谋没有得逞。而到了 1796 年，穷困潦倒的共和国部队才在拿破仑的带领下到达曼图亚和维罗纳。后来，C.F. 阿特金森说："让盟军最为惊讶的，是共和军的速度与人数，几乎没有任何力量能让这支临时组成的部队被拖延，没有帐篷、没有充足的后勤保障，这些不利因素，哪怕是对专业的士兵，也会引起心理上的不安定。但这支法国部队，却对这样的现实完全接受。当时，想要给队伍运送补给，是很难完成的，因此，这个队伍马上就开始了‘自救’措施，也就是在1793年的时候，‘兵贵神速’成为现代战争的特点。这种特点最注重力量的调动，以及就地取材，于野外作战，他们会利用当地条件进行硬仗对抗，这与小股的专业军队相比，其后勤保障方法完全不一样。对这种行为来说，就是胜在果断与速度上，相比，专业军队的冒险心态要更小一些。”

当这支精疲力竭的队伍高唱着《马赛曲》进攻一个地方时，他们在心里并不明白，自己这样的行为到底算是侵略，还是对那个地区的解救？因此，这种共和激情，用最不耻的方式进行消耗。而鼓动这些人热情的，就是比他们更狂热的罗伯斯庇尔。这个人非常自负，而且他体质并不好，胆子也很小，却偏拥有这样一种争取权力的信念。所以，他按自己的想法来带领共和军队，在他看来，自己才是这支队伍不可替代的重要领袖。他很清楚，想要“拯救”共和制度，他必须要有一定的权力。共和国的顽强精神，好像就是从各种征服与屠杀中迸发出来的。在那个时候，西部拉旺代省和南部的里昂与马赛都发生了暴动，前者是以神职人员与贵族为首的暴动，他们为自己的免税特权进行抗争，而后者则是西班牙与英国的驻军，他们以屠杀拥护君主制的人为由，制造各种动乱。

为此，法国的革命机构开始不断运转，对各种暴动进行屠杀。断头台的使用迎来最佳时期，连法国王后也被推了上去，而那些对罗伯斯庇尔行为不支持的人，也大多都被推到了断头台上，这其中包括无神论者。时间日复一日地过去，断头台也不断地运转着，死去的人越来越多……对于罗伯斯庇尔政权来说，好像鲜血才是让权力维持下去的唯一方法，这就像吸食鸦片的人，必须不断加大对鸦片的需求量一样。

一直到1794年的夏天到来时，罗伯斯庇尔终于被打败了，他自己也被人们送到了断头台上。这之后，法国政府由5人组成，称为督政府。他们对国家外战、内战进行维护、防御，一直坚守了5年时间。当然，这段时间对法国政治的变革只是一个小插曲，这几个人治理得非常随意，而且相对敷衍。这时，曾经在法国盛行的革命热情传播到了德国、瑞士、比利时、意大利等地，这些国家都很快变成为共和国，国王被赶了出去。不过，督政府对于共和国的宣传并没让部队停止对人民财富的抢夺，国家也没因此减轻负担。而且，这种革命越来越像最初为政权而斗的争斗，完全没了为自由而战的神圣。此时的外交政策依旧沿袭法国君主制度时期的样子，这几乎是君主制在这个国家最后的特征了。5 人督政府对此完全没进行一点儿改变，法国的外交保持着十足的活力。

很快，一个为法国以及世界带来灾难的人物出现了，这个人就是征服了意大利的拿破仑·波拿巴。他用非常自我的方式，将法国利己主义发挥到极致，这给法国带来了 10 多年的繁荣，也最终将耻辱留给了法国。

当 5 人组督政府在主持法国政务的时候，拿破仑正竭尽全力为自己的前途用心争取着。很快，他得到了自己想要的权力，并将这一权力推向最高峰。拿破仑的理解力不强，不过，他的直率与超强能力非常明显。最初，他以罗伯斯庇尔的拥护者出现，并在激进的努力中获得了职位提升。但这时，他还没有能力拥有掌握欧洲形式的权力。在他的心里一直做着一个梦，那就是复兴早已消失的西罗马帝国。他想要以巴黎为中心，建设一个全新的巨大帝国，从而将罗马曾经的神圣完全取代。如此一来，当时的维也纳皇帝就变成了奥地利的皇帝，而不能再以罗马帝国皇帝自居了。而且，他一直想与奥地利公主结婚，于是，他果断地和自己法国籍的妻子离了婚。

至 1799 年，拿破仑成为第一执政官，实际上，这时他已经相当于法国的国王。到了 1804 年，他毫不谦虚地在法国称帝。当时，巴黎教皇为他举行加冕仪式，但他记住了查理曼大帝说过的话，自己亲自将王冠戴到头上。同时，他的儿子被他加冕为罗马国王。

之后的几年时间里，拿破仑迎来政治上的全盛时期。他将意大利、西班牙、奥地利、普鲁士都征服了，俄罗斯以西的所有欧洲地区都归他统治。当然，英国人的制海权是他从来没有得到过的。他曾在 1805 年与英军在特拉法加海进行战争，但以失败告终。后来，西班牙也于 1808 年开始反抗他，并在英国惠灵顿军队的协助下，成功地让法军退出西班牙半岛。至 1811 年，拿破仑与俄国沙皇产生争执，于是，在第二年，他亲自带领 60 万人马向俄国进攻。但因气候的不适应，最终失败了。再之后，德国、瑞典相继开始反抗他的统治。于 1814 年，拿破仑被迫退位，并被流放到厄尔巴岛。1815 年，他回到法国境内，本想以自己的实力重新统治欧洲，但因为滑铁卢战役失败，最终变成英国的战俘，于 1821 年在圣赫勒拿岛死去。

法国这场革命所产生的力量，至此被消耗一空。盟国们于维也纳召开了一场代表大会，认为应该尽可能地恢复欧洲之前的政治格局。从这一时期开始向后的 40 年时间里，欧洲社会一直维持着因修复国力而带来的和平。

第五十六章
拿破仑之后欧洲世界的和平

在 1854 ~ 1871 年期间，欧洲各国虽然保持着和平，但却并不稳定，新的战争一直在酝酿之中。造成这种局势的原因，主要包括两个方面，一是有些国家的王室一直想要推翻共和制度，从而享受过去不平等的特权，对国民的自由进行压迫；第二个原因则是当初的代表大会就国界的划分有失合理性，这让欧洲局势进一步紧张。

最早出现推翻共和制念头的是西班牙王室，他们表现得非常明确，而且一度让宗教法庭得到恢复。1810 年时，西班牙王位由拿破仑的哥哥约瑟夫担任，这让西班牙的殖民开始朝美国看齐，想通过反抗摆脱来自欧洲的约束。而领导这场反抗的，正是玻利瓦尔，他是像乔治·华盛顿一样优秀的领袖。西班牙对这场反抗无能为力，致使它像美国革命一样，一直持续了好几年。最终，奥地利认为，欧洲的其他同盟国应该一起帮助西班牙。不过，英国对这个建议并不认可，倒是美国最先采取动作。美国总统门罗于 1823 年对西班牙想要恢复君主制的计划提出严厉警告，说："所有想要朝西半球扩张的欧洲国家，都会被美国视为敌人。"这一警告，被人们称为"门罗主义"。它的出现，让欧洲国家在后来 100 年左右的时间里，都没产生过向美洲扩张的迹象，它让那些位于美洲的新兴国家得到良好发展。

不过，西班牙国王虽然失去了美洲的殖民地，但因为同盟国的帮助，他在欧洲其他地区肆意妄为。1823 年，西班牙国内发生暴动，在法国军的帮助下，这场暴动被镇压；同时，西班牙那不勒斯的起义，也在奥地利的帮助下被镇压。

1824 年，法国国王路易十八离世，查理十世继承王位。他很快开始复兴君主制度，将人们对发表新闻、学术的自由权利进行剥夺。然后，他准备动用国家财政的 10 亿法郎，对最初因共和制推行而受到损失的贵族们进行补偿。1830 年，法国巴黎的民众对此无法忍受，最终发动了一场起义，将查理十世轰下台，把菲利普的儿子路易·菲利普推到了国王之位上。此时，其他国家并没对这件事有所行动，因为英国已经第一个站出来说支持这一起义，而德国与奥地利则开始产生自由主义的风潮。不过，法国保持了君主制，路易·菲利普因此在之后的 18 年中一直统治着法国。

欧洲各国之间的和平，就在君主们的抗议与反对中动荡不安。此时，来自代表会议所产生的不合理国界问题，也加剧着局势的动荡，让人们时刻处于不安当中。其实，想要将一些语言不同、所受教育不同、理念也不相同的民族集合在一起，本就是件不容易的事。特别是在这么多不同的情况下，再加入宗教思想的冲击，那就更加困难了。一般来说，想要让所有民族超越语言、文化、宗教的束缚，唯一的办法就是让他们一起面对共同的利益，比如瑞士山区不同民族在受到入侵时的团结一致。要知道，当时瑞士还是一个地方自治的国家，他们面对入侵，仍旧可以团结到一起。再比如马其顿，也是很好的一个案例。不过，如果我们能看到当时在维也纳召开会议时所绘出来的欧洲版图，就可以从中发现，这代表会议其实是故意在引起人们的敌对情绪。

代表会议最终将荷兰共和国解体了，他们把说尼德兰语的西班牙人与信奉基督教的荷兰人合并，成立荷兰王国；他们不但把威尼斯划入奥地利境内，连同米兰所有城市以及意大利北部，也都划到了奥地利人统辖的地盘；那些说法语的萨瓦人与一部分意大利人合在一起，形成了撒丁王国。原本在匈牙利和奥地利的边界居住的匈牙利人、德国人、捷克斯洛伐克人一直都不和睦，现在将这些相对立的人一起划入意大利，这个国家就变成了一个随时都有可能爆炸的危险物。而在 1772 ~ 1795 年之间，波兰被奥地利、俄国以及普鲁士 3 次瓜分，基督教徒与拥有共和思想的波兰人成为野蛮东正教沙皇的臣民，波兰重要的区域又成了新教信仰者普鲁士的领土，这足以让战争不可回避。另外，在维也纳代表会议中，还确定沙皇对芬兰的管辖权，将他们与差别非常大的瑞典、挪威人归于一个国度接受统治。由此，我们也可以看出，当时的德国处境是何等危险：它的境内，有一部分领土为奥地利与普鲁士所统治，而另一部分领土则在自己的界线之外。当时，丹麦的荷尔斯坦也是以德语为主语的，这样，丹麦也被包括到德意志联邦之内。连同被荷兰统治的卢森堡，那里的人虽然都讲法语，但一样要归入德意志联邦。

除此之外，还有一个被忽略的现实，那就是对那些以自己主语和文化而生活并发展的人民来说，能保持自己的语言，在自我语言范围内进行对事务的管理，则会便捷、顺畅得多，同时对不同语系的人也不会产生太多影响，这包括德国境内的意大利人、波兰人等，都是如此。所以，德国在当时有一首歌就这样唱："不管是哪里，只要这里说德语，它就是德国人的祖国！"

1830 年，因为法国革命的影响，比利时法语区引发脱离尼德兰王国统治的起义。欧洲其他国家害怕法国被比利时兼并，连忙进行干涉，共同推举利奥波德一世为比利时国王。另外，德国、意大利也在这一年产生过起义，但都没有成功。

属于俄国的波兰也在这一年引发了一场大规模的反抗沙皇尼古拉一世的运动，在华沙的沙皇通过凶残的手段对这场运动进行血腥镇压，让这场运动在一年内结束。就从这时起，波兰语被迫取缔了，而波兰人信奉的基督教，也被俄国的东正教所取代。

早在 1821 年的时候，希腊就引发过反对土耳其的运动，不过，他们这场运动持续了 6 年时间，这期间，欧洲各国都冷眼旁观。欧洲各国的行为引起了自由舆论的抗议，各国的志愿者也纷纷开始支援希腊起义军，英、法、俄最终只能联合进行对土耳其的打击。1827 年，土耳其海上舰队被英、法打败，国内领土被俄国攻破。至此，土耳其只得于 1829 年与希腊签下《阿德里安条约》，宣布希腊从此独立。不过，条约规定，希腊不可以复兴旧制的共和传统。希腊人民将日耳曼族的奥托推上国王之位，并在多瑙河各省设立基督教总督，包括塞尔维亚也是如此。只是，土耳其人依旧在希腊的土地上生活，想要完全将他们赶走，还需要更持久的战争与牺牲。

第五十七章 物质知识的发展和取得的成就

在公元 17 世纪～ 18 世纪这 200 年的时间里，包括 19 世纪之初，欧洲各国一直处于争斗中。1815 年，各国在维也纳订立的《维也纳条约》慢慢将 1648 年所订立的《威斯特伐利亚条约》取代，欧洲的远洋船也将本地文化逐渐传播到世界各地，这让人类知识得到不断增长，欧洲各地区的人们对于世界开始有了新的认知。

这样的变化与当地政治是分不开的，17 世纪～ 18 世纪这 200 年期间，欧洲政治基本没有多少变化，对人们也没有产生特别深刻的影响。但进入 19 世纪之后，尤其是世纪末期，欧洲的政治生活开始在一部分精神独立和经济富有的人中产生充分影响。英国流行的“平民绅士”让希腊得到了科学发展，并让其在整个欧洲传播。这时，各类综合院校虽然并不是社会的主导，但让科学思想、哲学得到很大发展。那些依靠他们资助而展开的科学研究，在很大程度上有着局限性与保守性，主动性与创新性明显不足。当然，那些有独立精神督促的研究除外。

我们也已经了解，成立于 1662 年的英国皇家学会对于培根所倡议的大西洋理想意义重大。18 世纪，人们对运动、物质的概念了解开始明确起来，而数学的进步非常突出，连同光学玻璃的用途也被系统地开发出来，解剖学得到恢复，自然学也有了全新分类。达·芬奇将亚里士多德的地质科学进行解析，并由此展开一项宏大的研究：岩石记录研究。

物理学让冶金业得到大力的发展，这让过去不敢想的金属提炼以及规模增大都变成了现实。于是，很多新的发明因此得到实现，而各种先进的机器成批诞生，致使工业产生了一场大革命。

1804 年，瓦特先生研究出来的蒸汽机被特里维西克用于运输业中去，世界上第一台火车头就这样出现了。至 1825 年，世界第一条铁路在斯托克顿与达林顿的努力下建成并实现通车。“火箭”号火车头在斯蒂芬森的研究下，成为可以载动 13 吨重物，每小时奔跑 44 英里的现代运输工具。进入 1830 年，铁路的发展快速得到普及，至本世纪中叶，欧洲已经到处都有铁路了。

陆地运输一直是人们生活的常规方式，在这一时期它的速度又得到很大提高。拿破仑在俄罗斯撤退时，维尔纳到巴黎之间长达 1400 英里的路程，他用了 312 小时的时间。虽然他已经为此想了一切可以加快速度的办法，但依旧保持着每小时不会超过 5 英里的速度。以当时的条件，一个普通游客要走这段路，则要花上两倍以上的时间。而这样的速度，相比公元 1 世纪，已经有了很大提高。但是，自从铁路在欧洲普及，这一速度又发生了巨大的改变。同样以拿破仑走的这段路为例，若乘坐火车，短短 48 小时之内便可以完成了。这也就表明，铁路让欧洲各国之间的距离一下“缩短”了十分之九，如此，各国对原来领土面积的管理范围可增加 10 倍。不过，对欧洲人来说，铁路的意义有待人们全面认知，因为各国、各省边界的交通仍保持和原来一致。但在美洲，铁路已经得到人们的认可。这对于正在朝着西部扩展的美国而言，完全能扩展更远的地盘，甚至穿越陆地，直接到达华盛顿。在当时，若没有铁路的出现，想要保持国家领土广阔与统一，是很难实现的。

蒸汽轮船比蒸汽机车更早出现，1802 年，克莱德运河上，就已经出现了“夏洛特·丹达斯号”蒸汽轮船了。至 1807 年，蒸汽机被美国的富尔顿装上了轮船，并于哈得森河上开始航行。而当时航行在大海中的第一艘轮船也是美国人制造的，它就是“菲尼克斯号”，第一次出航，它完成了纽约到费城的航线。而第一艘穿越大西洋的蒸汽机轮船，则是美国人于1819年造成的“萨凡纳号”。不过，这时装了蒸汽机的轮船都是明轮船，它的轮桨很难抵抗海面的巨浪，所以并不适宜进行海洋航行。

想要制造螺旋桨轮船并不容易，所以它很晚才出现在人们的生活中。对于轮船的载重量，也是进入到19世纪中期才与帆船相近的。不过，因海上运输的发展，这让行驶在海上的速度得到保证，这样一来，船员便可以将自己到达目的地的时间估算出来了。而在从前，想要穿越大西洋需要漫长的时间，现在，却已经大大缩短了航行时间。到1910年，冒险家们可以用5天时间来穿越大西洋，而且，人们完全能计算出准确到达目的地的时间。

当蒸汽机成为陆路、海上交通的重要主导时，专门研究电力的伏特、伽瓦尼以及法拉第等也收获了自己的可喜成果。因为他们的研究，人与人之间的交流更加方便起来。1835年，第一台发报机问世。1851年，法国与英国之间铺设了世界第一条海底电缆。没用几年时间，电报机已经传播到了全世界。从前，传播信息非常烦琐，而现在，一条信息可以很快到达世界各处。

公元19世纪的中期，在人们看来，电报、火车已经是跨时代、最壮观的发明了。但是，这不过是世界第一批相对简单而且并不完善的研究成果。在这一段时间，技术与工艺都在突飞猛进，达到了卓越的程度。开始，这种效果并不显著，但很快，当它们在各行业得到运用时，其重要性便不可或缺了。在公元18世纪中期之前，铁矿石的提炼是靠木材，被提取出的小铁块再被加工成需要的形态。16世纪时，人们提炼的最大铁块也不会超过2～3吨。但到了18世纪中期后，鼓风机被发明，焦炭运用技术也不断改变，于是轧制的铁板、铁棒出现。1838年的冬天，奈斯密斯蒸汽锤问世。

在古代，冶金技术还很低级，蒸汽的力量完全用不到。而因为没有铁板可用，蒸汽泵以及后来的蒸汽机也得不到应有的改善。现在看那个时候的发动机，明显笨重、简单，不过，它们却在发明的最初，标志着冶金技术的高水平。1856年，贝西默尔冶炼法问世，1864年，又出现了平炉冶炼法。从那之后，钢铁便可以被人们进行各种规模的铸造、熔炼、提纯。现在，人们可以看到如同煮开的牛奶一样不断沸腾的万吨钢水呈现在眼前。就那些之前的发明，其影响力远不能和这种钢铁冶炼的发展相比。对冶炼术来说，早期的各类引擎、铁路，只是它最早的第一批成果。后面，钢铁造成的桥梁、万吨轮、巨型建筑都不断出现。当铁轨间距被我们发现太窄的时候，已经有些来不及了，不然，我们所坐的火车比现在可以更快，更舒适。

公元 19 世纪之前，2000 吨的轮船是世界上绝无仅有的，而如今，5 万吨的巨轮都随处可见。有人嘲笑说：这种吨位的变化不过是大小的改进而已，可这，也正好暴露了嘲笑者的肤浅。巨型轮船或者建筑并不仅仅是将小型进行加大这么简单，实际上，大与小的改变会产生很多不同的东西，前者，需要更加精细、强大的材料打造，与后者相比，它更加耐用、牢固。当然，前者也在不断改变，它以过去的经验为基础，不断进行精良、复杂的计算。想要制造一般旧式的船只或者是房屋，需要人们绝对按需求与材料来进行，而要制造新式船只或房屋，材料已经远远不能成为主要因素了。想一想就可以明白，那些被开采出来的矿石、沙子，在经过提炼、熔铸之后，最终变成光亮、细致的玻璃或者是钢铁，等到最后造成，居然可以变成 600 英尺高的样子，这种变化岂是大小可以评价的？

钢铁的冶炼和对人类生活带来的影响，只是物质发展的一个案例。对于其他金属的认知，几乎与钢铁相近，比如在 19 世纪之前并未出现的镍以及铝。工业革命的成功之处，就在于人类对物质的控制能力增强了，比如玻璃、石膏、纺织品、岩石、染料等。不过，直到现在，我们仍旧只是处于科学研究的最开始阶段。我们还可以加强这种控制能力，但它需要我们的不断学习。但是，在那个时候，人们对这种通过科学利用而得来的物质，却做出了很多非常低级的，让人害怕的行为。那就是当时的行业中，并没有人愿将这些研究成果运用到行业中去。

在机器制造不断更新进步的同时，电力科学也得到了提升。不过，这种明显的电力科学成就，一直到 19 世纪的末期才开始引起人们的关注。很快，电力牵引、电灯出现了，这让输送能量以及力的改变成为可轻松实现的现实。人们运用一根铜线，将能量化作光、热、运动等传输到别处，这就如同利用管道将水引去需要的地方是一个道理。

最早，引领这一知识成果的是英国人与法国人，很快，德国人也对这样前沿的科学产生研究与探索，并很快超越了英、法两国。对英国科学来说，英格兰人与苏格兰人是重要发明者，相对为学术研究中心，但不能称为主导。

那个时候，拉丁语、希腊语的旧式经典还是英国大学的主要研究学术，科学则持续呈现后退态势，而法国科学被传统的耶稣会学者所左右，同样带有局限性。相比之下，德国却更方便建立这类的研究机构。虽然他们的机构规模不大，但数量有优势，比英、法都要多。因为科学的研究，英国、法国很快成了世界上强大的角色，那些以科学研究以及发明为专业的英国人、法国人却并没有因此变得富有。这很容易理解，一个对科学保持着热情的人，其心态是会脱离这种世俗的，因为他们的全部精力都用在科学研究上，金钱完全是他们人生之外的东西。所以，这些科学研究者所发明的产物，成了很多贪婪者的发财机会。我们可以看到，每当英国有一项科学研究问世，总会有一个甚至多个富人从中渔利。他们也许不会像过去的牧师、经院学者那样急功近利，但他们对于研究学者的贫困生活也一样漠不关心。在他们看来，这些人本来就是为了他人获得好处而存在的。

与英国人相比，德国人要显得更有智慧。德国的学者对新知识的出现完全不会排斥，他们认可新知识的发展。而德国因科学研究获利的富人，也不像英国富人那样看不起科学研究者。在德国人眼中，知识如同种植的作物，必须有足够的养分才能长得更好。所以，他们总是为进行科学研究的人尽量提供足够的经费，以及研究所需要的环境和条件。而这样的投入，让他们得到了优厚的收获。到 19 世纪的末期，德语成为科学研究者必备的语言，当然，除了那些不想得到全新科研信息的学者之外。在化学以及很多研究领域，德国都远远超过了欧洲。他们在 19 世纪 60 ～ 70 年代为研究所做出的努力，在进入 80 年代后，有了非常明显的成果与收获，这让德国的科学与工业，将英、法远远落在后面。

19 世纪 80 年代，一种以混合物爆炸产生的膨胀力为源动力的新型发动机问世，它带领人类发明史开始了全新的篇章。这种新的发动机被人们装到汽车上使用，随后，它在得到更完善的改进之后，其功能与重量完全可以达到飞行器的使用需求。世界第一架飞行器，是美国史密森研究所在1897年发明的，只不过它并不能载人飞行。真正的飞机于1909年问世，成为人们的又一交通工具。当铁路、公路都得到完善之后，人们对于速度已经不再过分追求了。只不过，飞机的速度，远远超过了铁路、公路，让人们有了更快速度的体验。18世纪的时候，从爱丁堡到伦敦需要8天。而到了1918年，英国民航就宣布，用不了几年时间，8天便可以绕地球半周。

当然，我们没必要过于看重这种路途上时间的大量缩短，因为这不过是人类向着更大、更远发展的一个方面。其他方面也一样在发展，比如农业科学及农业化学在19世纪都得到了很大的进步。人们通过对土壤进行施肥，相同一块土地的产量，和前两个世纪的产量相比，就提升了3～4倍。同时，医学进步也让人惊讶，人们的平均寿命得到延长，而日常效率也高于从前，但因健康问题引起的生命衰退现象却大大降低。

总而言之，科学技术的发展让人类生活进入全新的阶段，人们的生活也因此发生了巨大变化。短短的100年时间里，科学让机器革命爆发，人类的物质水平全面提高，这种提高早超过了远古时代以及近现代鼎盛时期所取得的成绩。这种发展，让人类事务的全新物质框架得到形成。当然，这还需要人类政治、经济以及社会模式进行各种调整，以与全新的物质框架相适应。不过，这调整要在机器革命趋于成熟之后才能完成，因为直到现在，我们的生活仍然还在初级阶段。

第五十八章
工业革命

在很多历史资料中，人们总习惯将上一章的机器革命与工业发展相混淆。其实，机器革命是人类所有经验的新认知，它于科学研究中产生，就如同农业、金属的发明一样，这一革命代表着人类全新历史时段的开始。而工业的发展则是人类经济、社会发展中的又一“产品”，这和机器革命的起源存在很大区别。也就是说，这是两个同时得到发展的时段，它们之间相互影响，但它们的本质却并不相同。工业发展哪怕在没有机器、煤炭等出现的情况下，也同样可以存在。只不过，它的发展，可能更多的是依靠罗马共和国在末期的经济、社会的发展路线，重演无依无靠自由农、集体劳动、庞大庄园、巨额金融财富，以及破坏社会经济发展等故事。实际上，在机器、电力出现之前，工厂生产已经开始了。但那时的工厂并不是机器的天地，而是人工的造就。在水力涡轮机还没有被用于生产，那些贫困却有着娴熟技术的工人就已经开始制作各种手工品了，比如书籍插画、帽子、家具等。罗马在奥古斯都时代就拥有生产工厂，那些书籍便是在工厂里通过手工抄写而来的。仔细研究一下菲尔丁的政治手册，或者是笛福的作品，我们就能了解，在英国还处于 17 世纪时，那些穷人就已经被关到工厂，为着糊口而拼命劳动了。更有甚者，莫尔于《乌托邦》一书中，也对关于 1516 年的集体劳作进行了暗示。社会的发展少不了工厂，但这并不是机器的时代。

进入 18 世纪中期，西欧国家的经济、社会发展，事实上与罗马历史在公元前最后三个世纪很相似。不过，因为当时欧洲分裂、反抗君主制引起政治纷乱、百姓起义以及西欧人开始对机器产生发明并接受，这才让人类的历史朝着全新的方向开始发展。要感谢基督教义，因为它，欧洲大地才会开始传播团结的思想，以及让政治变得相对宽松。这也让当时那些富有的人接受观念的转变，将奴隶制的操作朝向机器、机械化发展。

机器的发明与创造，是人类根据过去的经验而产生的新鲜事物，这对当时的社会、政治以及经济、工业都有影响，但无一不是朝前发展的。而工业的发展则如同其他所有事务一样，只不过对人类的生活影响更大，而且持续加深。之所以如此，是因为机器的变革让人们变化不断。首先，罗马共和国到后期阶段时，小农与小商人逐渐消失，财富被小部分人握在手中；其次，社会资本在 18 世纪～ 19 世纪期间得到大量集中。这两个变化的本质，就是机器对于劳动性质的影响。在旧时代，人是劳力的主体，所有的劳动都要依靠人类的双手，当然，有时也会用一些牲畜。不过，不管是挑重还是开采，又或者是耕种，都离不开人。连同罗马早期使用的“轮船”也需要人们不断划桨来实现航行。在那种文明还不发达的时代，人在某种程度上就是被当作机器使用的。而在机器出现的最初，人类依旧不能从繁重的体力劳动中解脱出来，挖运河、修铁路等工作，照旧需要大量人工。同时，机器的发明让矿业得到发展，对矿工的需求量大增。不过，这也让方便人们的商品及设施得以不断出现。进入 19 世纪后，人力开始从劳动力的主体中被解放出来，机器代替了人工，而且机器的操作比人工既快又好。现在，除非需要区别或者运用脑力的工作，其他都已经不需要人工了。人在这个时代只行使人的职能，以往人被当作苦力，只知道服从，不懂得思考的现实，这种现实对现在的社会发展，已经变得无足轻重。

工业发展带来的便利不仅表现在冶金行业中，在农业、采矿等行业也是如此。比如同样是耕种，机器犁地、播种、收获的效率，比人工足足提升了几十倍。罗马文明是建立在贬低、过度使用人力上的，而现代文明则建立在机器的大量运用上。在近一个世纪的时间中，机器变得越来越平民化，倒是人力成本不断增加。最初，机器之所以没有在第一时间被用到采矿业中去，就是因为在那时，人力费用远远比机器便宜。

如今，人类生活发生了根本性的重要变化。过去，有钱人以及统治者总怕国内劳役者的数量不足。但进入 19 世纪，人们清醒地意识到，懂知识、技术的工人，比靠苦力挣钱的平民更有价值。进入工厂的人，必须要接受过教育，可以操作机器，这样他才能了解自己如何进行工作。

自从基督教开始流行，对民众的普遍教育就在欧洲发展起来了，只不过，其速度和伊斯兰教在亚洲进行传播一样缓慢。在基督教的教义产生争议后，各宗教就为了扩展人数，都会对平民展开教育。因为这可以使人们了解一些拯救自我的基督教义，以及通过阅读《圣经》加强信仰传播。比如英国，在 19 世纪的 30 ~ 40 年代，就为了争夺教徒，而开始创建从儿童教育开始的机构：国家教会学校、天主教小学等。到 19 世纪末期，欧洲平民教育得到快速发展，不过上层社会的教育却相对没有多少变化。过去，受过教育的知识分子与不识字的文盲之间的隔阂非常深，但现在，这种隔阂却因为教育的普及而缩小了。这一变化的背后，就是机器革命所产生的影响。这让人觉得，它与社会状态并没有什么关系，但实际上，机器革命让全世界的文盲逐渐减少。

生活在罗马的普通人，对罗马共和时期的经济革命缺乏了解。普通的罗马人也不会像我们这样，对自己经历的时代变化拥有清晰、全面的理解。工业发展至 19 世纪的末期时，一大部分受到这一发展影响的普通人，将其看成生活整体变化的过程。因为在这个时期，他们拥有了读书、交流、讨论，甚至是出门旅游的机会，他们看到了自己上一辈所无法经历，也看不到的事物。

第五十九章
现代政治和社会思想的发展

对于古时代来说，所有的习俗、政治以及制度，都是不经预先设计和规划的，它始终一代一代自然传承。这样的文明一直进入到公元前 6 世纪，人类才真正开始对自己与他人之间的关系进行思考。在这个人类发展的青年期，人们第一次有了改变，开始对已经传承多年的法律、制度以及信仰有了新的要求。

对亚历山大城以及希腊的早期科学研究成果，我们已经有所了解。但因为宗教、专制制度的压制，这些科学文明的种子被全部再次扔回黑暗的野蛮中去。一直到 15 世纪～ 16 世纪，勇敢的思想开始散发能量，将笼罩欧洲的黑暗照亮。另外，对于阿拉伯文明和蒙古大无畏精神，如何将欧洲人从沉睡中唤醒，我们也进行了介绍。开始，这一切只让我们明白很多物质的意义。人类恢复理性后所获得的最早成就，是取得物质方面的成就和获得物质力量。而科学对于人类，就好比个人与社会心理、经济、教育一样，其关系不但复杂多样，还与人的情感带有着各种各样的关系。当然，它的发展一直都保持着缓慢速度，同时受到各种压迫与阻挡。关于科学对星辰、分子等各种解析，人们始终保持平静的心态来聆听。可它一旦与个人生活观念产生关系，所有人都不会继续无动于衷。

古希腊时代，亚里士多德对于事物的哲学探索，比柏拉图哲学起步要晚。早期，欧洲人对新阶段的政治探求，便是以“乌托邦”的故事形式开始的，这是对柏拉图思想的模仿。同样，托马斯·莫尔也是如此，他学着柏拉图的样子，创作出了《乌托邦》，使英国颁布的《贫民法》受到极大影响。

至17世纪，更多与政治、社会有关的文化作品出现，而且有持续不断的势头。在这场与有关社会、政治的讨论中，约翰·洛克的作品最具有启发性。他的父亲是共和党人，他曾在牛津大学学习，对医药与化学有专业认知。他的论文专门对当时政府、教育以及宗教进行论述，这明显表现出他对社会具有可改造性的态度。法国的孟德斯鸠与约翰·洛克思想相近，他就曾对当时的宗教与社会、政治进行了全面深入的研究与分析，对法国君主专制的政体进行过强烈批评，并将人们眼中那层富有诡秘性的权威外衣给撕掉了。这两个人对那些想要阻挡人们改变社会的错误观念进行了清除和纠正。

18世纪末期，法国出现了很多有思想的学者，他们开始对人类的智力与道德进行全面研究。这些人大部分都具有反抗的勇气以及耶稣精神，他们一起参加了《百科全书》的编撰，从而被法国人称为“百科全书派”。这些人有一个共同的目的，那就是创建“新世界”。他们在对君主特权制以及天主教会进行反抗的时候，有一些经济以及农业的学者开始对国家商品生产和粮食分配进行公开探索。摩莱里在《自然法典》中，对私有财产制度进行了大力抨击，他提出国家应该建立一个共产主义的社会政体，这让他成为19世纪各派别思想家们的引领人物。

对于社会主义的定义，大概会有上百种，世界上也会有成千个社会主义者所联合的群体。但从事实出发，社会主义的本质就是一切从公共利益出发，所有私有观念都应该受到批判。现在，我们的大部分政治生活，都以社会主义以及国际主义这两个基本概念为中心，并相继得到开展。

财产这一观念，是从物体好斗的本性中产生出来的。在人类社会还没开始之前，我们的祖先类人猿就已经拥有了财产。财产的基本属性，就是让好斗者进行竞争。不论是老虎对巢穴的守护，还是狗对骨头的占有，以及雄鹿对鹿群的权力，无不充满占有的欲望性质。“原始共产主义”，这一说法是社会学中最为怪诞的表达。在旧石器时期，部落首领便有了自己的所有权，比如妻子、孩子、工具等。阿特金森曾在《原始法》中这样说："如果有人想要将他的东西占为己有，他就会利用自己的力量进行极力的保护，甚至会将那个人杀死。在原始部落得到发展之后，首领慢慢学会了对年轻男性的接纳，并将他们在别的部落所抢来的女人视为那个人的私有物，而那些人的工具、装饰物、猎物，也都归他们个人所有。"随着社会发展的不断前进，个人之间的财产开始产生相互的妥协，这种妥协来自于人们最早的保护自我生存范围的本能。比如树林、山岭、河流，它不是任何人的私有物，这是人们共同拥有的。而此时，如果有人想要将这些据为己有，那么，他就有可能被大家一起进行攻击。所以，从开始有人类起，社会就对私有权力加强具有减缓作用。远古时代的那种私有占领权，比今天已经步入文明社会的人占有欲望要大得多。因为那时的这种欲望是一种生存的本能，完全没有任何理性可言。

对过去未开化的人与现在没有接受过教育的人来说，想要占有什么就可以占有什么。不论是什么，只要可以抢到自己手中，那就是自己的，这包括土地、山洞、猎物以及奴隶、女人。当社会不断得到发展，为了减少因争夺而起的残杀，人们才开始制定出大家一起执行的规则、法律。另外，人们还对所有权进行了简单的定义，那就是第一个取得、发明、创造出一种东西的人，这种东西的所有权便可归他所有。当一个人没有能力偿还债务时，那么他的产业便要被债权人取走。这与一块土地的主人，通过从愿意在这块土地上进行耕种的人处获取租金的行为一样合理。渐渐地，当有规律、有组织的生活得到执行，人们便开始明白，那种随便对某样东西进行占有的行为和想法都是不对的。人们是从来到这个世界的第一天起就具有占有欲望的吗？并不是，他们首先是在这个世界诞生的，并经过了总结才开始对物质进行占有的。对最早的社会文明我们难以看清，但通过罗马共和国的历史，我们明白：债务本身很可能让社会生活产生动荡，所以必须要对其进行消除。对占有土地的行为不进行限制，就会给人类带来麻烦。我们可以看到，巴比伦时代在晚期时候，就对奴隶的财产权进行了限制。另外，我们通过基督教也可以看到，耶稣对于财产私有化完全不能接受，并进行了严厉地批判。就像他说过的那样：想让一个拥有很多财产的人丢开财产，然后进入天国，就如同让骆驼从针眼穿过一样难。从距今 2500 ~ 3000 年这段时间里，人们一直对财产占有权进行批判，直到耶稣死去 1900 多年之后，信仰基督教的人才明白，人是可以不拥有财产的。与此同时，一种“个人按自己的想法去处理财产”的观念，相对于其他的财产所有权观念来说，受到不小冲击。

不过，直到 18 世纪末期，这个问题仍然困扰着人类。因为没有一个人可以将这种观念讲清楚，更给不出合理的答案可以让人进行操作。在那个时候，人类社会的主要矛盾，就来自于平民为了保护财产而对统治者和贵族贪婪、奢靡的行为产生的反抗。法国大革命的爆发，最主要的原因就是人们想要摆脱对私有财产进行缴税的规则。然而，革命过程中，平均主义对这种私有财产保护的欲望做出了批评。当很多穷人食不果腹，衣不遮体时，高高在上的贵族和雇主却不肯将住所、食物提供出来，这样的社会如何还能有平等、博爱、自由可言呢？穷人们开始不满，认为这并不合理。

正是针对这个问题，平均主义观念出现了，他们认为必须要将财产进行“平分”，并强化这一行为。不过，最早的这种共产主义，所持的态度是将私有财产观念消除，所有的财产都应该是国家的。

那些以幸福、自由为共同目标的人，开始对财产占有权有了不同的看法：有人认为对财产进行绝对化分配更为合理，有人则认为绝对化是完全不应该出现的。对这个问题进行解决的人，就发现这样一个事实：财产的所有权是一种拥有不同事物的复合体，它不应该是单一的。

当时间进入 19 世纪，人们慢慢了解：财产本身并不是简单的一样东西，而是和各种价值与后果相关的复杂权属。有的东西，比如个人、衣物、牙刷、工具等，都应该是个人的私有财产。而像花园、机器、铁路、房屋等这样的东西，其所属权应该进行衡量后再为其定性。什么情况下它们应该是私人的，什么情况下它们又应该是公共的，为了群体利益由国家对其进行治理。事实上，这样的问题已经归属于政治，属维护和实现国家管理这一范畴。这种认知揭露了心理学中出现的问题，并且与教育进行相互影响。不过，财产所有权算不上一门科学，它不过是人类强烈而普遍的批判情绪。对有些个人来说，他们希望财产的私有化可以实现对自我财产的持续占有与增加，而对具有社会主义思想的人来说，财产应该被平分，从而达到对人们取得财产的约束力。实际上，人们已经明白，各阶层的人都已经在极端主义与共产主义之间纠结着，前者对政府税收的行为都持不认可心态，而后者则不承认所有私有化的财产。而如今，我们所认为的社会主义，也就是集体主义，它是承认个人拥有一定数量的个人财产的，但那些重要物资的生产和土地的最终所有权以及教育、交通等，则应该由更有组织性的国家进行管理。如今，很多回归理性的人都认可这种科学分配财产权的社会主义行为。人们很清醒地意识到，在某些宏大的事业中，没受过教育的人难以达成合作并取得成功。在国家定下高级、复杂的前进目标时，在国家对很多私人公司进行职能管理时，要求教育必须要有相应的进步，以及进行监督与管理的最合理机构。当然，现在国家在开展大规模的集体活动时，其新闻宣传以及政治手法运用还存在着不足。

过去，员工与雇主之间的关系，一度非常紧张，特别是私人企业领导与员工之间。这让马克思的名字，以及共产主义的雏形被世界普遍认知。马克思理论就建立在这样的基础上：经济需要制约人的思想。以我们目前的文明来看，在那些剥削者与被剥削者之间，绝对拥有不可调和的利益矛盾。机器革命的诞生必然让教育得到发展，而被剥削者的阶级意识也就会得到提升，这让他们在面对剥削者的反抗中，变得越来越有团结观念。马克思在当时就预言：觉醒的工人阶级，会通过自己的方式改变现状，从而让全新的国家诞生。革命、起义、反抗活动，是可以得到理解的，但它不能排除破坏的存在。马克思思想在俄国得到了践行，只是，结果表明，这种行为毫无创新可言。

在马克思看来，阶级之间的对立可让国家平衡，他曾让工人国际委员会先后 3 次成立。不过，用如今个人主义的观念来看待，这种理念很可能会达到国际化。在经济学家亚当·斯密的经济论发表之后，人们慢慢明白，想要世界繁荣得到持续，自由贸易是必然也是必须存在的形式。个人主义与国家相对抗，其实就是对国界、税赋的不认可，也是对得不到绝对自由化与活动的反抗。这让我们发现一个有意思的问题，人们的思想基本可分为两条路线，它们不仅在物质上差异巨大，精神上也极为不同。这就如同以马克思主义的阶级斗争为主导的社会主义和在维多利亚时代英国商人所产生的自由贸易的个人主义一样，其差距极大。不过，这两种差距虽然存在，可一样暗示了人类事务在全新的世界范围中得到超越与限制的事实。理论总是被现实打败，我们已经意识到，社会主义与个人主义从并不相同的起点出发，对集体共同劳作的问题展开探索，并开始对这行为进行社会与政治的理解。这种探索的信心曾在罗马帝国、基督教世界中被压迫，如今，人们将目光从地中海区域看向了整个世界，于是，又一次的探索信心得到强化，并重新开始了。

想要对过去所有的政治思想、经济、社会做出详细解析，那些曾有很大争议的观点就不能不说，但这与本书的意图和范畴不相符合。不过，假如我们像现在这样通过世界历史的广阔视角来看待政治、经济、社会这些东西，肯定都会相信：重建这些在人们的大脑中具有主导性的东西的任务并没有完成，而且，它究竟什么时候完成或者完成到什么程度都不可估计。一些相同的信仰好像正在形成，同时，这信仰的作用力正在发挥着明显有效的影响。可是，它们的轮廓并不清晰，说服力也不充分，还不能让人们坚定地，有规律地将它完成。人们总是处于传统与创新的纠结中，事实上，前者更为明显。可就算这样，人们现在的思想与之前相比，已经拥有了人类事务中所形成的全新秩序的雏形。当然，这个雏形比较粗糙，甚至有些模糊，其细节完全没有得到明确。但是，这个雏形正保持着坚定的信心向前发展着，其主要的外貌变化越来越小。

人类事务这个轮廓，随着范围的逐步扩大，慢慢变得越来越清晰。人们也渐渐成了一个共同体，开始在这一事务的控制范围之内，变得越来越不可取代。比如，世界经济共同体的规划正逐步得到推进，全球自然资源合理开发也得到了共同认知与综合面对，全世界都对货币政策与金融充满兴趣，而这只有将目光放在全世界中去，综合性地处理，才能得到成效。另外，世界开始对全球人口增加以及传染病传播投以关注的目光。当人类力量越来越大，当活动范围不断扩张，战争就成了最具破坏性的，引发世界动荡的行为。所以，国家与国家之间，人与人之间，战争不再是解决问题的唯一方式。而这些人类事务，都亟待一个前所未有的，具有绝对权威以及规模的机构进行治理与约束。

然而，想要通过一个超级机构来全面负责这些事，显然并不现实。曾经有人提议，可以成立一个人类或者世界性议会，选出一个世界的总统或者皇帝。最开始，我们第一反应可能也是得如此结论。可在经历了几十年的纷争与讨论后，我们明显对它信心不足。对全世界进行统治，这想法并不具可行性。如今，我们普遍认可这样一个方法：世界各国家派驻代表，从而组成一个专门行使世界范围之内权力的机构，对世界的货币、人口、资源开发、平等、健康等事务进行指导和参与。

人类将这个世界机构看成人类事务治理的部门，但却没有明白这其实就是世界政府的重现。不过，在人类统一未达成一致时，在利用国际指导和参与作用战胜人类各种事端滋生之前，一个共同的观念还是全世界都需要的。“全世界是一家”的观念，应该进行全球性传播并取得人们的理解。

在过去 2000 多年的时间里，基督教一直在传播和维持一种理念，即“所有人都是兄弟”。可是，直到现在，各国、各民族、各部落之间的冲突依然存在着，这让所有人都成了自己的奴仆。这如同公元 6 世纪 ~ 7 世纪的时候一样，那时世界混乱动荡，基督教诞生。所有的信徒为了将“所有人都是兄弟”的教义进行传播而不辞辛劳。现在，人类也应该为着博爱思想的传播而不断努力与奋斗。想让人类达成博爱，每一个平凡的传播者都有责任。同时，不管多么著名的作家，都不可能预测到它的进程，更不能预知它的结果。

社会、经济与国际始终密不可分。这些问题都必须通过一种服务精神得到解决，这种精神可以鼓舞人类的灵魂。当雇主与雇工面对双方利益时，总表现得猜疑、自私与偏执。个人私欲的增长，就和国家、皇帝所滋生的心态是一致的，它们都是一种本能思想，其传统与无知占据上风。应该说，社会主义便是国际主义，只是到现在，还没有一种具有充足能力的学科，或者一种充分说明问题的教育组织，可以将这个人类难以理解的问题进行解决。这就如同在 1820 年之前，人们无法想象电气铁路是什么样子一个道理，现在我们也没有办法理解并建立真正的世界和平机构。不过，我们有理由相信，这件事总有一天会实现，而且，它就在并不遥远的未来。

没有人可以超越自己，也没有哪种思想可以将自己当前的时代超越。我们无法对人类要面对多少动荡与苦难而预言，更不能猜测战争在什么时候结束、伟大的世界和平又会在哪一天出现。我们现在所能给出的答案，只是一个初具规模的轮廓，人们对它有猜测，也有激情。想要让人类回归理性是一件浩大而艰难的事情，我们只能在不完整的事实面前，加快观念的变化，以让这轮廓慢慢走向清晰，并形成可以团结人类思想与想象的控制力。这种力量所以还不具备，就是因为保证与准确的性质还不充足。

第六十章
美国的扩张

新出现的交通工具对全世界各地的影响，以北美地区最为显著。美国在政治上体现的，并且由宪法确定的是 18 世纪中期形成的自由主义思想。这让美国的王权、教会被清除，贵族也同样没了特权，要对自己的财产加以小心呵护，从而充分保障自己的自由。对于美国每个已经成年的男性公民来说，选举权都是平等的。当然，最开始各州会有不同的规矩，但因为投票选举的方法过于传统，富有高度组织化的政党很快将这一政治群体所取代。不过，政治生活的改变，完全没有将已经获得自由与独立精神者的激情打消，同时，包括他们对于公共事务以及事业的精神。

随后，有着更高速度的交通工具被发明。美国因交通的改变而得到巨大的利益，只不过，有一个奇怪的现象：所有美国人都不认为这些利益与交通工具有关。那些被国家利用起来的铁路、电报、轮船等新发明，在美国人眼中不过是一个国家在发展的道路上出现的再自然不过的东西。可事实是，它们并不是人们所认为的那样平常。这些东西的出现，让美国统一得以实现。现在的美国，就是因为有了轮船、铁路才得以建立的。假如没有这些交通工具，美国这样一个地域辽阔的国度，根本不可能被统一管理并得到持续；美国人向西部扩展的速度也会降低很多，甚至有可能连中部大平原也不能超越。最初，美国人为了寻找足够舒适的生活地点，在东部海岸用了近 200 多年的时间，才成功来到密苏里州，这段距离其实还不到美洲新大陆的一半。可这些人从密苏里州到达太平洋，却因为轮船的出现而只用几十年时间就完成了迁移。

假使从距今 1600 年的那一年开始，将北美洲的地图拍成一段变化的影片，看起来就非常有趣了。在这里，可以将一个小黑点儿视为 100 人的群体，而五角星则代表一个 10 万以上人口的城市。

这样，大家就能看到，在 200 多年时间里，那些代表 100 人的小黑点儿沿着海岸慢慢向前推进，当他们抵达肯塔基州和印第安纳州时，速度已经非常慢了。可是，当时间进入 1810 年，这种情况有了变化。那些沿海岸推进的小黑点儿，正在不断变大，速度也不断变快，因为这时已经有了轮船。没用多久，这些小黑点儿就到了内布拉斯加州以及堪萨斯州。

大概从 1850 年开始，代表铁路的黑线出现在影片中。这时，小黑点儿向前推进的速度变成了奔跑，它们在影片中的速度，就如同喷涂机喷出来一样快。在某个地区，这个小黑点儿一下就变成了五角星。而且，五角星不断增多，它们正沿着国家铁路网进行蔓延。

美国的发展在世界上是史无前例的。正常情况下，这样大的国家在之前不可能成立，而且就算成立，也会很快因范围太大而分裂。如果不是铁路与电报的出现，同样是对美国加州进行管理，中国北京甚至比华盛顿更为便捷。但是，当时铁路与电报出现后，它们将美国各区进行联系，这让一个偌大的国家，在思想、行为以及语言上都得到政府的有力统一与保障。现在，居于旧金山的美国人与居于纽约的美国人没什么太大区别，他们在同化的过程中，完全没产生任何障碍。而这种发展还在持续，因为航空业的出现，将在美国国土的统一与维护中产生更大的影响。

庞大的美国是人类历史中的新鲜事，在这之前，也有一些帝国的人口数量超过 1 亿。这个新鲜事物不是各个独立国之间的联合，就是同一民族的聚集，我们应该为它的出现取一个名字。我们将它叫作国家，就如同之前对法国、荷兰等国家的称谓一样。不过，汽车与马车虽然都是车，但在本质上并不相同，美国就是如此，它与其他国家并不一样。美国与其他国家分别成立于不同条件以及不同时期，其发展速度和方式也各不相同。若站在规模的角度或者可能性上看待，美国应该是居于国际联合组织以及欧洲国家中间的。

当然，美国也是在经历了残酷、惊心动魄的内部动荡之后，才取得了今天的成就的。因为电报、铁路、轮船的太晚出现，所以美国南、北州之间，因为利益与思想的不和而加深了矛盾。南方各州都是蓄奴州，而生活在北方各州的人们则是自由者。开始时，两个地区的人，因为汽船、铁路的出现而争端加剧。但是，新型交通工具的问世，让统一成为现实，这个时候，人们急切地想要确定，到底要以南、北哪一方为主导。南方始终拥护使用黑奴的传统，北方则倡导自由与个人主义，两个地区都不想退让。

其实，这种到底是要保证自己所居住的州区像北部地区一样的自由，还是拥护自己这一州区像南部一样保持等级、奴隶制度，是美国人口向西推移过程中所有新建州区的共同问题，他们也因这两种对立关系的出现而产生冲突。1833年，美国开始反对奴隶制，并且在国内对废除奴隶制的行为进行大力宣传。当得克萨斯州到底是否归入美国旗下的事件发生，这两种对立的关系群体之间终于爆发了巨大的冲突。开始，得克萨斯州是蓄奴州在美国的一个殖民部落，它属于墨西哥。但在1835年，得克萨斯州与墨西哥脱离关系，得到了独立的社会地位，并于1844年成为美国的一个地区。按照墨西哥的传统，得克萨斯州不允许实行奴隶制，可现在南方却认为，它完全可以进行奴隶制度管理。

就在这个时候，北方各州涌入大量欧洲移民，人口增长的速度前所未有。原来的明尼苏达、爱荷华、俄勒冈等农业地区，都自称为州。如此一来，北方在参议院与众议院所提出的反奴隶制得到实现的机会。这让以种植棉花为主的南方地区，一方面害怕奴隶制被废除，一方面又担忧北方在国会中取得主导地位。于是，南方各州开始酝酿，想要从美国联邦中独立出来。他们认为，自己的地区完全可以向西印度以及墨西哥扩展，从而建立一个与北方完全没有关系的，堪比巴拿马的巨大奴隶制帝国。

1860年，亚伯拉罕·林肯当选美国总统，他坚决反对奴隶制度。南方各州在此时决心与美国联邦脱离关系。他们通过了一项独立法令，从而为战争开始准备起来。参加这一行动的，包括得克萨斯州、阿拉巴马州、佛罗里达州等6个州，它们自称是“美利坚联盟国”，由杰弗逊·戴维斯担任总统，并对拥护黑人奴隶制度进行专门的宪法明确。

林肯是美国独立战争后成长起来的人，于1809年出生在肯塔基州，儿童时期被送去印第安纳州，及至青少年时期又迁到伊利诺伊州，可以说，这是美国当时典型的新一代人的共同特征。他在印第安纳州生活的时候是非常艰苦的，所住的房子非常简陋，想要上学也没有条件。好在，他的母亲亲自教导他，让他受到了良好的教育。林肯在17岁时成为一名运动员，不过，后来也做过售货员、保管员，甚至与人一起经商而负债。25岁那年，他被选举进入伊利诺伊州的众议院。他所在的这个州，奴隶制度问题最为明显，因为当时支持奴隶制的参议员道格拉斯就是国会的主要领导。道格拉斯的个人威信及能力都很强，林肯便在这一个时期里，与道格拉斯相对立，这让他在这个强大的对手身上学到很多东西，并最终将对方打败。1860年，两个人曾因为争夺总统的位子而产生激烈矛盾。至1861年3月，林肯成功就职美国总统。这时，南方各州已经做好了一切准备，并为脱离美国联邦而开始斗争。

至此，美国内战打响。美国联邦军队临时召集士兵，人数很快达到几十万，甚至最多的时候达到过100万人。联邦与南方各州的战争一直在东部海岸及墨西哥州展开，双方都想要将里士满与华盛顿据为己有。战争一路从田纳西州打到密西西比河，而且，他们沿岸向下，一直僵持。这场战争消耗了大量人力、物力，惨烈程度难以形容。那时的美国人，一会儿高兴，一会儿害怕，一会儿充满希望，一会儿又沮丧不堪。有时，南方军差点儿攻占华盛顿，而有时联邦军则逼近里士满。在人数上，南方军不占优势，而且补给也不充分，幸亏指挥作战的领袖很称职。相比之下，联邦军的指挥官就不怎么好，而且士兵们经常要面对统帅更换的现实。后来，谢尔曼与格兰特被推选为统帅，南方军才被打败。1864 年，谢尔曼带着联邦军从南方军左侧进攻，他们从田纳西州一直摸到南方军的背后。而与此同时，格兰特则带人将里士满拖住，如此形成前后包围的态势。当时间进入 1865 年 4 月，南方统帅终于不堪前后夹击，向联邦军举手投降，南方联盟国也在此时宣告解散。

这场战争历时 4 年之久，美国人民的身心因此付出了巨大的代价。在当时人们的眼中，各州应该有自己的自主性，但是，北方却强制南方将奴隶制废除。所以，那些住在南北边境的人，不论是父子还是兄弟，经常因为立场不同而站在相互敌对的队伍里。北方人将自己看成是正义、公平的，很多人对这个观点表示认同。林肯在这一立场中，更是无比坚决，他一直保持着清醒的认知，将和平、统一、反对奴隶制视为唯一观点。不过，反对奴隶制度在他眼中并不是一个重要的问题，但他不能让美国因此而陷入分裂与敌对。

在战争刚开始的时候，美国联邦与国会就急着要对奴隶进行解救，但林肯却不支持这样做。他让大家从战争的激动情绪中冷静下来，认为应对黑奴进行分批解救，并为他们发放一定数量的补偿更合适。而国会却直到 1865 年才提出这个议案，并进行宪法修正，宣布将奴隶制度彻底废除。而这项关于对黑奴解决、补偿的修正案得到联邦各州的一致通过时，解放黑奴的南北战争已经结束了。

在 1862 ~ 1863 年期间，因为战争进入僵持阶段，这让开始时处于狂热中的美国人渐渐变得疲惫与厌倦。林肯敏感地发现，自己身后的人民开始质疑与疲惫，而前方的军队也变得无精打采，包括他的周围也都是些趋炎附势的失败主义者、叛徒、被解职的将领、投机的政客。他最大的安慰是当时南方领导人也面临相同的困境。就在这时，英国为南方提供了海上船只的支援，这增强了南方军队在海上的能力，而法国人也对门罗主义随意进行贬低。里士满面对这样的现状，认为最好的方法是暂停战争，双方合作，一起对付法国军队的挑衅。不过，林肯并没有听从这样的建议，他说，只要联邦不拥有最高统治权，这场战争就不会停止，因为美国永远是一个统一的整体，而不是为对付法国人才合作的两个政体。

林肯在这样充满复杂情绪以及事端不断变化的日子里，虽然始终被分裂、沮丧所包围，但没有一种历史资料显示他曾因此产生过后退的决心。有时候，他并不是太忙，这时，他就会一个人坐在白宫内，一动不动，犹如一块峻峭的石碑；有时，他也会通过一些奇闻趣事，来让自己的大脑得到暂时放松。

终于，联邦军队给他带来了好消息。南方军被收服的第二天，他就到达了里士满，接受对方的归降，并于 1865 年 4 月 11 日，在华盛顿做出了以“和解以及在战败各州重建忠心耿耿的政府”为主题的演讲，这是他人生的最后一次演讲。同年 4 月 14 日，他在傍晚时分去福特剧场观看演出，可就在这里，一颗子弹从后方穿过了他的头部。对林肯进行刺杀的，是一名叫布恩的演出者，他自己对于林肯的政策并不满意，于是趁林肯来看演出的机会，于后方悄悄扣动了扳机。不过，此时林肯的宏伟事业已经实现，美国联邦并未因此而产生混乱。

南北战争的最初，太平洋沿岸并没有铁路通车。至战争结束后，铁路却已经铺天盖地般蔓延开来。美国这个由不同州所组成的国家，因为铁路而联系起来，并交织成一个不论物质还是精神都难以撼动的整体。

第六十一章 德国的发展

前面我们讲过，欧洲在经历了法国革命以及拿破仑战争之后，开始进入一段虽不稳定但相对和平的时期，而且，50年前的政治格局开始得到现代化的恢复。至19世纪中期，冶炼、铁路、轮船等发明都没有对政治发展产生新的促进。但是，这时的城市工业不断发展，使得社会局势开始紧张，法国就一直在这样的不安中持续着。继第一次大革命之后，1848年，法国第二次革命爆发。这时，拿破仑的侄子——拿破仑三世成为法国总统。不过，到1852年，他又将总统改成了皇帝。

拿破仑三世加紧对巴黎的建设，一度保持17世纪风格的巴黎，在他的改建中，变成了宽大、坚固的拉丁风格。与此同时，他对法国也进行了改造，让法国成为现代化的帝国。另外，他一直想将欧洲重新拖入17世纪～18世纪的混乱中去，以方便自己从中渔利。不过，沙皇尼古拉一世并没有安于平静，此时的土耳其正在面临着他的进攻，而君士坦丁堡也在他的征服欲望之中。

进入新世纪，欧洲的战争再次爆发，起因就是对欧洲权力的平衡以及主导力的争抢。英、法、撒丁岛打着保护土耳其的借口，开始对俄国进行攻击；奥地利则与普鲁士为了夺取德意志的主导权而进入战争；普鲁士求助于法国，并许以萨瓦为好处，法国加入对奥地利的战争，从而使北意大利得到独立，并让意大利实现统一。美国南北战争爆发的时候，拿破仑三世做了一件并不理智的事情，那就是先将马克西米安拥立为皇帝，接着，因受到胜利的美国北方联邦政府的威胁，他立刻就与马克西米安断绝了关系。结果，拿破仑三世被墨西哥刺客枪杀。

1870 年，欧洲主导权的争夺在法国与普鲁士之间展开，从而引起战争。对于普鲁士来说，他们早已经预见了这个结果，所以提前有所准备。但法国却因腐败问题致使国家经济不足，从而呈现弱势状态。当时，法军的败退极富戏剧性，而且极为快速。当年 8 月，德国开始攻打法国；9 月，法国便在皇帝的带领下臣服于德国了；10 月，另外一支法国部队也投降了。这样，1871 年 1 月，法国已经被德军全部收降。最终，两个国家在法兰克福展开和平协商，阿尔萨斯和洛林全被划入德国领地。至此，除了奥地利，德意志基本实现了帝国的统一，普鲁士国土从此被列入欧洲皇帝的行列中去。

从这之后的 40 多年时间中，德国成为欧洲陆地的主导者。除了 1877 ~ 1878 年，土耳其与俄国处于战争，以及巴尔干地区小有矛盾之外，欧洲各地都尽量保持了长达 30 年的和平状态。

第六十二章
轮船、铁路时代新的海外帝国

对于欧洲各国来说，18 世纪是一个动荡且扩展难成的时期。因为西班牙和英国与它们远在美洲的殖民相距甚远，阻止本国与殖民地的自由往来进行限制，导致那些远在殖民地的地区开始脱离宗主国家，并让它们成了思想、语言、生活、政治都不相同的新群体。当这个新群体的发展不断增加，通往本国的航道则出现紧张加剧的态势。这让处于相对荒芜，地盘又小的办事处以及贸易站，出于自我需求，而对本国依赖加强，比如法国设于加拿大的贸易站、英国设于印度的办事处等。一些思想家在 19 世纪已经意识到，那些主权国家对自己殖民地的统治，已经达到了新高度。1820 年，一度在地图上出现的欧洲以外的国家开始慢慢减少，除了俄国还一直保持着对亚洲与欧洲的兼顾。

1815 年的英国，就将加拿大人烟稀少的湖泊、沿海、内陆荒野都划在自己国家版图中，而在这样一大片土地上，只有哈德逊湾公司一处定居点；而印度半岛有三分之一的领土受英国东印度公司统治；好望角同样是英国的殖民区；另外，北非沿岸、牙买加、直布罗陀、西印度群岛、南美洲都为英国所属；甚至是遥远的塔斯马尼亚、澳大利亚也成为英国流放罪犯的专门地区。而这时，古巴、菲律宾群岛都有了西班牙的殖民定居点；非洲一些地区则为葡萄牙殖民地。在东印度群岛以及圭亚那分别有荷兰、法国的殖属地，连丹麦也在西印度占有一个小岛。这些地区就是欧洲强大的体现，它们在世界上的扩展基本如此，其中只有东印度公司似乎一直保持并不满足的扩展欲望。

就在欧洲各国与拿破仑处于战争中时，东印度公司便开始如同那些北方、土库曼等侵略者一样，对他国进行大肆扩张了。哪怕是维也纳和约已经签署完毕，它仍旧对印度进行征税，战争更是一如继往。东印度公司甚至派自己的使者前往亚洲各国，行事特点就如同一个已经独立了的国家。只不过，它与国家所不同的地方，就是将自己掳掠来的财富全都带回了本属国。

对于东印度公司如何与各股力量进行合作，又如何取得霸权的过程，我们并不准备细致讲解。总之，它的势力越来越大，一直将阿萨姆邦、奥德、纹德都扩展到自己的管理范围之中了。这让印度的国家版图变成了现在出现在英国小学课本中的样子：印度本邦的大多行政区都由英国统治。

1857 年，孟加拉发动士兵暴动，东印度公司出面镇压，之后，这个公司便成了英国王室的一员。而管理东印度公司的总督，通过 1858 年《改善印度管理法》的草案，成为驻印度的英国国王代表，东印度公司则变成了英国国会在印度的事务部。为了让这项工作得到落实，1877 年，勋爵贝肯斯菲尔德对外宣布：维多利亚女王更名为印度女皇。

这一时期，印度与英国之间一直保持这种格局。同时，印度大莫卧儿帝国成为被大不列颠加冕的共和国，而印度则成为君主制国家，虽然它们并没有专制的君主。这种政体囊括了民主吏治以及君主专制的所有缺陷，其问题显而易见。印度人若对什么事不满，完全不知道找谁维权，因为他们国家的皇帝只是一个头衔，所有问题他都必须向英国下议院进行问询。不过，英国下议院每日政务繁忙，对印度的这些事情根本顾不上，印度官员也就只好任其自然发展了。

在铁路、轮船还没有被投入使用之前，欧洲所有国家的外扩都只局限于印度地区。对此，英国比较大的政治流派就认为，国家变弱小的根源就在于海外殖民地的开发。这期间，澳大利亚的殖民地区并不多，但到了 1842 年以及 1851 年，铜矿、金矿相继被发现，这让英国开始转变殖民地开发的路线。不过，因为交通运输得到加强，这让澳大利亚的羊毛可以顺利出口到欧洲各国，并成为畅销品。在 1849 年之前，加拿大发展缓慢，英、法移民一直让加拿大困扰不已，甚至多次产生暴动。至 1867 年，国家制定了新的宪法，这种局面才得以改善。同时，铁路的修建，让加拿大像美国一样，有了向西扩张的机会，而本国产出的农产品开始源源不断地流向欧洲市场。也因为铁路的出现，加拿大在国力得到发展的同时，国内移民的生活、利益以及语言都得以保持一致。应该说，因为轮船、铁路、电报甚至是海底电缆的出现，殖民地的发展才成了可能。

在 1840 年之前，新西兰就有了英国的殖民地。新西兰土地公司随后也组建起来，开发岛上的一切资源，同年，新西兰成为英国王室的殖民地。

就像我们前面说的，加拿大是最早的受交通变化而让经济得到提升的殖民地。之后，其他国家也因此与欧洲市场变得越来越关系密切，比如阿根廷、南非等共和国。过去，可以让欧洲各国对这种偏远地区产生兴趣的，只有黄金、象牙、香料甚至是奴隶。而在交通得到改变的 19 世纪后期，粮食成了欧洲各国争相获取的资源。因为人口增加、工业发展，这对原料的需求大大增加，比如橡胶、油脂以及其他。而荷兰、英国、葡萄牙这些国家，因为对那些偏远小国的产品进行控制，从而获利丰厚。1871 年之后，意大利、德国、法国等国家也开始向那些还没被控制的、拥有丰富资源的国家进行扩张，在它们眼中，东方国家便是一个庞大的商业获利地区。

于是，欧洲各国开始向着世界各地进行地盘抢占，不过，美洲地区并不包括在其中，因为门罗主义让它们不敢轻举妄动。

很快，非洲大陆成了欧洲人眼中最具诱惑力的地方。1850 年，这片土地神秘莫测，在此之前，人们只对埃及以及它的沿海区域有所耳闻。至于那些人是如何进入非洲地区的，又如何引来了各国的政、商、学等群体，因为篇幅的关系，我们不进行详细讲解。读者们只需要知道，在这片土地上，有着奇特的俾格米人，更有稀奇的动物、水果、花朵、鸟虫，当然，也包括疾病和各种奇妙风光、内陆海、河流等。这片土地对人们来说，是全新的，在津巴布韦甚至还有古文明遗迹。在欧洲人来到这片土地时，这里的人依旧过着原始的、没有法规的生活。

到 19 世纪的末期，非洲得到全面探索、评估以及测量，几乎被欧洲各国瓜分干净。当欧洲各国对这片土地进行争夺时，是完全不会顾及当地人利益的。不过，这时虽然还有阿拉伯人专门贩卖奴隶的组织，但这种行为因为欧洲人的到来而得到了很大程度的制止。当时的刚果为比利时殖民地，刚果人每天都要被迫采集橡胶汁。随着橡胶汁的热销，殖民管理者和当地人的冲突变得越来越激烈。对于这一事实，所有欧洲国家都会将责任推卸干净。

1883 年，英国对埃及进行抢占，当时，埃及属于土耳其帝国，但为了利益，英国对此视而不见。英国上校马尔尚于 1898 年准备从非洲中部到达尼罗河上游，结果与法国发生纠纷，差一点儿引起两国战争。其细节，在此不一一讲述。

另外，以下这些历史，我们也不做全面讲述，比如英国引导荷兰殖民布尔人和奥兰治人，在南非分别成立德兰士瓦和奥兰治共和国，后来对此后悔不已，于是，又于 1877 年派出军队，将德兰士瓦吞并。1881 年，德兰士人为了自由，与英国展开朱巴山战争，并将英军打败。对这场战役，英国人印象深刻，因为新闻对此进行了长时间的报道。英国曾在 1899 年与这两个国家都进行过战争，并为此付出惨重代价，但这两个共和国最终还是在 3 年后被征服了。

这两个国家存在的时间很短，对其征服也只用了 3 年。1907 年，统治它们的政府解体，英国自由党对南非进行全面治理。很快，这两个国家便与其他殖民地相联合，并和南非国家组成联合政体，成了受英国统治的自治国家。

整个非洲，在短短 20 多年的时间里被瓜分殆尽，只有 3 个很小的国家得以保留，那就是西海岸的利比里亚、受伊斯兰教统治的摩洛哥以及信奉基督的阿比西尼亚。其中，阿比西尼亚是在 1896 年，经过与意大利的阿杜瓦尔之战后，才最终让自己的主权得到独立。

第六十三章
欧洲侵略亚洲和日本崛起

让人难以置信的是，欧洲各国画出来的非洲地图居然被人们轻易就接受了，而且还将它看成了永久性化解世界问题的办法。但是，对于历史学家们来说，就是接受历史，然后把它记录下来。在 19 世纪，欧洲人对于历史的看待非常肤浅，并看不出其批判性质所在。当机器革命提供给国家优势时，一些人开始有了这样的想法：对于世界人类的事务，欧洲人才拥有唯一主导权。这种想法，让他们完全忽略了蒙古人征服各大帝国的事实。对于科学以及成果的转移性质，他们根本没有意识到，更不会想到中国、印度也会像他们一样对科学进行研究。在欧洲人看来，只有他们才是最聪明的、最具探索精神的，而生活在东方的人则听从着他们的主导，一直守着旧习传统生活。

正是这样的心态，才让欧洲各国开始纷纷在国外建立办事处，并与英国一起争夺那些待开发的地区，当然，亚洲这样人口数量众多的地区，也被它们看成了各种原材料的开发地。当时，处于印度的英国机构，看上去实力非凡，但事实上却并不是如此。而荷兰也在东印度扩展殖民地，这极大地刺激了其他国家的欲望。于是，这些国家向着波兰、印度、中国、日本等国开始进行抢夺。

1898 年，英、德将中国威海卫和胶州湾占领；1899 年，俄国则侵占了中国旅顺港。这样的侵略，让中国国内爆发对欧洲的深切仇恨，位于中国北京的欧洲使馆被中国人围攻，有些基督教徒和欧洲人被杀害。为了维护自己的利益，欧洲各国联合，一起对中国北京进行攻打，并将北京的大量无价之宝据为己有。后来，俄国侵占中国东北大部分地区，英国则在 1904 年对中国西藏进行侵略……

就在这些欧洲国家对中国进行残酷掠夺时，世界上另一个叫日本的国家开始崛起。这个国家的文明、文化、艺术、文学，皆是受中国的影响。日本的政治制度是封建、武士制度，这个传统比基督教出现得还要早，它后来对中国、朝鲜发动侵略，这场侵略可与"英法战争"相比。在 16 世纪，日本第一次与欧洲产生接触，在 1542 年，开始有葡萄牙人通过中国船只到达了日本，而至 1549 年，弗郎西斯·泽维尔将他的耶稣会带入日本。在一段时间内，日本与欧洲的接触相当顺畅，很多日本人都开始信奉基督教。而且，一个叫威廉·亚当斯的欧洲人还成了日本人的朋友，亲自教他们打造大船，这让日本船只在后来成功到达了秘鲁、印度。不过，后来欧洲各国的一些新教产生争议，日本便开始不断收到来自欧洲的警告：不要加入教派政治阴谋中去。不仅如此，佛教教徒受到耶稣会的压迫与残害。日本人开始总结教训：欧洲人犹如凶残的恶狼，特别是那些信奉天主教的基督徒，只不过是教皇和已经仅仅占领菲律宾群岛的西班牙国王掩盖其政治阴谋的华丽外衣罢了。于是，基督徒在日本被大量残杀，至 1638 年，欧洲进入日本的大门被彻底关闭，这种势态一直持续了 200 多年时间。在这段时间内，日本就如同另一个星球的人类，完全与世界隔绝。日本政府规定，沿海居民只能打造小型船只，大型船一律不能修造，日本人不可以踏出国门，而欧洲人也绝不能进入日本。

200 多年的时间里，日本与世界是隔绝的，日本人也被封闭在一个封建国度中，这个国度有少量的武士、贵族，他们及其家庭人员一直凌驾于其他人之上。也就是在这一段时间里，欧洲开始拥有更开阔的发展视野以及发明成果，各种与之前完全不同的运输船只在日本海峡来往穿梭。偶尔，这些大船也会遇到航船灾难事故。日本人通过住在马岛的荷兰人，开始意识到了自己与欧洲之间的巨大差异。1837 年，一艘挂有星条旗的大船出现在日本的江户湾，而船上有曾经在太平洋遇到事故而被大船救起的日本水手。不过，日本并不欢迎这艘船的到来，用大炮将其轰走了。1849 年，挂有星条旗的船再次来到日本，并要求日本将之前抓捕的 18 名水兵放还给美国。后来，佩里将军在 1853 年率领美国战舰来到了日本海，完全不听从日本要其撤离的警告，并将船队停泊在日本禁止抛锚水域，然后派使者将美国总统的亲笔信送到日本统治者的手中之后，才驶船离开。第二年，佩里再次来到日本，这一次，他带了 10 艘战舰组成的水兵队伍。战舰完全由蒸汽推动，船上配有大炮。佩里对日本政府提出要求，即日本政府应允许两国贸易与交流。日本对美国的战舰毫无办法，只能被迫点头。这样，佩里带着 500 名水兵登陆日本，和日本政府签了一份两国通商的协议。当美国水兵威风地走在日本大街上时，受到很多日本人的围观与猜测。

很快，英国、荷兰、俄国也在继美国之后进入日本。当时，下关海峡的日本贵族向自己的队伍下令：对前来的外国船进行炮轰。这让美国、英国等各国家奋力还击，将日本的炮台全部捣毁，而武士也被赶出下关。1865 年，日本人在各国要炮击日本的威胁下，与其签下了打开国门的协议。

对此，日本人感觉受到了极大侮辱，于是，凭着自己国家的智慧与顽强，将国家文化和建设快速提升，达到了与欧洲看齐的程度。从历史中看，从没有哪个国家会这样快的提升自己。在 1866 年的时候，日本还只是处于中世纪时期的国家，封建制度的氛围极其浓郁，而到了 1899 年，它几乎变成了西式化的国家，国力的强大可与欧洲强国相比。这种快速的变化，让欧洲看到了亚洲的能力，它快速的发展更让欧洲人自惭形秽。

在这里，笔者并不想对日本于 1894 ~ 1895 年期间和中国展开的战争进行细致解释，虽然这场战争更能证明日本已经西式化。这期间，日本已经拥有了西式的陆军以及非常强大的舰队。对于日本的发展，虽然深受欧洲强国英、美的刮目相看，但并没有得到正在亚洲进行挖掘资源的其他欧洲国家的认同。这时的俄国正朝着朝鲜深入；越南已经成为法国的殖民地；德国还在不断找寻着自己合适的“目标”。它们结成一个联合体，对日本想从中国获取利益的行为极为反感。为此，日本在中日战争中浪费了大量国力，于是，德、俄、法便联合对抗日本的威胁要求日本退出对中国的觊觎。

迫于无奈，日本只好接受威胁，并趁此机会重新组织队伍。日本用了 10 年的时间为自己积蓄力量，并准备与俄国一较高低。日俄之战，对亚洲历史来说是极富意义的，它让欧洲列强的嚣张得到暂时削弱。不过，对俄国来说，这场战争完全莫名其妙，根本没有一点可预见性。曾经，俄国的政治家认为，不应该与日本进行中国东北以及朝鲜的争夺。不过，沙皇与其他王室成员却认为，值得为此冒险。为了侵略中国东北地区，他们已经付出了很大代价，当然不肯轻易退出。于是，大量的军备物资，大规模的队伍被日本、俄国调集到中国旅顺、朝鲜、西伯利亚，至 1904 年 2 月，这场空前的俄日之战正式展开。

战争的结果就是，俄国指挥及后勤出了问题，最终成为日本的手下败将。俄军从非洲调来的海军，在马海峡战役中全军覆没。这场战争让俄国民众产生强烈不满，他们于国内发动起义，强迫沙皇于开战的第二年撤销与日本对抗的命令。最后，俄国将库页岛划给日本，从中国东北撤兵。同时，朝鲜的统治权，俄国也无条件给了日本。而这时，欧洲已经在亚洲抢夺了太多资源和财富，他们开始从亚洲悄悄撤离了。

第六十四章
1914年的英国

这一章，笔者要对英国在1914年时的组成部分的性质进行介绍。应该说，这是一个比较特别的政体，在此之前，从没有过这种先例。这种特别，就像美国的成立一样，但比荷兰、法国等民族主义国家要来得更大，更烦冗。

英国的核心和最高统治权属于不列颠联合国，也就是所谓的“君主共和国”，而爱尔兰也被包括在内，虽然爱尔兰人一直不服气。英国议会由苏格兰、爱尔兰以及英格兰组成，它们是国家最高权力机构，对国内和平、国外建交等有绝对权力。

对这个最高权力机构来说，英联邦是非常重要的组成部分。除此之外，加拿大、澳大利亚、新西兰、纽芬兰、南非也是组成部分之一，它们共同联合，形成“君主共和国”。事实上，这些地方都是自治的独立州邦，只不过与大不列颠相联合而已。不过，每个独立的州邦都会由英国君主派出一名官员作为当地的常驻代表。

之后，便是印度，它是由早期的大莫卧儿帝国进行外扩组成的自治邦，另外还有这一邦所管辖的地区。这一块地区现在已经成了一个巨大的新帝国，它包括亚丁以及俾路支到缅甸的地段。而这个帝国，直接由英国王室所派驻的印度事务部进行管辖。

再下面，埃及也是大英帝国的殖民地，虽然事实不怎么明确。因为埃及名义上应该属于土耳其，但英国一直采用强权手段对其进行控制。

至于苏丹，则是大英帝国更加模糊的殖民地了，这一地区是从盎格鲁到埃及之间的地段，归埃及管辖，但埃及归英国统治。

还有一些自治区，比如马耳他岛、巴哈马群岛以及百慕大群岛等，有些是英国固有的领土，有些则是侵占来的，但现在都由大英帝国通过选举和派驻行政官而拥有了明文法规及管理方法。

另外，那些被大英帝国通过专制手段得来的殖民地也是它的组成部分，比如斐济、锡兰、圣赫勒拿岛等。

最后，那些被英国视为本国“保护地”的原始、懦弱的小国家或者地区，比如热带地区、原材料产地等，都通过英国派政府官员进行管理。这些地区有的是通过其殖民事务部获取到的，有的则是通过外交占取的，甚至有通过事务部买来的，以及权力认定尚不明确的。这样的大多数地区，都由殖民事务部进行统治。

如此，可以得出这样一个明确的事实：没有任何一个人，或者一个机构，将大英帝国看成一个统一的整体。它的性质就是混合体，由不同的组织扩张、发展而来，与过去的帝国完全不同。这样的混合体之所以能得以安定与和平，主要是施政者有失妥当的统治方法，却得到了大多数属地包容的缘故。这就像曾经的雅典帝国，同样都是海外帝国，各部之间的联系皆通过海上军队维系。这与其他国家一样，帝国的凝聚力都体现在交通方式的不断改进上。16 世纪～19 世纪，航海、轮船等科学的发展，让英国属下的各组织之间的和平相处得到了良好保持。不过，这些不断发展起来的运输工具，很可能在未来为这个庞大的帝国带来不可预见的问题。

第六十五章 欧洲军备时代和第一次世界大战的爆发

美国在物质科学的带动下，打造了属于自己的“轮船—铁路帝国”，同时，一直依赖轮船发展的英国也得到向全世界扩张的机会。但是，对于那些生活在欧洲陆地的国家来说，物质科学的发展却为它们带来了另外的影响。因为它们意识到，通过马匹、土路的国家管理方式，让自己完全处于有限的范围之内，它们海外的扩张步伐被英国远远甩在身后。这些国家中，只有俄国因为修建了穿越西伯利亚的铁路而获得了向东不断扩张的自由，这种扩张一直到与日本的战争展开才被迫停止。不过，俄国对印度、波斯东南地区也有扩张，这让英国非常生气。其他欧洲国家一直生活在有限的空间里，为了打开国家发展的新路径，它们迫不得已开始让自己面对新的事务：有的国家被迫和某个强盛国家进行联合；有的国家则自愿与某个国家进行单方面的合作。对于近代思想而言，后者显然更符合人们的倾向，但因为欧洲各国陷入政治传统中难以自拔，多数选择了前者为自己的发展方向。

在拿破仑三世下台之后，全新的德意志得到创建，欧洲人因为自身的害怕和期望，慢慢生成这样一种想法：希望得到德国的支持，让整个欧洲统一。在历经了 36 年并不稳定的和平时间后，欧洲对这个想法非常迫切。在查理曼大帝的政权崩溃之后，德国便是法国唯一的对手，为此，法国希望通过与俄国的合作来加强自己的实力。而德国则选择了与奥地利联合，从而实现和意大利的合作。开始，英国在欧洲政体中一直扮演“和事佬儿”的角色，但当德国开始强大，英国出于自保，最终与俄国、法国站在一起。德国皇帝威廉二世野心很大，他因为太急于扩展领土，从而将英、日、美三国都推到了俄、法的队伍中去。

欧洲各国都开始对国家战备武装进行添置，那些枪支、弹药、战舰逐年增加，这让欧洲的和平态势岌岌可危，战争的味道弥漫在整个欧洲上空。最终，一场空前规模的大战开始了。德国最先伙同奥地利对法、俄以及塞尔维亚动武，它们的军队在比利时受到英国的阻击，日本就此与英国结成联盟。很快，德国战队也迎来了土耳其的加入。1915 年，意大利与奥地利反戈，这一年的 10 月，德国又将保加利亚纳入自己的阵营。第二年，罗马尼亚向德国开战；第三年，美国、中国也迫不得已与德国展开战争。我们这本书没有义务来宣判战争爆发的责任到底是哪一方，只是有一点比较奇怪，这一场战争空前庞大，为什么没有人对它有过预见，更没有人出来阻止呢？这件事对世界人民来说，大家都以“爱国”为由而不管他人死活，从而没有坦诚、公开地促进欧洲持续和平的抗议来制止这场战争灾难的滋生，这种心态所产生的后果，远比因为少数人别有居心而让战争形成更为严重。

1917 年春天，法国在香槟前线又开展了一次大规模的进攻，但这次没取得任何成绩，只让自己损失惨重。而假如德国能收敛自满与骄傲，为国家和平和幸福而战的话，那么这场战争至这一年年底都是有利于德国一方的。可是，德国并没将人民与国家的福祉放在心上，明知队伍已经损耗严重，还要坚持争当最终的赢家。

想要达成这个目标，德国就一定要将英国打败。为此，它们的行为让美国转入英国的队伍之中。在 1916 年其间，德国虽然不断在加强潜艇战役，但对中立国却还保持理智。但到了 1917 年，为了加强对英国的封锁，德国要求所有中立国的船只，都远离英国海域。接着，德国对英国海域的所有船只进行击沉，这让被误伤的美国最终在同年 4 月加入到战争中来。这一年，俄国国力处于疲惫期，但美国却壮大起来。而德国对潜艇的大量运用，并没让它们收获预期的胜利，不过德国依旧坚持使用，并勇敢面对美国这个强大的对手。英国的海军明显比陆军更有计谋与智慧，这让英国形成海底、地面、天空三位一体的反潜艇作战。仅一个月的时间，德军便损失惨重。此时英国政府也做出了一个非常出色的决定，那就是实行恰到好处的食物配给，如此，英国国内并没因战争而出现社会动荡与饥荒灾难。

德国虽然潜艇战的收效并不如预想的那些有效，而美军也在不断集合而来，但它却依旧保持坚定的作战决心。在1917年的10月，德军倚仗自己的明显优势，朝意大利进发。意大利在经历了卡波雷战争之后，已经不堪一击。德、奥大军长驱直入，很快进入威尼斯地区，离威尼斯城已经近在咫尺。1918年3月，德国曾与俄国签订《布列斯特—立托夫斯克和约》，它们通过此和约对俄国进行施压，这对一些西方国家来说，就是一种强者的自信与傲慢，它充满着压迫和暗示。它似乎在告诉西方国家：德国的胜出对它们将意味着什么。

春天，德军开始出现疲惫、厌倦以及饥饿的现象，但它们正在精心谋划，想要做一次让这场战争尽早结束的事情。此时，美国一部分军队就驻扎于法国，而大部分则被留在大西洋对岸。这时德国假如采取主动进攻，则称得上天时地利。

德军第一次进攻，选择了驻扎于索姆河的英国队伍为目标。英国的骑兵将领与士兵，似乎都不能让这一战线得利，相反倒是一种累赘。就在这样丝毫没有准备的情况下，它们受到了突袭。1918年3月12日，英国第五军在经历了高夫惨败后，一直退到亚眠。因为当时英、法之间的队伍并不团结，两者缺乏信任，致使两军得不到有效、统一的指挥，直到高夫战争展开后，还没有队伍来支援。这让它们几万人成为战俘，大炮几乎丢了上千门。同年4～5月，德国又对它们实施密集攻击，从而让其溃不成军，至1918年5月底，德军已经到达了马恩河。

这场战争是德军最好的成绩，后面，它们只会不断消耗国力。此时，福煦成为法、英联合军的总指挥，而支援队伍也开始从英国出发，同时美国也集结了几十万人来到法国。至 1918 年 6 月，早已经疲惫不堪的奥地利军开始攻击意大利，不过以失败告终。福煦在这个月初，展开了对德、奥军的反攻。经过一个月的战争，局势产生大逆转，德国连连败退。同年 8 月份，英军又大规模向德军发起挑战，致使德军在亚眠的队伍土崩瓦解。后来，鲁登道夫就这样说："德国的不祥之日就是 8 月 8 日。" 9 月时，英军已经转败势为优势，保证了英、法军的胜利。

进入 10 月，德国完全失去斗志，全军不断上演失败与撤退。11 月，英、美队伍持续向前推进。此时，奥地利军也被意大利打得连连败退，而且败退的速度越来越迅猛。英、法报纸天天在讲自己的胜利以及获得的战利品，这让国内的人几乎都无法相信。

1918 年 9 ~ 11 月期间，保加利亚军提出和平协议，随后，土耳其、奥地利、匈牙利都先后宣布投降。德国一度想要靠着海军进行最后一搏，可惜，水兵们发动了哗变。

这让德国皇帝与其儿子连忙朝荷兰外逃，昔日的威风顿时消散，至 1918 年 11 月 11 日，各方签订停战协议，这场世界大战就这样结束了。

整场战争历时 4 年 3 个月，西方的所有人都受到了它的波及。据统计，在这场战争中，有 800 万以上的士兵死去，而 2000 万 ~ 2500 万平民因混乱与饥饿而死。同时，更多的人还在承受着食物不足、体质虚弱、生活无以为继的痛苦。那些活着的人，大部分都从事与战事有关的工作，比如制造鱼雷、进医院救治伤员、接替参军者的工作等。而商人们，也在战争中学会了如何赚取利益。当战争成为一种常态，所有人都开始适应的时候，它却这样戛然而止了。

英国的伦敦，当人们在 1918 年 11 月 11 日 11 点听到停战的消息时，所有的日常工作都停了下来。那些职员离开公司，店员走出店铺，司机随意地开着车子，车上的人都喜不自禁，大家完全忘了自己要去做什么，随意就是他们最想做的事。而更多的人，随着人群涌到大街上，将国旗挂得到处都是。夜晚时分，因为空袭而早已经关闭几个月的灯光全部亮了起来。人们在灯光下聚集，大家亲切地相互对视。人们对这一刻，有些茫然，但也不无承受痛苦之后的安慰。战争停止了，从此不会有空袭，也不会有屠杀，生活会慢慢好起来。

因为这样的安慰，人们又哭又笑。年轻人以及处于假期中的士兵，正在街上穿梭，他们极力装出快乐的模样。有人在众多的战利品中，将一门德国大炮拉出来，推到了特拉法尔加广场上，百姓用火将它点燃，同时，烟花、鞭炮不断响起。可是，这并不能让人们感觉到快乐，每个人都在这场战争中经受了惨重的损失，他们已经失去了庆祝的心情。

这就是第一次世界大战，在此笔者只想说一件事：物质科学的发展，在短短的时间内，就足以让战争的性质发生明显变化。是的，物质科学的发明是一种力量的体现，但这力量到底应该用在好的地方，还是用在恶的地方，完全取决于人类的政治思想和道德思想。统治欧洲国家的那些人，因为传统旧习的秉持，看到了这力量带给自己的强大破坏力与攻击力。于是，战火被点燃，不管失败还是胜利，人们无不遭受重大伤害。开始时，德军对巴黎进攻，俄国对普鲁士东部进攻。这两场战争都拥有实力相当的对手。但到后来，随着战争的延长和持续，双方的军队都开始产生誓死保卫阵地的对峙，如果没有重大的伤亡，就不可能促进战争产生的结果。而在这几百万士兵的身后，就是被迫给军队提供后给的百姓。此时，除了战事的工作，其他生活都被迫停止了。每一个成年的男人，都投入到战争中或者战事工作中去。而那些女性，则要将男人的工作顶替起来。所有参战国的人们，一半以上都不能从事自己之前的工作。科研、教育因此受到影响，新闻报社也成了军事的宣传单位，并在战争中受到严重破坏。

为了让前线的对峙局面得到改变，空袭开始成为对方后给线路的破坏者。同时，大口径机枪、毒气弹都被投入使用，这让士兵的力量被弱化。无疑，对所有的战争方法来说，空中打击是最有现代化科学进步意义的，它让战争从敌我相对变成了三维立体对战。之前，人们进行战争，必须要在战场将队伍摆开，而现在，不管是在哪里，都可以成为战场。从飞船到轰炸机，随着武器的变化，战场被迫不断延伸到各处。一场文明的战争，普通人是不会受到袭击的，而空袭却不是如此，不管是谁，都会成为被袭击的目标。欧洲很多重要城市，比如伦敦、巴黎，每天晚上几乎都要经受高射炮、飞机的轰炸，道路上除了救护车、消防车，全都空空如也。这种生活，让老人和孩子的精神和健康都承受着前所未有的压力，从而心神不安。

从来，战争总让瘟疫盛行，不过，这次大战却并没有任何瘟疫爆发。因为在战争的 4 年多时间里，医学让流行病得到控制。可是，战争之后突然爆发的流感，却让几百万人失去生命。虽然最初人们的食物问题不构成影响，可在战争结束之后，饥荒大面积出现。因为为了补充军队，大量农民被迫参军，世界粮食产量因此严重下滑。另外，潜艇对海面边界的封锁，造成运输系统的闭塞，粮食无法正常被运输到各国。当国家粮食不足时，人们便只能根据国家的配给制度获得口粮。在战争的第 4 年，全世界人们都过着缺衣少食的日子，这种日常生活的混乱，让所有人都内心忧虑，大多数人必须想方设法维持举步维艰的生活。

第六十六章
俄国十月革命

第一次世界大战还没有结束的时候，一度称霸于东罗马的俄国已经在 1917 年开始慢慢走向衰弱了。

其实，早在战争还没开始的多年之前，俄国便已经因为政治制度的问题而存在崩溃可能，原因就是统治这个国家的沙皇拉斯普京，他就是人们眼中的宗教骗子，他让当时国内军事、民情都无法高效运转。战争开始时，俄国人民对国家的拥护很热心，很多没有军事装备，也得不到有力物资供应的青年，都纷纷加入到队伍中去。这样一支队伍，在没有组织、没有保障的情形下，被快速送到了与奥地利接壤的边境。

这个做法，恰到好处地将德国部队的主力从对巴黎的进攻中引了过来。正是成千上万俄国人的牺牲，法国才保住了自己的国家。不过，他们的做法，也让西欧所有国家在道义上表示深深赞同，并为之产生感激。可是，对于俄国来说，这场大战太过于庞大了，他们完全无力支撑。普通的俄国士兵在弹药不足，甚至没有炮火掩护的情况下不断进攻，他们因为爱国热情以及被将领蒙骗，将年轻的生命白白葬送。那段时间里，这些士兵犹如坚忍的动物抵抗着恶劣环境和战争的摧残。然而，忍耐是有一定限度的。很快，有关沙皇的绝情与出卖，让队伍开始有了不满的声音。1915 年，俄国国内动荡，这让它的同盟者感到不安。而进入

1916 年，俄国再无力气进攻，只剩下防守，于是有人传言，说俄国与德国要联合了。

至 1916 年的 12 月底，参加宴会的沙皇拉斯普京被人谋杀了。人们为此专门进行了一次沙皇政治制度的调整，但明显已经无力回天。至第二年的春天，因为粮食不足，致使国内爆发抗议革命。革命者要求杜马国家机构下台，并对自由党人进行压制，重新成立新的临时政府，以沃夫亲王为首领，沙皇因此被迫退位。

在这段时间里，俄国的百姓都对这场革命心存希望，他们希望可以建立新的统治，选举新的沙皇。可是，很快俄国百姓便对这种新的调整不再寄予希望，旧有欧洲秩序、沙皇以及欧洲引起的战争让他们恨之入骨，他们想要与这一切快速断离关系。而那些与俄国合作的欧洲国家，并不了解这一现实，外交官所面对的人群，也只局限于俄国当时的上层社会。因此，误将上层社会的情况当成俄国普遍想法的行为，让它们产生了严重的判断错误。其实，各国外交官对共和政治并不喜欢，他们为此不断阻挠新政府的行动。而新政府的领袖克伦斯基是个能力非常强的人，他看到了国内社会革命力量对自己的支持，同时也感受到了外国同盟者对自己的排斥。同盟国不肯让他给农民更多的耕地，更不让他给农民更多的和平与幸福。法国、英国甚至为此，运用新闻来对他进行施压。而且，当德军对俄国里加开始强烈的攻击时，英国海军却迟迟不肯出兵支援。

俄国新政府面对无援的情况，只好独自展开还击。当然，英国的海军首领约翰·弗舍尔以及其他联盟国都抗议过联盟军的畏缩不前。不过，有一点值得人们深思，那就是当时的现实情况是：虽然以英国为首的同盟国海上实力不凡，但制海权一直都掌握在德国人手中。

这时的俄国人民开始想尽办法阻止战争，他们不想继续战争。他们在彼得格勒组织工人、普通士兵成立苏维埃政权，要求全世界的社会主义者召开一场国际大会。也就是这个时候，德国出现食物短缺，士兵们的厌战情绪越来越高。因为这一系列事件的发生，德国才在 1917 年发生了一场以民主、和平为口号的革命。

当时，俄国新领袖克伦斯基请求欧洲各国允许这次国际大会顺利进行，但欧洲各国害怕世界因此引起共和主义以及社会主义的起义，所以拒绝了克伦斯基的请求。在得不到各国支持的情况下，在缺少物资以及道义支持的情况下，克伦斯基依旧保持着与德国战斗的决心，并在当年 7 月进行了一场主动攻击。不过，最后的结局失败了，俄国百姓也因此受到残酷杀害。

这让俄国人的忍耐再也不能持续，他们以北方战场为主要地点，发动了兵变。1917 年 11 月，克伦斯基的新政府被苏维埃政权推翻，并取而代之。社会主义政体由布尔什维克统治，列宁成为领袖。这一政体将欧洲各国的干涉完全不放在眼中，下定决心要让人民过上和平的日子。因此，1918 年 3 月，俄、德签下了有关和平的《布列斯特—立托夫斯克和约》。

事实证明，布尔什维克的统治与过去俄国统治者完全不同。他们不善辞令，但坚信共产主义，坚信自己为社会主义而战的革命只是全世界人民为社会主义而战的开始。在这种强大信念的支撑下，他们开始了并没有经验可供参考的经济、社会的新整顿。此时，美国与西欧列国因为各种困难，已经没有精力来关注俄国这一新政体了，不过，他们各国的新闻对俄国的行为进行了各种诋毁。在新闻中，他们将布尔什维克人写成生活奢靡、杀人成性、侵略上瘾的暴徒，而之前的旧沙皇拉斯普京却在他们的笔下变得美好起来。在当时，冒险是所有国家都常见的行为，反对苏维埃政权的人，不惜各种手段对其进行打压。1919 年，苏维埃政权的领导者，在面对紧张战争的情况下，不断与日本、英国、法国、希腊等国进行陆路、海上对战，所有人都处于极度疲惫当中。

1919 年 7 月，爱沙尼亚的军队差点儿将俄国圣彼得堡攻占。1920 年，法国又煽动波兰对俄国发起战争，而俄国反叛者弗兰格尔也在此时带着人马对自己的国家进行了攻打。1921 年 3 月，克朗斯塔特号召海军爆发运动。但以列宁为领导的布尔什维克们，顶住了来自各方的压力，这也足以说明，苏维埃政权具有不屈的生命力。俄国的人民，面对极度艰辛的生活状态，对这个新政府给予了坚定的支持。至同年年底，苏维埃政权终于得到英国、意大利的认可。

不过，虽然苏维埃在应对国内、国外的战争中取得了一定的成果，但他们想带领人们奔向共产主义的想法，却并没有那么快得以实现。对于俄国农民来说，他们只有微薄的小块儿土地，这让他们从思想到生产方式上完成共产主义的变化，几乎比登天还难。虽然此时他们手中已经分到了被占于旧政府大地主手中的土地，但他们唯一的想法还是将收获的粮食换成钱。不过，现实是革命的频繁已经让货币出现了大幅贬值。其实，战争不但对农业影响严重，对城市也一样。农民收获的粮食只够自己使用，城市就要面临无粮可食，这就让共产主义的发展无法实现。处于 1920 年的俄国，现代文明完全被荒废，建起来的铁路逐渐锈蚀，而城镇慢慢衰退，人口死亡率逐年增高，可他们还要面对长年不断的战争。至 1921 年，国内东南地区又发生严重干旱，造成大量难民无衣无食，致使大量百姓在饥饿中死去。

第六十七章
战争之后的经济、政治重建

由于本书写作范围的限制，对各种条约以及条约背后所产生的纷争，笔者都没进行细致讲述，包括第一次世界大战结束时所签订的《凡尔赛条约》。我们已经意识到，这场规模宏大，冲击力度极强的战争，既没让什么真正结束，也完全没使什么重新开始，甚至连什么问题都没解决。它只让成千上万的人失去生命，让世界陷入荒凉与贫穷，它彻底瓦解了俄国。自以为是的政体、百姓的热情、国家的贪心，将人类卷入一场巨大的悲剧中去。可是，人类并未因此而减少，当战争停止，和平得到持续，人类就会重新开始谋划一场与之前相近的惨剧。起义与战争对于人们的作用就在于，它能通过非常简单但又绝对悲惨的方式将传统旧习和所有影响时代前进的势力肃清。第一次世界大战就是如此，它让威胁欧洲的德国帝国主义势力灭亡，让俄国帝国主义崩溃，让一些君主制的国家政体被改变。不过，在欧洲的土地上，仍旧有各种因边境而起的战争在上演，各国的军备力量也正在不断得到发展。

欧洲各国在《凡尔赛条约》的调解下，达成了貌似符合各国利益的约定。当然，战败的德、奥、土等国并没权利参加条约的制定，他们唯一能做的就是服从。对人类和平来说，将这次条约讨论的地址定在德意志的凡尔赛宫似乎并不理想，因为1871的时候，德意志帝国就是在这里成立的。现在，在同一个地方，历史上演了大逆转，这种完全相对的戏剧性结果，不由让人产生质疑与不安。

在战争开始之初，各国之间或许还有一些包容心，但现在，因为战争带来的结果，战胜国已经在惨痛、损耗中完全找不到包容的心情了，此时，他们对战败国所承受的同样经历视而不见。其实，这场战争的产生，就来自于欧洲各国民族主义的相互竞争，加之没有任何机构可以对这种事件进行调解。对于一些独立的主权国家而言，军备力量强大，但生活面积狭小，通过战争进行扩张就成了一种必然。第一次世界大战就算不是因为这样的原因而爆发，迟早也会因为相近的理由产生。世界如果缺少这种阻止以及预防战争的机构，那么在二三十年后，世界还会再次上演相同的战争。国家之间为着战争而联盟，最终只能产生战争，这与母鸡只会产下鸡蛋是同一个道理。可是，经受战争迫害与蹂躏的人类却看不清这个事实：战败国的百姓一定要为战争所造成的损失进行赔偿，而且，当他们的国家在战胜之后，也会以相同的理由这样要求其他战败国的百姓。在英、法人们的眼中，德国是引起第一次世界大战的国家，他们就需要德国对自己的损失进行赔偿。《凡尔赛条约》的签订，就是对战败国家应该进行的惩罚，他们要对此付出巨额的代价。当然，有一小部分人是保持着清醒的，他们明白战争的真正起因来自于欧洲世界政治格局的破裂。不过，通过这个条约，我们可以看出战胜联盟国所谓的反对战争这个借口的目的并不纯粹，其理由也完全站不住脚。

直到战争结束，欧洲各国对于建设一个促进和平的国际联盟的说法，并不能让人完全相信。不过，这个想法最早被美国总统威尔逊推动起来，而最为支持这一行为的国家也是美国。在此之前，美国作为一个新生的国家，除去门罗主义的发声之外，并无任何对世界形势的看法。现在，因为国际联盟这一想法的推动，美国得到欧洲世界关于解决国际关系的邀请，这是之前从没有过的。美国人民对旧世界心存隔阂，对旧政治也毫不相信，他们希望世界可以得到和平。就在美国为着欧洲和平而出面调解时，德国却将美国的船只击沉，如此，美国不得已加入到反德的战争联盟中来。不过，美国总统关于国际联盟的想法就是想用最短的时间打造一个不同的美国世界，这种想法不但片面、随意，而且绝对危险。可是，欧洲人却将这一计划看作是美国深思熟虑后的产物。而处于 1918 ~ 1919 年期间的欧洲人，极度厌倦战争，为了预防战争的再度发生，他们愿意为此付出任何代价。不过，旧世界里的任何一个国家统治者，都不会因为和平而放弃对利益的争夺。所以，美国总统的反战国际联盟演说，直接跳过了不肯同意这种看法的各国统治者，直接展现在百姓们的面前，并深深打动他们的心。他们认为这是美国深思熟虑后的想法，所以对此极为支持。但是，很不幸，美国总统只能与各国的统治者进行交流，他并不是与各国百姓直接互动。原本，美国总统是聪明而富有开阔思想的，但这件事却显出了他的局限与偏私。所以，一度被他唤醒的政治热情，很快就在百姓心中消失了。

美国的博士狄龙在《和平会议》一书中这样评价美国总统威尔逊："威尔逊来到欧洲大地时，整个欧洲就如同一块等待陶工制作成器的黏土。欧洲的人们，从来没有这样向往过和平。在他们眼中，威尔逊就如同禁止战争的摩西一样伟大。法国人民，怀着满腔崇敬之情向他行礼。巴黎的工党领袖亲口告诉笑笔者，他们因为威尔逊的到来而泪流满面，为了威尔逊总统的和平计划，他们愿意付出生命。对于意大利人民，威尔逊的名字就如同天堂的号声，听到他的名字就如同要面对一个全新的世界。而德国人民，则将威尔逊看成和平的保证，说话直接的米尔伦就说：'哪怕威尔逊用最为严格的话对德国人民进行批评，大家也丝毫不会怨怼，并马上按他说的去做。'在德国、奥地利人眼中，威尔逊就像耶稣，他可以将所有正处于灾难中的人们救出来。"

这是美国总统带给欧洲人们的巨大希望，可是，他的这个计划如此无力，这让人们深深地失望了。对这件事多提就会增加人们的沉重感，因为威尔逊的计划让人类产生了远离悲剧的殷切希望，而实施起来却如此软弱，这巨大的落差只会让人们更加痛苦。美国人民对总统的这种做法也不能认同，他们对将自己国家推入到欧洲联盟中去深感不满。有一些美国人，甚至已经清醒地意识到了美国即将被卷入战争的旋涡。慢慢地，欧洲人也明白了，美国的出现，对欧洲这个旧世界并没任何意义。实际上，所谓的国际联盟不过只是先天不足的"早产儿"，其中被限制的权限以及并不可行的规则，就是挡在自己重建世界政治与经济路上的巨大障碍。假如从来没有过国际联盟这个组织，很多问题都不会如此复杂。开始，所有人民对这个组织表现出的热切渴望，其全部想法只有一个，那就是想要让战争停止。而这一意愿，成了所有历史资料中的重点内容，并使一股真正拥有维持国际和平，并重建世界秩序的力量，在管理人类事务并不理想的政府背后，开始得到不断成长。

由 1918 年开始，世界展开一个全新的时代——“会议时代”。在所有会议中，最为成功的，莫过于 1921 年，美国总统哈丁主持的华盛顿会议。不过，同样引人关注的，还有 1922 年在热那亚召开的热那亚会议。当时，俄、德都派了代表参加。在这里，我们并不想对那些会议进行详细的讲解。其实，历史已经证明，人类如果想远离战争与屠杀，最好的方法就是去进行世界政治、经济重建的工作。国际联盟这样的组织，只不过是一个政治的产物，它只是在对各国利益承认的情况下，对人类事务进行修补的管理方法。这种解决世界问题的方法，对人类所面临的新兴世界以及政治需求完全不适应。人们想要和平，就应该对人类关系学、心理学，包括经济、金融、教育等学科进行系统全面的运用，从而让更为理想的、简洁的新观念将那些垂死挣扎在陈旧、自私的所谓道义、政治上的旧观念取而代之。

假如人们现在所面对的灾难、动荡以及危害都超越了人们过去总结出来的所有经验，则都要拜现代科学研究带给人类的全新力量所赐。因为超前的思维与想象，细致清楚的表达和非常精密的计划都来自于科学，它不但带给人们巨大的能力，也会带给大家把控这一能力的力量。现在的人类，正处于青春期，它不应该为疲劳与衰老而苦恼，不断磨炼勇气，并进行锻炼才是正确的。如果我们将人类所经历的历史看成一个人成长的过程，在面对着人们不断向前、不断努力的时候，就应该明白我们前面还会有多少不安与希冀。虽然我们处于人类的青春期，但我们可以通过花朵盛开、太阳落下的美好以及通过各种方式获取的喜悦，来从自己的生活中，获取人生的启迪。还有很多雕塑艺术品、绘制图画以及动人的音乐、壮观的建筑、漂亮的花园，我们都能从中获取物质带给人生的启迪。每个人都有理想，就算我们偶尔懒散，但我们的力量仍旧在不断增长。谁会对我们大胆的想象有所怀疑呢？谁会对人类和平、团结相处有所怀疑呢？谁又会对人类可以不断传承有所怀疑？谁又会对我们的后代将生活在我们现在为之流血、牺牲而换来的，比我们现在所知道的一切宫殿都壮观的世界中，并不断扩展生活范围，从而取得更大成就而有所怀疑呢？

如今人类所获取的所有成果以及所创建的一切事业，和人类生活的整个历史相比较，其实都只是宏伟奇迹的开篇而已。

附录
世界大事年表

时间应该是公元前1000年左右，雅利安人分别在西班牙半岛、意大利、巴尔干地区和北印度成立根据地。这时，诺索斯已经被损毁，埃及的特多麦斯三世、阿麦诺菲斯三世，以及拉美西斯二世王朝已经尘封在历史中三四百年。实力衰弱的古埃及第二十一王朝此刻正掌控着尼罗河流域。以色列在早期国王的统治下是一个整体的国家。扫罗、大卫，甚至所罗门都有可能登过基。阿卡德·苏美尔帝国的萨尔贡一世（公元前2750年）已尘封在巴比伦的历史中。相比现在的君士坦丁大帝统治时代，更让人觉得时空遥远。汉谟拉比已经去世1000年。亚述人已经霸占了军队不多的巴比伦。公元前1100年，提格拉特·帕拉沙尔霸占了巴比伦，可是没有让其一直臣服在他脚下，亚述和巴比伦依然是独立帝国。在中国，周王朝正欣欣向荣地发展。英格兰的巨石阵，这时也已出现几百年了。

接下来的200年，在第二十二王朝的统治下，埃及得以如火如荼地发展，短暂的所罗门希伯来王国瓦解；希腊人在巴尔干地区、意大利南部和小亚细亚分散开去；伊特鲁里亚人控制着意大利中部，下面是有据可查的年代表。

公元前

800 年　兴建迦太基。

790 年　埃塞俄比亚打败了埃及（建立了第二十五王朝）。

776 年　第一届奥林匹克运动会举办。

753 年　罗马建城。

745 年　提格拉特・帕拉沙尔三世征服巴比伦，由此创立新亚述帝国。

722 年　萨尔贡二世开始用铁制武器武装亚述军队。

721 年　萨尔贡二世驱赶以色列人。

680 年　亚述王以撒哈顿占领埃及底比斯（埃塞俄比亚人的第二十五王朝宣告终结）。

664 年　普萨姆提克一世将埃及恢复自由，建立了第二十六王朝。

608 年　埃及王尼科在米吉多战争中打败犹太王约西亚。

606 年　迦勒底人和米堤亚人攻占尼尼微，建立起迦勒底帝国。

604 年　尼科推进至幼发拉底河，却败在尼布甲尼撒二世手下（尼布甲尼撒将犹太人截往巴比伦）。

550 年　在位的米底国王阿斯提亚格斯被居鲁士二世取代；释迦牟尼、孔子和老子大概生活在这一时期。

539 年　巴比伦被居鲁士占领，波斯帝国建立。

521 年　希斯达斯贝斯的儿子的孙子（大流士一世的儿子）统治着从多瑙河到印度河流域一代，并远征斯基台。他的探险队到西徐亚。

490 年　马拉松战役。

480 年　温泉关战役和萨拉米海战。

479 年　普拉多战役和麦卡尔战役。

474 年　西西里岛的叙拉古人将伊特鲁里亚舰队消灭。

431 年　伯罗奔尼撒战争拉开帷幕（至 404 年）。

401 年　万人大撤退。

359 年　菲利普登基，成为马其顿国王。

338 年　凯罗尼亚战役。

336 年　马其顿军队进入亚洲，菲利普被杀。

334 年　格勒奈克斯河战役。

333 年　伊苏斯战役。

331 年　阿尔比勒战役。

330 年　大流士三世被杀。

323 年　亚历山大大帝离世。

321 年　旃陀罗笈多在旁遮普崛起；在古罗马卡夫丁城附近的卡夫丁峡谷，萨姆尼特人打败罗马军队。

281 年　皮洛士人攻进意大利。

280 年　赫拉克利亚战役。

279 年　奥斯库卢姆战役。

278 年　高卢人占领小亚细亚，在加拉太定居。

275 年　皮洛士离开意大利。

264 年　第一次布匿战争（阿育王在比哈布尔登基到 227 年）。

260 年　米勒战役。

256 年　埃克诺米斯战役。

247 年　嬴政成为秦王。

220 年　嬴政称帝。

214 年　中国开始修建长城。

210 年　秦始皇驾崩。

202 年　扎马战役。

146 年　迦太基被攻占。

133 年　阿塔罗斯将王国遗送给罗马人。

102 年　马略将日耳曼人驱赶出去。

100 年　马略得胜归来。（中国征服了塔里木河流域。）

89 年　意大利的所有人成为罗马公民。

73 年　斯巴达克斯的奴隶起义。

71 年　奴隶起义失败。

66 年　庞培率领罗马军队抵达里海和幼发拉底河。

48 年　在法萨卢斯战役中，尤利乌斯·恺撒打败庞培。

44 年　尤利乌斯·恺撒被刺身亡。

27 年　屋大维被尊称为“奥古斯都”（至公元 14 年）。

4 年　拿撒勒人耶稣诞生。

公元

14 年　屋大维逝世，其子提比略继位。

30 年　拿撒勒人耶稣在十字架上被钉死。

41 年　在卡利古拉遭暗杀后，克罗狄乌斯（第一位军团皇帝）被士兵们拥立为皇帝。

68 年　尼禄自杀。加尔巴、奥托、维泰利乌斯先后即位。

69 年　韦斯帕西安成为罗马皇帝。

102 年　班超到达里海。

117 年　图拉真后，哈德良成为皇帝。罗马帝国的疆域此时最为庞大。

138 年　印度斯基泰人将希腊统治印度的痕迹清除殆尽。

161 年　安东尼·皮乌斯之后，马克·奥勒留成为皇帝。

164 年　大瘟疫流行，直到马克·奥勒留逝世才结束（180 年）。这场瘟疫也让亚洲陷入灾难。（罗马帝国近 100 年的战争和混乱拉开序幕。）

220 年　汉代灭亡，中国进入分裂时期，时间长达四百年。

227 年　阿尔达希尔灭亡安息王朝。

242 年　摩尼开始传教。

247 年　哥特人渡过多瑙河，进攻罗马帝国。

251 年　哥特人打败罗马皇帝德西乌斯，并将其杀死。

260 年　第二萨珊国王撒波一世攻占安提奥克，抓住了瓦勒安皇帝，但是他从小亚细亚撤回时，又败在帕尔米的奥迪尼林斯手下。

277 年　摩尼被钉死在十字架上。

284 年　戴克里先成为罗马皇帝。

303 年　戴克里先迫害基督徒。

311 年　罗马皇帝加莱里乌斯停止迫害基督徒。

312 年　君士坦丁大帝成为罗马皇帝。

323 年　君士坦丁主持召开尼西亚宗教会议。

337 年　君士坦丁在临终前接受洗礼。

361 ~ 363 年　朱利安的叛教者试图替代密特拉教基督教。

392 年　狄奥多西登基，成为东罗马和西罗马皇帝。

395 年　狄奥多西大帝驾崩，罗马帝国被霍诺留和阿卡丢划分为东、西两部分。

410 年　阿拉里克率领西哥特人攻占罗马。

425 年　汪达尔人在西班牙南部定居；匈奴人占领潘诺尼亚；哥特人在达尔马提亚定居；西哥特人和苏维汇人来到葡萄牙和西班牙北部；盎格鲁人攻占英格兰。

439 年　汪达尔人攻占了迦太基。

451 年　阿提拉入侵高卢和弗兰克斯，在特鲁瓦被阿勒曼尼人和罗马人打败。

453 年　阿提拉离世。

455 年　汪达尔人将罗马洗劫一空。

476 年　奥多亚克向君士坦丁堡报告西方已没有皇帝。西罗马帝国退出历史舞台。

493 年　东哥特狄奥多里克征服了意大利，成为意大利国王，不过名义上仍然向君士坦丁堡称臣。

527 年　查士丁尼登基。

529 年　查士丁尼将历史已达千年的雅典学校关闭。贝利萨留（查士丁尼的一位将军）攻占了那不勒斯。

531 年　科斯罗伊斯一世登基。

543 年　君士坦丁堡瘟疫肆虐。

553 年　查士丁尼将哥特人逐出意大利。

565 年　查士丁尼离世；伦巴第人征服了大部分北意大利。

570 年　穆罕默德出生。

579 年　科斯罗伊斯一世去世；伦巴第人成为意大利的统治者。

590 年　瘟疫在罗马肆虐，科斯洛埃斯二世登基。

610 年　赫拉克利乌斯登基。

619 年　科斯洛埃斯二世攻占埃及、耶路撒冷和大马士革，在赫勒斯庞特驻军。

622 年　穆罕默德从麦加逃到麦地那。

627 年　赫拉克利乌斯在尼尼微打败波斯军队；唐太宗登基。

628 年　卡瓦特二世杀死了父亲科斯洛埃斯二世。穆罕默德给各国的统治者写信。

629 年　穆罕默德返回麦加。

632 年　穆罕默德去世，阿布·伯克尔成为哈里发。

634 年　雅姆克河战役爆发；穆斯占领了叙利亚，奥马尔成了第二位哈里发。

635年　唐太宗接见景教传教士。

637年　卡第西亚战役爆发。

638年　耶路撒冷向哈里发奥马尔投降。

642年　赫拉克里乌斯去世。

643年　奥斯曼成为第三任哈里发。

655年　拜占庭舰队遭到穆斯林打击。

668年　摩阿维亚的哈里发取道海上进攻君士坦丁堡。

687年　赫里斯塔尔的丕平担任宫相。

711年　穆斯林军队取道非洲入侵西班牙。

715年　哈里发瓦利德一世的领土从比利牛斯山扩大到中国。

717～718年　苏莱曼（瓦利德的儿子和继承人）攻打君士坦丁堡，以失败告终。

732年　查理·马尔泰在普瓦捷附近打败穆斯林军队。

751年　丕平加冕为法国国王。

768年　丕平离世。

771年　查理曼成为法兰克王。

774年　查理曼征服了伦巴底。

786年　诃隆·阿尔·拉西德成为巴格达阿拔斯王朝的哈里发（至809年）。

795年　利奥三世成为教皇（至816年）。

800年　利奥教皇为查理曼加冕。

802年　埃格伯特成为威塞克斯国王。

810年　保加利亚大公克鲁姆击败了皇帝尼基福鲁斯，并将其杀死。

814年　查理曼大帝离世。

828年　埃格伯特成为英格兰首位国王。

843年　虔诚者路易去世，法国卡洛林王朝分崩离析。

850年　诺夫哥罗德和基辅纳入一个名叫留里克的北欧人的统治之下。

852 年　保加利亚国王鲍里斯成为首个基督教国王（至 884 年）。

865 年　俄罗斯舰队威胁君士坦丁堡。

904 年　俄罗斯舰队撤离君士坦丁堡。

912 年　罗伦成为诺曼底公爵。

919 年　亨利成为德国国王。

936 年　奥托一世继任德意志国王。

941 年　俄罗斯舰队再次威胁君士坦丁堡。

962 年　经约翰十二世加冕，德意志国王奥托一世成为第一撒克逊皇帝。

987 年　休·卡佩成为法国国王。法国加洛林王朝覆灭。

1016 年　克努特成为英格兰、丹麦和挪威王。

1043 年　俄罗斯舰队再度威胁君士坦丁堡。

1066 年　诺曼底公爵威廉征服英国。

1071 年　塞尔柱土耳其人复兴伊斯兰教；梅拉斯吉特战役爆发。

1073 年　希尔德布兰德成为教皇，也就是格里高利七世。

1084 年　诺曼人罗伯特·奎斯卡德洗劫了罗马。

1087 年　乌尔班二世任教皇（至 1099 年）。

1095 年　乌尔班二世在克莱蒙特发动第一次十字军东征。

1096 年　民众组成的十字军惨遭屠杀。

1099 年　布荣的戈弗雷占领耶路撒冷。

1147 年　第二次十字军东征。

1169 年　萨拉丁成为埃及苏丹。

1176 年　弗里德里希·巴巴罗萨在威尼斯承认教皇亚历山大三世的权力至高无上。

1187 年　萨拉丁占领耶路撒冷。

1189 年　第三次十字军东征。

1198 年　教皇英诺森三世即位（至 1216 年），成为西西里国王弗里德里希二世（时年 4 岁）的监护人。

1202 年　第四次十字军东征，进攻东罗马帝国。

1204 年　拉丁人攻占了君士坦丁堡。

1214 年　成吉思汗占领北京。

1226 年　阿西西的圣方济各去世。

1227 年　成吉思汗去世，继位者是窝阔台。

1228 年　弗里德里希二世发动第六次十字军东征，并征服耶路撒冷。

1240 年　蒙古人摧毁基辅，向俄罗斯索取供奉。

1241 年　蒙古人在西里西亚的利埃格尼战役中获胜。

1250 年　弗里德里希二世去世，直至 1273 年无人即位。

1251 年　蒙哥成为大汗；忽必烈成为中国皇帝。

1258 年　旭烈兀摧毁了巴格达。

1260 年　忽必烈成为大可汗。

1261 年　希腊人从拉丁人手中收复君士坦丁堡。

1273 年　哈布斯堡家族的鲁道夫成为皇帝。

1280 年　忽必烈建立元朝。

1292 年　忽必烈去世。

1293 年　实验科学的先驱罗杰·培根去世。

1348 年　黑死病肆虐。

1368 年　元朝灭亡，明朝建立。

1377 年　教皇格里高利十一世回到罗马。

1378 年　教皇分立：乌尔班六世居罗马，克勒芒七世居阿维农。

1398 年　胡斯在布拉格宣传威克利夫教义。

1414 ~ 1418 年　康斯坦茨宗教会议召开。

1415 年　胡斯被烧死。

1417 年　教皇分裂结束。

1453 年　穆罕默德二世率领奥斯曼土耳其人攻占君士坦丁堡。

1480 年　莫斯科大公伊凡三世脱离蒙古人。

1481 年　苏丹穆罕默德二世准备征服意大利，却突然撒手人寰。

1486 年　迪亚斯绕过好望角。

1492 年　哥伦布横渡大西洋到达美洲。

1498 年　马克西米连一世成为神圣罗马皇帝。

1498 年　瓦斯科·达伽马绕过了好望角，抵达印度。

1499 年　瑞士成为独立共和国。

1500 年　查理五世降生。

1509 年　亨利八世继任英格兰国王。

1513 年　利奥十世任教皇。

1515 年　弗朗西斯一世成为法国国王。

1520 年　莱曼成为苏丹（至 1566 年），统治从巴格达到匈牙利的广阔领土；查理五世成为皇帝。

1525 年　巴贝尔赢得帕尼帕特战役，攻占了德里，莫卧儿帝国由此建立。

1527 年　波旁公爵率领德国军队掠夺罗马。

1529 年　苏莱曼围攻维也纳。

1530 年　教皇给查理五世加冕；亨利八世与罗马教廷冲突。

1539 年　耶稣会成立。

1546 年　马丁·路德离世。

1547 年　伊凡四世就任俄国沙皇。

1556 年　查理五世退位；阿克巴掌握大莫卧儿帝国政权（至 1605 年）。

1558 年　查理五世去世。

1566 年　苏莱曼大帝逝世。

1602 年　詹姆斯一世成为英格兰和苏格兰国王。

1620 年　“五月花号”帆船到达美洲；第一批黑奴被运到詹姆斯敦（今弗吉

尼亚州）。

1625 年　查尔斯一世成为英格兰国王。

1626 年　弗朗西斯 · 培根爵士去世。

1643 年　路易十四上台执政，开始长达 72 年的统治。

1644 年　满族人灭亡明朝。

1648 年　《威斯特伐利亚条约》签订。

1649 年　查理一世被处死。

1658 年　阿克巴成为莫卧儿帝国君主；克伦威尔逝世。

1660 年　查尔斯二世即位英格兰国王。

1674 年　英国夺取新阿姆斯特丹，并改名为纽约。

1683 年　土耳其最后攻击维也纳，被波兰约翰三世打败。

1689 年　彼得大帝就任俄国沙皇。

1701 年　弗里德里希一世登基，成为普鲁士国王。

1707 年　莫卧儿帝国解体。

1713 年　普鲁士弗里德里希大帝出生。

1715 年　路易十五成为法国国王。

1755 ~ 1763 年　英国和法国争夺美洲和印度；法国与奥地利、俄国结盟，对抗普鲁士和英国，“七年战争”拉开帷幕。（1756 ~ 1763 年）。

1759 年　英国将军沃尔夫占领魁北克。

1760 年　乔治三世即位。

1763 年　加拿大割让给英国：英国开始统治印度。

1769 年　拿破仑 · 波拿巴出生。

1774 年　路易十六即位。

1776 年　美利坚合众国发表《独立宣言》。

1783 年　英国与美国签订《巴黎和约》，英国承认美国独立。

1787 年　美国联邦政府在费城成立。

1788 年　美国第一联邦国会在纽约召开。

1789 年　法国召开三级会议，攻占巴士底狱。

1792 年　法国对奥地利宣战，普鲁士对法国宣战；瓦尔米战役；法兰西成为共和国。

1793 年　路易十六被斩首。

1794 年　罗伯斯庇尔被处死，雅各宾共和国画上句号。

1795 年　督政府成立；拿破仑·波拿巴攻打意大利。

1798 年　波拿巴远征埃及，尼罗河战役。

1799 年　波拿巴返回法国，就任第一执政官。

1804 年　拿破仑·波拿巴称帝。

1806 年　普鲁士军队在耶拿被打败。

1808 年　拿破仑封弟弟约瑟夫为西班牙国王。

1812 年　拿破仑从莫斯科撤离。

1814 年　拿破仑退位，路易十八即位。

1824 年　查理十世成为法国波旁王朝国王。

1825 年　尼古拉一世成为沙皇。世界上第一条铁路——英国斯托克顿至达林顿的铁路建成通车。

1827 年　诺瓦里诺战役。

1829 年　希腊独立。

1830 年　路易·菲利普推翻查理十世；比利时脱离荷兰；利奥波德一世成为比利时国王，俄属波兰起义，最终被镇压。

1835 年　“社会主义”这个词首次被使用。

1837 年　维多利亚女王即位。

1840 年　维多利亚女王与阿尔伯特亲王结婚。

1852 年　拿破仑三世登基成为法兰西帝国皇帝。

1853 ~ 1856 年　克里米亚战争。

1855 年　亚历山大二世即位，成为沙皇。

1861 年　亚伯拉罕·林肯成为美国总统；美国内战爆发。

1865 年　日本向世界开放。

1870 年　拿破仑三世对普鲁士宣战。

1871 年　巴黎投降（1 月）；普鲁士国王成为“德意志皇帝”，签订《法兰克福和约》。

1878 年　签订《柏林条约》，西欧开始为期 46 年的武装和平时期。

1888 年　弗里德里希三世（3 月）和威廉二世（6 月）成为德国皇帝。

1894 ~ 1895 年　中日甲午战争。

1904 ~ 1905 年　日俄战争。

1912 年　中华民国成立。

1914 年　欧洲爆发第一次世界大战。

1917 年　两次俄国革命，俄国建立布尔什维克政权。

1918 年　第一次世界大战结束。

1920 年　首次国际联盟会议召开，德国、奥地利、俄罗斯和土耳其被排除在外，美国并未派代表出席。

1921 年　希腊完全抛开国际联盟，与土耳其开战。

1922 年　土耳其人在小亚细亚打败希腊人。